中国法院2025年度案例

国家法官学院　最高人民法院司法案例研究院　/编

土地纠纷

（含环境资源纠纷）

中国法治出版社
CHINA LEGAL PUBLISHING HOUSE

《中国法院2025年度案例》通讯编辑名单

刘晓虹　北京市高级人民法院
王　凯　北京市高级人民法院
张　荷　天津市高级人民法院
徐翠翠　河北省高级人民法院
崔铮亮　山西省高级人民法院
杨钰奇　内蒙古自治区高级人民法院
张　健　辽宁省高级人民法院
苏　浩　吉林省高级人民法院
桑　松　黑龙江省高级人民法院
张　蕾　上海市高级人民法院
左一凡　江苏省高级人民法院
冯禹源　江苏省南通市中级人民法院
宋婉龄　江苏省无锡市中级人民法院
李　波　浙江省高级人民法院
刘伟玲　安徽省高级人民法院
林冬颖　福建省高级人民法院
杨云欣　江西省高级人民法院
李璐璐　山东省高级人民法院
卓峻帆　河南省高级人民法院
吴　杨　湖北省高级人民法院
唐　竞　湖南省高级人民法院
邵静红　广东省高级人民法院
邹尚忠　广西壮族自治区高级人民法院
韦丹萍　广西壮族自治区高级人民法院
黄文楠　海南省高级人民法院
吴　小　重庆市高级人民法院
任　梦　四川省高级人民法院
颜　源　贵州省高级人民法院
戚　雷　贵州省贵阳市中级人民法院
李丽玲　云南省高级人民法院
赵鸿章　云南省昆明市中级人民法院
索朗达杰　西藏自治区高级人民法院
郑亚非　陕西省高级人民法院
吴　莹　甘肃省高级人民法院
王　晶　青海省高级人民法院
马博文　宁夏回族自治区高级人民法院
石孝能　新疆维吾尔自治区高级人民法院
李　冰　新疆维吾尔自治区高级人民法院生产建设兵团分院

序

为深入学习贯彻习近平法治思想，落实习近平总书记“一个案例胜过一打文件”的重要指示精神，人民法院始终把完善中国特色案例制度，加强以案释法作为推进全面依法治国、支撑和服务中国式现代化的重要途径。人民法院案例库向社会开放一年多来，最高人民法院始终坚持高标准建设，实现入库案例对常见案由和罪名全覆盖，对于促进法律适用统一，实现严格公正司法发挥了重要作用。

“中国法院年度案例系列”丛书以及时记录人民法院司法审判工作新发展、新成就为己任，通过总结提炼典型案例的裁判规则、裁判方法和裁判理念，发挥案例鲜活生动、针对性强的优势，以案释法，以点带面，有针对性地阐释法律条文和立法精神，促进社会公众通过案例更加方便地学习法律，领悟法治精神，体现司法规范、指导、评价、引领的重要作用，大力弘扬社会主义核心价值观，积极服务人民法院案例库建设，加强对案例库案例的研究，促进统一法律适用，提升审判质效，丰富实践法学研究，增强全民法治意识和法治素养，展现新时代我国法治建设新成就。

“中国法院年度案例系列”丛书自2012年编辑出版以来，已连续出版13年，受到读者广泛好评。为更加全面地反映我国司法审判执行工作的发展进程，顺应审判执行实践需要，响应读者需求，丛书于2014年度新增金融纠纷、行政纠纷、刑事案例3个分册，2015年度将刑事案例调整为刑法总则案例、刑法分则案例2个分册，2016年度新增知识产权纠纷分册，2017年度新增执行案例分册，2018年度将刑事案例扩充为4个分册，2022年度将土地纠纷（含林地纠纷）分册改为土地纠纷（含环境资源纠纷）分册。自2020年起，丛书由国家法官学院与最高人民法院司法案例研究院共同编辑，每年年初定期出版。在全国各级人民法院的大力支持下，丛书编委会现编辑出版《中国法院2025年度案例系列》丛书，共23册。

“中国法院年度案例系列”丛书以开放务实的态度、简洁明快的风格，在编辑过程中坚持以下方法，努力让案例书籍“好读有用”：一是高度提炼案例内容，控制案例篇幅，每个案例字数基本在3000字左右；二是突出争议焦点，力求在有限的篇幅内为读者提供更多有效信息，便于读者快速抓取案例要点；三是注重释法说理，案例由法官撰写“法官后语”，高度提炼、总结案例的指导价值，引发读者思考，为司法审判提供借鉴，为法学研究提供启迪。

“中国法院年度案例系列”丛书编辑工作坚持以下原则：一是以研究案例库案例为首要任务。自2024年起，“中国法院年度案例系列”丛书优先选用人民法院案例库案例作为研究对象，力求对案例库案例裁判要旨的基本内涵、价值导向、法理基础、适用要点等进行深入分析，增强丛书的权威性、参考性。二是广泛选编案例。国家法官学院和最高人民法院司法案例研究院每年通过各高级人民法院从辖区法院汇集上一年度审结的典型案例近万件，使丛书有广泛的精选基础，通过优中选优，可提供给读者新近发生的多种类型的典型、疑难案例。三是方便读者检索。丛书坚持以读者为本，做到分卷细化，每卷案例主要根据案由或罪名分类编排，每个案例用一句话概括裁判要旨或焦点问题作为主标题，让读者一目了然，迅速找到目标案例。

中国法治出版社始终全力支持“中国法院年度案例系列”丛书的出版，给了编者们巨大的鼓励。2025年，丛书将继续提供数据库增值服务。购买本系列丛书，扫描腰封二维码，即可在本年度免费查阅往年同类案例数据库。我们在此谨表谢忱，并希望通过共同努力，逐步完善，做得更好，探索出一条充分挖掘好、宣传好人民法院案例库案例和其他典型案例价值的新路，为广大法律工作者和社会公众提供权威、鲜活、精准的办案参考、研究素材，更好地服务司法审判实践、服务法学教育研究、服务法治中国建设。

“中国法院年度案例系列”丛书既是法官、检察官、律师等法律工作者的办案参考和司法人员培训辅助教材，也是社会大众学法用法的经典案例读本，同时为教学科研机构开展案例研究提供了良好的系列素材。当然，编者们在编写过程中也难以一步到位实现目标愿景，客观上会存在各种不足甚至错误，欢迎读者批评指正。我们诚心听取各方建议，立足提质增效，不断拓宽司法案例研究领域，创新司法案例研究方法，助推实现中国特色司法案例研究事业的高质量发展。

国家法官学院　最高人民法院司法案例研究院

2025 年 3 月

目　录

Contents

一、土地纠纷

（一）土地承包经营权纠纷

（二）土地租赁合同纠纷

（三）土地承包经营权合同纠纷

一、土地纠纷

（一）土地承包经营权纠纷

1

土地租赁合同中行使单方解除权的效力认定

——王某诉某团场土地承包经营权案

【案件基本信息】

1. 裁判书字号

新疆生产建设兵团第七师中级人民法院（2023）兵07民再8号民事判决书

2. 案由：土地承包经营权纠纷

3. 当事人

原告（上诉人、再审被申请人）：王某

被告（被上诉人、再审申请人）：某团场

【基本案情】

某团场（甲方）与王某（乙方）于2012年7月24日签订《退耕还林升级改造土地租赁合同》（以下简称案涉合同），约定甲方将所属案涉土地426亩租赁给乙方，租赁的土地用于种植用材林，种植方式按兵团作业设计要求进行；

租赁土地期限自2012年7月24日至2042年7月24日止，计30年；经营方式约定乙方实行全额费用自理，自主经营，自担风险，自负盈亏；乙方在承包期内所投资的固定资产产权归乙方所有；乙方必须按合同约定的作业设计要求种植。违约责任第一款约定，乙方种植的树木第二年保存率低于80%（亩株数低于142株），乙方给甲方100元/亩的赔偿。第二款第二项约定，乙方有改变土地用途和种植范围的，以及租赁期内中途退包、私自转让、转租、转包，中途放弃管理弃耕撂荒的，甲方随时有权无偿收回乙方承租的土地经营权及乙方投入的所有设施，并解除租赁合同。签订合同后，王某在案涉土地陆续进行了打井、架线、铺设滴灌带、围栏、盖临时房屋等。2015年案涉土地通电，同年年底，王某开始在案涉土地种树。

2017年6月29日，王某与某团场林业工作管理站签订补充协议一份，载明该管理站责令王某必须在2017年秋季按照合同要求完成种树任务，上缴300元/亩的保证金，若秋季检查验收不合格，则保证金不予退还，并解除退耕还林承包合同。2018年2月8日，某师发出《关于印发〈退耕还林整改方案〉的通知》，要求某团场全面清理自2010年以来承包户退耕还林合同履约情况，落实违约责任；整改时限：2018年12月前。2018年3月9日，某团场根据上述通知，结合本团实际，制定某团场退耕还林承包管理办法。2019年4月27日，某团场向王某发出书面的《关于解除退耕还林升级改造土地租赁合同的通知函》，因王某违反案涉合同约定，且某团场多次通知整改仍无实际整改行动，现依据该合同约定解除与王某的租赁合同。2019年5月1日，某团场将该退耕还林地发包给案外第三人，该第三人于2019年6月19日已经在该退耕还林地开始打除草剂、切地。2019年6月19日，某团场向王某发出通知函，告知其与某团场签订的案涉土地租赁合同解除，土地收回，限其接到此通知15日内自行拆除所属的临时性住房并达到复垦平整状态，经某团场验收合格为止。

王某主张确认某团场发出解除合同通知函无效，其自2015年案涉土地通电后一直在种植树木，履行合同义务，并无放弃管理弃耕撂荒的行为，故某团场解除合同行为无效。某团场认为王某不仅符合“中途放弃管理弃耕撂荒”的约定解除条件，还符合“当事人一方迟延履行主要债务，经催告后在合理期限内仍未履行，合同目的不能实现”的法定解除条件，现案涉土地交由第三人种植三年多时间，案涉合同如不解除也不具备继续履行的条件。

【案件焦点】

某团场向王某发出解除案涉合同的通知函是否具有解除合同的效力。

【法院裁判要旨】①

新疆生产建设兵团奎屯垦区人民法院经审理认为：某团场于 2019 年 4 月 27 日向王某发出解除合同通知函后，即将案涉退耕还林地承包给第三人，第三人已经对该林地重新进行了平整，将王某种植的林木移除并重新进行了栽种，至今已经三年多，双方签订的案涉合同已经在事实上不能履行，该合同的权利义务已经实际终止，王某要求确认解除合同通知函无效的目的为继续履行合同，故王某的请求与本案的实际情况已不相符，王某可对某团场的违约行为另行主张权利。关于王某请求确认案涉合同中关于苗木费自理、补贴金额、成活率等相关约定与《退耕还林条例》的规定不一致而无效的问题，因合同相关约定不存在违反《退耕还林条例》强制性规定的情形，故王某认为合同相关约定无效，不予支持。

新疆生产建设兵团奎屯垦区人民法院依照《最高人民法院关于适用〈中华人民共和国民法典〉时间效力的若干规定》第一条第二款，《中华人民共和国合同法》第一百一十条，《中华人民共和国民事诉讼法》第六十四条第一款、第一百四十二条规定，判决如下：

驳回王某的诉讼请求。

王某不服一审判决，提起上诉。

新疆生产建设兵团第七师中级人民法院经审理认为：王某与某团场签订的土地租赁合同是双方当事人的真实意思表示，且不违反法律的禁止性规定，应为合法有效。双方当事人均应严格依照合同约定履行自己的义务。根据《中华

---

① 本书【法院裁判要旨】适用的法律法规等条文均为案件裁判当时有效，下文不再对此进行提示。

人民共和国合同法》的相关规定，合同在符合法定或约定解除条件时，解除权人才能解除合同。本案中，某团场以王某违反案涉合同第十条第一款、第十条第二款第二项约定，要求解除租赁合同。其中第十条第一款约定的是违约责任，并未对解除权进行约定；第十条第二款有关于解除租赁合同的约定，但是某团场未能提供证据证实王某存在合同约定的违约行为，且已达到解除合同的条件。故在双方当事人对解除合同未达成合意的情况下，某团场解除合同不符合法律规定。

新疆生产建设兵团第七师中级人民法院依照《最高人民法院关于适用〈中华人民共和国民法典〉时间效力的若干规定》第一条第二款，《中华人民共和国合同法》第九十四条、第九十六条，《中华人民共和国民事诉讼法》第一百七十七条第一款第二项规定，判决如下：

一、撤销一审判决；

二、2019年4月27日某团场向王某发出的《关于解除退耕还林升级改造土地租赁合同的通知函》无效；

三、驳回王某的其他诉讼请求。

某团场不服二审判决，申请再审。

新疆维吾尔自治区高级人民法院生产建设兵团分院经审理认为：某团场与王某签订的案涉合同明确约定《退耕还林条例》为订立合同的法律依据，合同履行的各项管理标准也是按照《某团场退耕还林考核验收标准》执行，王某也因此享有退耕还林资金补助，故在本案中应当考虑退耕还林的目的是否实现以及合同能否继续履行。

新疆维吾尔自治区高级人民法院生产建设兵团分院依照《中华人民共和国民事诉讼法》第二百一十一条，《最高人民法院关于适用〈中华人民共和国民事诉讼法〉的解释》第三百九十三条第一款规定，裁定：

指令新疆生产建设兵团第七师中级人民法院再审本案。

新疆生产建设兵团第七师中级人民法院经审理认为：首先，关于本案是否符合案涉合同约定的解除条件。某团场解除合同通知函载明的王某违反案涉合同第十条第一款，但该条款系赔偿责任约定，并非解除条件的约定；违反案涉合同第十条第二款第二项即“改变土地用途和种植范围，以及租赁期内中途退包、私自转让、转租、转包，中途放弃管理弃耕撂荒”，但某团场提供的证据无法达到证实王某存在该条款的严重违约行为，亦无证据证明王某符合案涉合同约定解除权的其他条款，所以本案没有达到合同约定的解除条件。

其次，关于本案是否符合“当事人一方迟延履行主要债务，经催告后在合理期限内仍未履行；迟延履行债务或有其他违约行为致合同目的不能实现”的法定解除条件。某团场在 2017 年 6 月 29 日和王某签订《补充协议》，载明：“责令必须在 2017 年秋季按照合同要求完成种树任务，若秋季检查验收不合格，解除退耕还林承包合同。”但某团场未提供 2017 年秋季案涉土地验收不合格及之后催告的证据。案涉土地租赁合同涉及的土地用于种植用材林，即通过承包方种植林木达到实现生态效益和经济效益有效结合的目的，合同第五条约定各项管理标准按《某团场退耕还林考核验收标准》执行，某团场提供的该标准系 2017 年 11 月 30 日制定，《某团场退耕还林承包管理办法》系 2018 年 3 月 9 日制定，案涉合同及《某团场退耕还林考核验收标准》《某团场退耕还林承包管理办法》规定的验收标准不统一、不清晰。结合案涉土地的状况及本地的自然条件等客观因素，以及案涉合同虽于 2012 年签订，但案涉土地在 2015 年才实现通电，至 2019 年 4 月某团场发出解除通知，仅种植三年多的事实，无法得出案涉合同已无法实现合同目的的结论。故本案亦不符合合同的法定解除条件。综上所述，某团场再审请求不能成立，原二审判决并无不当，应予维持。

最后，王某在案涉土地的投入、管理方面确实存在不到位之处，与其他农户种植情况较好的地块差别较大，但本案亦缺乏某团场在王某种植作物时按照合同约定进行技术指导的证据，加上其他客观因素共同造成王某种植林木质量不高。某团场在 2019 年 4 月 27 日向王某发出解除通知函，让王某在接到通知后两个工作日内办理土地移交和相关手续，在王某未行使合法有效的救济途径时，某团场于 2019 年 5 月 1 日将案涉土地另行发包给第三人，且该第三人已对案涉土地上王某种植的林木进行更换，重新栽种。本案双方当事人应本着客观、合理的原则另行协商解决赔偿损失事宜。

新疆生产建设兵团第七师中级人民法院依照《中华人民共和国民事诉讼法》第一百七十七条第一款第一项、第二百一十四条，《最高人民法院关于适用〈中华人民共和国民事诉讼法〉的解释》第九十条、第四百零五条第一款规定，判决如下：

维持二审民事判决。

【法官后语】[①]

合同解除是合同履行过程中较为常见的一种合同权利义务关系终止的情形，旨在解决有效成立的合同提前终止的问题。合同解除事关当事人权利义务的终止与清算，形成权、抗辩权的产生与适用以及违约责任的承担与免除等，在合同法中有着十分重要的作用和地位。根据解除条件以及发生原因的不同，可以将合同解除权分为两类：（1）法定解除权，是指合同生效后未履行或者未履行完毕前，当事人在法律规定的解除事由出现时，通过行使解除权而使合同关系归于消灭。（2）约定解除权，是指当事人在合同中约定合同解除的条件，当该条件成就时，被赋予解除权的一方或者双方就可以行使解除权，使合同发生解除的效果。

人民法院在审理涉及合同解除权的案件时，需审查发出解除通知一方是否享有解除权，主要有以下几点考虑：一是从法条文义来看，享有解除权需要基于特定的情形，人民法院应当审查发出解除通知的一方是否享有约定或者法定的解除权，只有享有法定或者约定解除权的当事人才能以通知的方式解除合同。二是从法理上讲，合同解除权是形成权，合同一旦解除对双方当事人权利义务影响巨大，应对合同解除权的行使加以严格限制，以维护社会经济秩序的稳定。无论是法律规定的解除权还是当事人事先约定的解除权，都必须具备一定的条件，满足了这些条件，当事人才能行使解除权。如果不以此对合同解除权的行使进行限制，则当事人动辄以通知的形式解除合同，极易导致当事人滥用合同

---

① 本书【法官后语】所涉法律问题涉及的法律法规等内容进行了时效性更新，下文不再对此进行提示。

解除权，危害合同关系的稳定性和交易安全。三是从权利义务平衡的角度来看。法律并未对发出通知的形式作出明确要求，但对受领通知一方的异议方式却作出严格的规定，那就是只能通过诉讼或者仲裁的方式提出异议。相比之下，发出解除合同的通知成本很小，而以诉讼或者仲裁的方式提出异议，需要投入相对高昂的人力、物力、财力。为弥补此种权利义务的不均衡、不对等，有必要适当提高对发出通知一方的条件要求，这就要求其享有合同解除权这种实体权利。如果不享有合同解除权的一方甚至违约方发出解除通知，也要求受通知一方以诉讼或者仲裁方式提出异议，其结果只能是让守约方的利益受损。

本案中，某团场以通知函的形式向王某发出解除合同的通知，但是某团场既不能证明王某存在能够导致合同解除的违约行为，也不能证明存在可解除合同的法定事由，其通知因不符合约定解除和法定解除的条件而无效。

编写人：新疆生产建设兵团第七师中级人民法院　姚春辉

2

村委会未经民主议定程序擅自将土地发包给本集体经济组织以外主体的合同无效

——于某某诉某村委会土地承包经营权案

【案件基本信息】

1. 裁判书字号

黑龙江省鸡西市中级人民法院（2023）黑03民终1579号民事判决书

2. 案由：土地承包经营权纠纷

3. 当事人

原告（被上诉人）：于某某

被告（上诉人）：某村委会

【基本案情】

2012 年 12 月 28 日，某村委会为甲方，于某某为乙方签订合同书一份，约定："一、甲方将其所有的位于该村五组某石场废弃地 40 亩（大亩）以叁万元的价格转让给于某某使用。二、使用期限为 65 年，自 2012 年 12 月 28 日至 2077 年 12 月 28 日止。三、转让土地用途：乙方建厂房进行型煤生产，畜牧养殖、挖鱼塘从事渔业养殖、种植林木、建造山庄从事饭店服务经营等。四、使用权限……七、乙方在合同签订时一次性向甲方支付转让款叁万元，此协议同时具有收条的法律效力，甲方无须另行给乙方出具收条。八、乙方在该土地上建造的建筑物、相关附属物及设施，所有权归乙方，在合同到期后，甲方将对该建筑物、相关附属物及设施回收，并按回收时评估价格给付乙方补偿款。九、违约责任：1. 甲方在合同有效期限内不得收回土地，否则甲方向乙方赔偿转让款的十倍和乙方平整土地的费用和不动产当时价值作为违约金。2. 乙方按照合同约定及时向甲方支付转让款。"某村委会时任主任郭某某在甲方代表人处签字，某村委会时任会计马某某在见证人处签字，于某某在乙方处签字，并加盖某村委会公章和乡合同专用章。于某某于签订合同的同时将现金 3 万元交给郭某某，马某某在场。

于某某非某村村民。某村委会与于某某签订合同时，未在村里进行公示，也未召开村民会议或村民代表会议进行表决。

【案件焦点】

1. 案涉合同是否合法有效；2. 若合同合法有效，应否解除并赔偿损失；3. 若合同无效，应否相互返还并赔偿损失。

【法院裁判要旨】

黑龙江省鸡西市恒山区人民法院经审理认为：依法签订的合同受法律保护，当事人应当按照约定全面履行自己的义务。当事人一方不履行合同义务或者履行合同义务不符合约定的，应当承担继续履行、采取补救措施或者赔偿损失等违约责任。当事人行使权利、履行义务应当遵循诚实信用原则。本案中，某村委会时任主任郭某某代表该村委会与于某某签订土地使用权转让合同，并收取了转让费用，合同成立并生效，双方均应遵照履行。某村委会辩称该合同未经相关程序以及村委会未收到转让费等原因，不认可合同效力，因未举出足以反驳合同有效的证据，且村委会主任的职务行为后果应由该村委会承担，故案涉合同合法有效，双方均应履行合同义务。审理中，法院向某村委会释明其有权以合同约定的违约金过高为由提出抗辩，但其明确表示主张合同无效。某村委会向于某某主张收回土地，于某某亦表示要求解除合同，双方在履行期限届满之前，均明确表示不履行主要债务，故该合同可以解除。对于某某要求解除合同的诉讼请求，予以支持。根据合同约定，某村委会在合同有效期限内回收土地的，应当向于某某赔偿转让款十倍和于某某平整土地的费用以及不动产当时的价值。故对于某某要求某村委会返还转让款 3 万元，并赔偿损失 30 万元的诉讼请求，予以支持。于某某主张由某村委会赔偿平整废弃地的费用，因未举证证明该事实及费用金额，故不予支持。

黑龙江省鸡西市恒山区人民法院依照《中华人民共和国合同法》第六条、第六十条第一款、第九十四条、第一百零七条，《中华人民共和国民事诉讼法》第六十七条规定，判决如下：

一、准予于某某与某村委会解除双方于 2012 年 12 月 28 日签订的土地使用权转让合同；

二、某村委会于本判决生效后十日内返还于某某转让款 3 万元，并赔偿于某某损失 30 万元；

三、驳回于某某的其他诉讼请求。

某村委会不服一审判决，提起上诉。黑龙江省鸡西市中级人民法院经审理认为：关于 2012 年 12 月 28 日《合同书》的效力问题。根据《中华人民共和国农村土地承包法》第四十八条第一款规定：“发包方将农村土地发包给本集体经济组织以外的单位或者个人承包，应当事先经本集体经济组织成员的村民会议三分之二以上成员或者三分之二以上村民代表的同意，并报乡（镇）人民政府批准。”该规定属于法律效力性强制性规定。本案中，于某某非某村委会村民，某村委会将案涉土地发包给其承包时，未经村民会议三分之二以上成员或者三分之二以上村民代表的同意，案涉承包合同因违反《中华人民共和国合同法》第五十二条“有下列情形之一的，合同无效：……（五）违反法律、行政法规的强制性规定”的规定而无效。一审判决认定该《合同书》合法有效错误，法院予以纠正。《中华人民共和国合同法》第五十八条规定：“合同无效或者被撤销后，因该合同取得的财产，应当予以返还；不能返还或者没有必要返还的，应当折价补偿。有过错的一方应当赔偿对方因此所受到的损失，双方都有过错的，应当各自承担相应的责任。”本案中，合同无效后，某村委会应返还于某某承包费 3 万元，于某某应返还某村委会案涉土地 40 亩（大亩）。虽然某村委会抗辩未收到 3 万元承包费，但案涉合同第七条约定“乙方在合同签订时一次性向甲方支付转让款叁万元，此协议同时具有收条的法律效力，甲方无须另行给乙方出具收条”。且时任村委会会计马某某出庭证实看到郭某某收取了该款，结合合同履行多年的实际情况，应予确认于某某已按合同约定缴纳 3 万元承包费的事实。关于于某某提出赔偿平整场地、养殖牲畜等损失 30 万元的问题，现因其不能举示相关证据证实，对其主张不予支持。

黑龙江省鸡西市中级人民法院依照《中华人民共和国民事诉讼法》第一百七十七条第一款第二项规定，作出如下判决：

一、撤销鸡西市恒山区人民法院（2023）黑 0303 民初 328 号民事判决；

二、某村委会于本判决生效后十日内返还于某某承包费 3 万元；

三、于某某于本判决生效后十日内返还某村委会案涉土地 40 亩（大亩）；

四、驳回于某某的其他诉讼请求。

【法官后语】

农村土地承包经营权是基于农民集体对土地的所有权而产生，集体经济组织的成员享有平等的承包经营权和土地经营权流转中同等条件下的优先权。向本集体经济组织成员以外的主体发包土地依法属于涉及村民利益的重大事项，为防止集体经济组织负责人个人决定发包事宜侵害集体所有土地所有权，确保本集体经济组织所有成员的利益，必须经民主议定程序。根据《中华人民共和国农村土地承包法》第五十二条第一款“发包方将农村土地发包给本集体经济组织以外的单位或者个人承包，应当事先经本集体经济组织成员的村民会议三分之二以上成员或者三分之二以上村民代表的同意，并报乡（镇）人民政府批准”的规定，将本集体经济组织的土地发包给本集体经济组织以外的主体，必须经民主议定及向乡（镇）人民政府报批程序。同时，根据《中华人民共和国民法典》第一百五十三条第一款“违反法律、行政法规的强制性规定的民事法律行为无效。但是，该强制性规定不导致该民事法律行为无效的除外”之规定，农村集体经济组织将土地发包给本集体经济组织以外的主体，未经民主议定及向乡（镇）人民政府报批程序的，因违反法律、行政法规的强制性规定，承包合同无效。

实践中，发生类似本案的纠纷后，缺乏民主议定程序往往是发包方据以主张合同无效的重要理由。本案中，某村委会主张案涉合同无效的首要理由是合同签订未经相关程序。针对此类土地承包合同，衡量民主议定程序对合同效力的影响，应当认识到：一是《中华人民共和国村民委员会组织法》第二十四条明确规定，涉及土地承包经营方案的事项，须村民会议讨论决定（或者授权村民代表会议讨论决定）方可办理；二是《中华人民共和国农村土地承包法》进一步明确此类事项须履行民主议定程序。法律对于农村土地承包设置民主议定程序的意义在于，承包方案的确定和承包合同的签订是涉及村民重大利益的事项，不得违背多数村民意志，而民主议定原则是实现村民自治，体现多数成员意志，维护本集体经济组织成员权益的重要程序保障，相关规定属于法律的强制性规定，违反该规定合同应为无效。

与本案类似的人民法院案例库参考案例“高某某诉某村民委员会确认合同有效纠纷案”① 的裁判要旨即明确：“向本集体经济组织成员以外的主体发包土

---

① 参见人民法院案例库网站，载 https://rmfyalk.court.gov.cn/view/content.html?id=CeQ1gERy%252Fnzdg3vMm37asFYFtqIW89rMC25Uy4ooXUI%253D&lib=ck，2025 年 3 月 23 日访问。

地依法属于涉及村民利益的重大事项，应当由村民会议或者村民代表会议讨论决定并报乡（镇）人民政府批准。集体经济组织未经民主议定程序将土地发包给集体经济组织成员以外的主体，即使土地承包合同已经村干部签字并加盖村委公章，也不应认定合同有效。”需要注意的是，在认定土地承包合同无效的情况下，也要兼顾保护承包人的合法利益。本案中，在认定案涉合同无效的法律后果上，根据《中华人民共和国民法典》第一百五十七条“民事法律行为无效、被撤销或者确定不发生效力后，行为人因该行为取得的财产，应当予以返还；不能返还或者没有必要返还的，应当折价补偿。有过错的一方应当赔偿对方由此所受到的损失；各方都有过错的，应当各自承担相应的责任。法律另有规定的，依照其规定”的规定，一方面，双方当事人就案涉土地与承包费进行互返；另一方面，根据其在签订合同过程中的过错程度和承包人具体损失情况确认赔偿数额，但鉴于于某某对其提出的平整场地、养殖牲畜等投入损失的主张不能举示相关证据证实，应承担举证不能的不利后果，故对其赔偿损失请求不予支持。

编写人：黑龙江省鸡西市中级人民法院　周德艳

3

整户消亡时土地承包经营权是否可以继承

——某村委会诉夏某甲土地承包经营权案

【案件基本信息】

1. 裁判书字号

辽宁省沈阳市中级人民法院（2023）辽 01 民终 1932 号民事判决书

2. 案由：土地承包经营权纠纷

3. 当事人

原告（被上诉人）：某村委会

被告（上诉人）：夏某甲

【基本案情】

夏某乙和高某某系夏某甲的父母。

1998 年，以夏某乙为承包方代表的家庭承包户在法库县某镇某村分得家庭承包地共计 6. 38 亩，经营权共有人为夏某乙、高某某，承包期限为 1998 年 1 月 1 日至 2027 年 12 月 31 日。高某某和夏某乙先后于 2007 年 6 月、2013 年 7 月去世。夏某乙去世后，其承包户的 6. 38 亩家庭承包地由夏某甲耕种至今。2022 年 10 月 11 日，某村委会召开村民代表会，会议决议以每亩 300 元的价格向夏某甲收取 2020—2022 年度案涉土地使用费。

【案件焦点】

农村土地承包户整户消亡的，土地承包经营权是否可以继承。

【法院裁判要旨】

辽宁省法库县人民法院经审理认为：我国农村土地承包采取家庭承包和以其他方式承包两种方式。农村土地家庭承包的承包方是本集体经济组织的农户，其本质特征是以本集体经济组织内部的农户家庭为单位，实行农村土地承包经营。案涉土地系家庭承包地，发包方为某村委会，承包方为夏某乙、高某某组成的家庭承包户，双方成立土地承包经营合同关系。夏某乙、高某某已去世，该承包户内无其他人员，属整户消亡情况，即作为承包合同的一方主体已不存在，土地承包合同依法终止，故该农户承包的土地在夏某乙、高某某去世后，某村委会作为发包方有权收回案涉土地。

家庭承包方式的农村土地承包经营权属于农户家庭，而不属于某一个家庭成员。承包经营权的取得是以集体成员权为基础，家庭成员在土地承包上是财产共有性质，因此如果家庭中的某一个人死亡，该户的土地由家里其他成员继续承包，符合我国农村“减人不减地、增人不增地”的土地政策。如果该家庭成员本就只有一人或者全部死亡的，该土地承包经营权归于消灭，因土地不属于个人财产，不能由该农户家庭成员的继承人继续承包经营，亦不能作为该农户家庭成员的遗产处理，所以承包的土地可由村集体收回，另行处理。

本案中，某村委会根据村民代表会一致决议，请求夏某甲支付2020—2022年度6.38亩土地使用费用5742元（300元/亩·年×6.38亩×3年），因夏某甲实际耕种了夏某乙承包户土地，应向某村委会支付土地使用费用，某村委会的请求符合法律规定，故予以支持。夏某甲抗辩主张，其与父母夏某乙、高某原在同一个户口本上，应属同一户。对此，因夏某甲与夏某乙作为不同的承包方代表，是不同的农村土地承包合同签订主体，系分别领取农村土地承包经营权证，并不属于同一农村土地承包经营户。夏某甲该主张没有法律依据，不予支持。辽宁省法库县人民法院如下判决：

被告夏某甲于本判决发生法律效力后二十日内给付原告某村委会土地使用费5742元。

夏某甲不服一审判决，提起上诉。

辽宁省沈阳市中级人民法院经审理认为：夏某甲与其父母分属两个不同的农村土地承包经营权户，作为不同的农村土地承包主体签订合同，分别领取农村土地承包经营权证。夏某甲父母去世后，该承包户整户消亡，但其父母的6.38亩家庭承包地由夏某甲耕种，应缴纳土地使用费。关于夏某甲主张土地使用费存在异议的问题。2022年10月11日，某村召开村民代表会，决议以每亩300元的价格收取2020—2022年度案涉土地使用费，法院予以确认。夏某甲陈述对案涉土地耕种时间短，以及村委会已经收回案涉土地等事实，但均未能提供有效证据加以证明，故对夏某甲的诉讼请求，不予支持。

辽宁省沈阳市中级人民法院依照《中华人民共和国民事诉讼法》第一百七十七条第一款第一项规定，作出如下判决：

驳回上诉，维持原判。

【法官后语】

本案涉及的核心问题是，农村土地承包户整户消亡的，土地承包经营权如何处理。结合本案具体情况，可从以下三个方面理解。

一是家庭承包户整户消亡的，土地承包关系即终止。家庭承包，是我国农村土地承包的基本方式，是以农村集体经济组织的农户为生产经营单位，作为承包人与发包人建立承包关系，承包经营耕地、林地、草地等用于农业生产的土地。家庭承包方式一般按照“按户承包，按人分地”的原则无偿获得承包的土地。《中华人民共和国农村土地承包法》第十六条明确规定，家庭承包的承包方是本集体经济组织的农户。家庭承包中，凡是农村集体经济组织的成员，无论是嫁入妇女、新生婴儿，还是外出务工人员，都有权利平等地获得承包土地，即承包地是按集体经济组织的人口平均分配的，但是承包合同是以家庭户为单位与发包方签订。承包地不仅是农户的生产资料，更是农村集体成员在集体土地上享有权利的体现，具有集体福利和社会保障性质。本案中，就案涉土地，夏某乙代表其夫妻作为一户与发包方某村委会签订了承包合同，双方成立土地承包经营权合同关系，承包方式为家庭承包。在夏某乙夫妻先后去世后，该承包户内无其他人员，属整户消亡情况，即作为承包合同的一方主体已不存在，夏某乙承包户与某村委会的土地承包合同依法终止，某村委会作为发包方有权收回案涉土地，纳入村集体经济组织机动地管理。

二是农村土地承包户内部分或全体成员死亡的，土地承包经营权不能作为遗产继承。家庭承包方式的农村土地承包经营权属于农户家庭，家庭成员在土地承包上是财产共同共有关系，土地承包经营权既不属于某一个家庭成员个人享有，也不能由家庭成员按份享有。如果家庭中的某一个人死亡，该家庭户仍然作为承包方与发包方保持土地承包关系，该户的土地由户内其他成员继续承包，这就是我国农村“减人不减地、增人不增地”的土地政策的体现。如果作为承包方的家庭整户消亡的，如前所述，该土地承包经营权归于消灭。因土地属于集体财产，土地承包经营权依法也不属于个人财产，根据《中华人民共和国民法典》第一千一百二十二条第一款“遗产是自然人死亡时遗留的个人合法财产”的规定，无论承包方的户内成员是部分死亡还是整户消亡，都不发生继承问题，即土地承包经营权不能作为该农户死亡成员的遗产处理，死亡成员的继承人如果不是该户内成员的，不能以继承关系主张相应土地的承包经营权。

三是没有依法取得土地承包经营权的主体，事实上耕种承包地的，应当向集体经济组织支付土地使用费。本案中，夏某甲不是其父母家庭户的成员，且其在某村属于另一农村土地承包经营户的成员，已经享有集体经济组织提供的生活保障，故其无权主张其父母家庭户原有的土地承包经营权。同时，夏某甲就案涉土地也没有与某村委会形成新的承包法律关系，夏某甲耕种案涉地，没有法律依据。但其事实上耕种了案涉土地，享受了土地的利益，根据权利义务一致的原则，应当向某村委会支付相应的对价。在某村委会经民主议定程序决定向夏某甲收取案涉土地使用费及收取标准的情况下，应当支持某村委会关于夏某甲支付土地使用费的请求。

值得注意的是，与农业用地的家庭承包方式不同，林地承包期间，如承包人整户消亡，其继承人可以在承包期内继续承包。此外，依照法律规定，通过招标、拍卖、公开协商等方式取得土地经营权的，承包人死亡的，其继承人可以在承包期内继续承包。同时，无论采取上述哪种承包方式，承包人依法应得的承包收益，都属于其个人财产，依法应当由其继承人继承。

编写人：辽宁省法库县人民法院　周峰　郝丹

4

"绝户"家庭承包地征收补偿费的归属认定

——胡某甲诉胡某乙、某村股份经济合作社第三人撤销之诉案

【案件基本信息】

1. 裁判书字号

浙江省衢州市中级人民法院（2023）浙08民终199号民事裁定书

2. 案由：第三人撤销之诉

3. 当事人

原告（上诉人）：胡某甲

被告（被上诉人）：胡某乙、某村股份经济合作社

【基本案情】

某村村民胡某丙出生于1928年，未婚，无子女；胡某甲系胡某丙侄子。1984年某村实行家庭联产承包责任制，案涉0.75亩大田分配给胡某丙承包经营。胡某丙年老失去劳动能力后，1993年许，由村集体安排，将胡某丙承包的0.75亩大田交给胡某乙耕种，由胡某乙每年给付胡某丙稻谷435斤。1997年12月，胡某丙去世，无人料理其后事，同月7日，某村村民委员会与胡某甲、胡某丁（二人系兄弟）签订《关于胡某丙后事协议》，约定："胡某丙的后事开支，由胡某甲、胡某丁开支。胡某丙生前所借人民币壹佰元由村委负担。胡某丙生前遗产（房屋壹间半……）作为负担胡某丙后事开支。事后所有遗产归胡某甲、胡某丁。"2004年，区人民政府向胡某乙颁发《农村土地承包经营权证》，记载案涉0.75亩土地由胡某乙承包经营，承包期限自2004年11月30日至2028年12月30日。填报机关原区农业局留存的《承包土地田块登记》记载该土地为胡某乙承包田块。由于胡某甲、胡某乙对案涉0.75亩土地发生承包经营权争议，2018年8月，区人民政府向胡某乙颁发的《农村土地承包经营权证》不包含案涉0.75亩土地。2020年案涉土地中的187.19平方米土地被征用，征用补偿款为21188元，按村民议定的"征收到谁的承包土地，征收补偿款按面积分配给谁"的分配方案，胡某乙、胡某甲均主张对此征用款享有所有权。2022年7月27日，胡某乙对某村股份经济合作社提起承包地征收补偿费用分配纠纷诉讼，法院于2022年8月作出（2022）浙××××民初××××号民事判决：某村股份经济合作社于判决生效之日起十日内支付胡某乙土地征用款21188元。胡某甲认为因不能归责于本人的事由未参加诉讼，故提起第三人撤销之诉。

【案件焦点】

案涉0.75亩土地承包经营权归属如何认定。

【法院裁判要旨】

浙江省衢州市衢江区人民法院经审理认为：《关于胡某丙后事协议》记载“胡某丙生前所借人民币壹佰元由村委负担”，推定村集体参与了胡某丙的生前扶养事宜，胡某丙生前承包的 0.75 亩土地由村集体安排给胡某乙承包种植。胡某丙亡故后，因胡某丙户无其他家庭成员，其与发包方村集体经济组织签订的承包合同终止，发包方村集体经济组织可以收回承包地，另行发包。赡养扶助包括经济上提供必要的生活用品和费用，生活上、精神上、感情上予以尊重、关心和照顾，单纯料理丧葬后事不能当然推定胡某甲履行了赡养叔叔胡某丙的义务。《关于胡某丙后事协议》未提及胡某丙案涉 0.75 亩土地承包经营权，胡某甲未与发包方签订案涉土地承包合同，胡某甲不能当然取得案涉 0.75 亩土地承包经营权。胡某丙亡故产生的是承包经营权问题，不是承包收益，时过 23 年后的 2020 年案涉地块中的 187.19 平方米土地被征用后产生的征用款 21188 元来源于承包经营权，胡某甲认为胡某丙死亡 23 年后其承包地收益由胡某甲继承从而诉请撤销（2022）浙××××民初××××号民事判决，不予支持。

浙江省衢州市衢江区人民法院依照《最高人民法院关于审理涉及农村土地承包纠纷案件适用法律问题的解释》第二十二条第一款、第二十三条、第二十四条，《中华人民共和国民事诉讼法》第六十七条第一款，《最高人民法院关于适用〈中华人民共和国民事诉讼法〉的解释》第二百九十八条第一款第三项之规定，判决如下：

驳回胡某甲的诉讼请求。

胡某甲不服一审判决，提起上诉。

二审期间，胡某甲以双方达成和解协议为由提出撤回上诉申请。

浙江省衢州市中级人民法院经审理认为：上诉人胡某甲在本案审理期间提出撤回上诉的请求，不违反法律规定，予以准许。依照《中华人民共和国民事诉讼法》第一百八十条规定，裁定：

准许上诉人胡某甲撤回上诉。

一审判决自本裁定书送达之日起发生法律效力。

【法官后语】

第三人撤销之诉是指非因自身原因没有参加到他人之间的审判程序，针对双方当事人之间生效裁判对其不利部分提出予以撤销的诉讼。本案中，前案（承包地征收补偿费用分配纠纷）判决某村股份经济合作社支付胡某乙土地征用款21188元，胡某甲认为此征用款应归其享有，从而提出撤销前案生效判决。案件表面上为两村民争夺“绝户”家庭承包地征收补偿费，实质是如何认定农村“绝户”家庭承包地经营权归属问题。本案（第三人撤销之诉）生效判决的说理逻辑为“绝户”家庭承包地经营权由村集体收回，村集体可以另行发包，不是承包户内的家庭成员，包括有法定继承关系的亲属都不能自然取得“绝户”家庭承包地经营权。

一、农村土地承包经营权不能作为遗产

土地承包经营权自土地承包经营权合同生效时设立，承包方家庭成员全部消亡的，合同一方灭失，合同的权利义务自然终止，发包方应当依法收回其家庭承包的耕地。本案胡某丙亡故致使“绝户”，其与发包方村集体经济组织签订的承包合同终止，村集体经济组织可以收回承包地，另行发包给其他村民。胡某甲系胡某丙侄子，但不是胡某丙的户内成员，无论其是否有权依据继承法取得胡某丙的遗产，均不能以继承方式取得胡某丙的土地承包经营权，其未与发包方签订案涉土地的承包合同，也不能以合同方式取得土地承包经营权，故胡某甲不能基于承包经营权取得案涉土地的征收补偿费。

二、农村土地承包人生前取得的承包收益可由其继承人继承

《中华人民共和国农村土地承包法》第三十二条第一款规定：“承包人应得的承包收益，依照继承法的规定继承。”《最高人民法院关于适用〈中华人民共和国民法典〉继承编的解释（一）》第二条进一步规定：“承包人死亡时尚未取得承包收益的，可以将死者生前对承包所投入的资金和所付出的劳动及其增值和孳息，由发包单位或者接续承包合同的人合理折价、补偿。其价额作为遗产。”因此，承包人死亡的，只有其生前产生的承包收益才能由其继承人继承。案涉土地被征收发生于胡某丙亡故之后，所产生的征收补偿费不是胡某丙的承

包收益，不是胡某丙的遗产，故胡某甲依据继承关系主张案涉承包地收益由其继承，没有事实依据。

三、基于民主程序的分配方案取得的土地征收补偿费权益受法律保护

家庭承包不能改变农村土地集体所有的物权权属，承包方取得的是土地承包经营权，不是土地所有权。《中华人民共和国土地管理法》第四十八条第二款规定，征收、征用、占用土地的补偿费用包括土地补偿费、安置补助费、地上附着物和青苗补偿费，征收对象及涉及的财产权利性质决定征收利益归属。根据《最高人民法院关于审理涉及农村土地承包纠纷案件适用法律问题的解释》第二十条、第二十一条和第二十二条规定，承包地被依法征收的，青苗补偿费归实际投入人所有，地上附着物补偿费归附着物所有人所有，安置补偿费归放弃统一安置的家庭承包方，占比最多的土地补偿费归全体征地补偿安置方案确定时具有本集体经济组织成员资格的人。分析上述法律规定，农村土地集体所有制决定了承包方的承包地被征收时，土地补偿费仍归集体经济组织成员集体所有，基于集体经济组织成员权利以及承包地的社会保障功能，承包人不能按承包地被征收面积全额分配土地补偿费，具体用于集体经济组织成员分配的数额及分配方案，由集体经济组织通过民主议定程序确定。本案中，1997年12月胡某丙去世后，案涉0.75亩土地一直由胡某乙耕种，即胡某乙经由村集体发包取得土地承包经营权。虽然2018年当地政府向胡某乙颁发的《农村土地承包经营权证》不再包含案涉土地，但究其原因是在案涉土地纳入征收范围的情况下，胡某甲与胡某乙就该土地的承包经营权发生争议，政府颁发权证时对该土地部分予以搁置。事实上胡某乙持续耕种该土地，发包方一直没有异议，胡某甲在本次土地征收之前也一直无异议，故应当认定胡某甲与村集体组织一直存在承包关系。案涉部分土地被征收后，按村民民主议定的“征收到谁的承包土地，征收补偿款按面积分配给谁”的分配方案，胡某乙对相应的21188元征收补偿款享有分配权。故前案判决某村股份经济合作社支付胡某乙土地征用款21188元，未侵犯胡某甲的权益，其撤销该案判决的诉请不能获得支持。

农村集体所有土地被征收后的补偿费分配，牵涉多方利益，政策性很强，《中华人民共和国民法典》第二百六十一条规定土地补偿费等费用的使用、分配办法应当依法定程序经本集体成员讨论决定，即纳入村民自治范畴，由村民民主议定。司法实践中，对于类似本案的争议，应当正确区分土地承包关系和财产继承关系，明确争议标的是土地承包经营权还是土地承包收益，以及土地承包收益的产生是在承包人生前还是身后。

编写人：浙江省衢州市衢江区人民法院　郑荣祥

5

对土地补偿费分配数额有争议，不属于法院受理案件范围

——别某诉某村民委员会承包地征收补偿费用分配案

【案件基本信息】

1. 裁判书字号

山东省潍坊市中级人民法院（2023）鲁07民终3762号民事裁定书

2. 案由：承包地征收补偿费用分配纠纷

3. 当事人

原告（上诉人、再审申请人）：别某

被告（被上诉人、再审被申请人）：某村民委员会

【基本案情】

别某系某市某村村民，在该村拥有承包地。2016年1月15日，某市人民政府发布公告，拟征收某村集体土地。别某承包土地中的一部分位于征收范围内。10月23日，某市国土资源局发布《关于某村委会征收土地补偿安置方案》，该方案载明："土地征收补偿安置费总额为1338.072万元，青苗及地上

附着物补偿费共计 244.4788 万元……（一）货币安置：土地征收补偿安置费总计 1338.072 万元，由某市财政局拨付到某村村委会账户，由村集体经济组织按照村民议事规定研究落实具体分配方案。”此后，某村委会在未与别某签订书面土地征收补偿协议，也未召开村民会议制定征地补偿费的使用、分配方案的情况下，直接按照每亩 1000 元的标准于 2016 年、2017 年、2018 年、2019 年、2020 年分别向别某支付土地补偿款 7931 元。别某认为根据《山东省土地征收管理办法》第二十二条“农民集体所有的土地全部被征收或者征收土地后没有条件调整承包土地的，土地征收补偿安置费的 80% 支付给土地承包户，主要用于被征收土地农民的社会保障、生产生活安置，其余的 20% 支付给被征收土地的农村集体经济组织，用于兴办公益事业或者进行公共设施、基础设施建设”的规定，某村委会直接以每亩 1000 元的标准分 5 年依次向别某支付土地补偿款违反上述规章的规定，严重侵害了其可得的合法权益。2023 年 4 月 17 日，别某向法院起诉，请求法院依法判令被告向原告支付土地补偿费、安置补助费共计 325905 元。

【案件焦点】

就土地补偿费分配数额发生的争议是否属于法院受理范围。

【法院裁判要旨】

山东省安丘市人民法院经审理认为：别某系某村村民，某村民委员会已按统一的补偿标准和相关的补偿项目对涉及的村民进行补偿，别某以其认为应分得的占地补偿款的数额提起诉讼，实质上是对土地补偿费数额及征地补偿标准不服。根据《最高人民法院关于审理涉及农村土地承包纠纷案件适用法律问题的解释》第一条第三款关于“农村集体经济组织成员就用于分配的土地补偿费数额提起民事诉讼的，人民法院不予受理”的规定，起诉人别某诉请事项不属于人民法院民事诉讼受案范围。

山东省安丘市人民法院依据《中华人民共和国民法典》第二百六十一条、《最高人民法院关于审理涉及农村土地承包纠纷案件适用法律问题的解释》第一条第三款规定，裁定：

对别某的起诉，法院不予受理。

别某不服一审裁定，提起上诉。山东省潍坊市中级人民法院经审理认为：案涉土地被征收后土地补偿费依法应归集体经济组织所有，对于该土地补偿费的分配应由村民会议讨论决定，村民会议也可以授权村民代表会议讨论决定，此属于村民自治范畴。别某承包经营的土地被征收后，起诉要求某村民委员会按照规定将土地征收补偿安置费的80%支付给土地承包户，不属于人民法院民事案件的受案范围。

山东省潍坊市中级人民法院依照《中华人民共和国民事诉讼法》第一百七十七条第一款第一项、第一百七十八条规定，裁定如下：

驳回上诉，维持原裁定。

别某不服终审裁定，申请再审。山东省高级人民法院经审理认为：土地补偿费在支付至村集体后，对于土地补偿费的分配方式、分配范围、分配条件等具体分配方案，须经村民会议或者村民会议授权村民代表会议讨论决定，属于村民自治事项，不属于人民法院受案范围。别某认可某村民委员会按一定的补偿标准对其进行了补偿，其对分配的标准及数额不满，向人民法院起诉的，人民法院不应当受理。

山东省高级人民法院依照《中华人民共和国民事诉讼法》第二百一十五条第一款，《最高人民法院关于适用〈中华人民共和国民事诉讼法〉的解释》第三百九十三条第二款规定，裁定如下：

驳回别某的再审申请。

【法官后语】

农村土地征收补偿费用的纠纷是否属于民事诉讼的受理范围，实践中对相关法律的理解与适用还存在一定偏差。

土地补偿费用分配纠纷有两个阶段：一是土地补偿费数额争议阶段，该阶段发生在集体经济组织确定补偿费用途及补偿费总额时；二是土地补偿费分配实施阶段，该阶段发生在集体经济组织确定分配的数额后的实际分配过程。在第一阶段即数额争议阶段，根据《最高人民法院关于审理涉及农村土地承包纠纷案件适用法律问题的解释》（本案例以下简称《解释》）第一条第三款规定，当事人就用于分配的土地补偿费数额提起民事诉讼的，人民法院不予受理。在第二阶段即分配实施阶段，《解释》第一条第一款第六项规定，涉及承包地征收补偿费用分配的农村土地承包民事纠纷，人民法院应当依法受理。即第一阶段不可诉，第二阶段可诉。

司法实践中，第二阶段即承包地征收补偿费用分配纠纷的起因往往是，用于给村民的土地补偿费分配总额已经确定，在分配过程中，因具体人员身份等问题予以少分或不分，该人员认为其集体经济组织权益受到侵害，向人民法院提起诉讼，请求按照其他村民同等数额分配土地补偿费。此为成员之间就具体分配比例产生的纠纷，属于平等民事主体之间的纠纷。根据《解释》第一条第一款第六项规定，对于承包地征收补偿费用分配纠纷，人民法院应当依法受理。即此类纠纷只要符合《中华人民共和国民事诉讼法》第一百二十二条的规定，人民法院应当受理。

土地补偿费中已经分配给集体经济组织的部分，实际上系对集体所有权的补偿，属于本集体经济组织成员集体所有。根据《中华人民共和国民法典》第二百六十一条规定，土地补偿费等费用的使用、分配办法应当依照法定程序经本集体成员决定。所以，用于分配的土地补偿费数额争议，即对于已经确定分配给集体经济组织的部分土地补偿费，多少数额用于分配给村民、多少数额用于村公益事业等，是村民自治事项，不属于人民法院受案范围。①

本案中，别某起诉的案由虽为承包地征收补偿费用分配纠纷，但是，村委会就所收到的补偿款已按统一的补偿标准和相关的补偿项目对涉及的村民进行补偿，别某的诉求是某村民委员会按照规定将土地征收补偿安置费的80%支付给土地承包户，实质上是对某村民委员会用于分配给村民的土地补偿费数额不服，即对第一阶段的土地补偿费数额产生争议。根据《解释》第一条第三款规定，法院不应受理情形。

编写人：山东省安丘市人民法院　韩伟丽

---

① 最高人民法院民事审判第一庭编：《民事审判指导与参考》2019年第3辑（总第79辑），人民法院出版社2019年版，第245~246页。

6

留用地折算货币补偿协议、补偿款的性质及管辖

——蔡某诉某经济合作社承包地征收补偿费用分配案

【案件基本信息】

1. 裁判书字号

广东省广州市中级人民法院（2023）粤01民终1335号民事裁定书

2. 案由：承包地征收补偿费用分配纠纷

3. 当事人

原告（上诉人）：蔡某

被告（被上诉人）：某经济合作社

【基本案情】

2021年10月11日，某经济合作社与某镇政府签订《留用地折算货币补偿协议书》，协议约定：将征收某村某社留用地的补偿款纳入集体资产管理，不分到个人。10月29日，某镇政府将某经济合作社留用地补偿款142.548万元发放到某经济合作社账户。《某村某经济合作社户应分留用地补偿款明细表》中载明，蔡某被征地总面积为0.41亩，应分得留用地补偿款为17220元。蔡某申请领取补偿款时，某经济合作社以《补偿协议书》约定了“留用地的补偿款纳入集体资产管理，不分到个人”为由，拒不发放。

蔡某诉称，根据《国有土地上房屋征收与补偿条例》第二十五条规定，订立拆迁补偿协议的主体是房屋征收部门与被征收人。因此，案涉《补偿协议书》应当由蔡某与某镇政府签订，没有其授权，某经济合作社代其签订的《补偿协议书》无效。故某经济合作社以《补偿协议书》的约定为由，拒不发放蔡

某补偿款，严重侵犯其财产权益。

【案件焦点】

村集体经济组织成员就分配留用地折算货币补偿款提起诉讼，是否属于人民法院受理民事诉讼的范围。

【法院裁判要旨】

广东省广州市从化区人民法院经审理认为：村集体经济组织与人民政府签订的《留用地折算货币补偿协议书》性质上属于行政协议，村集体经济组织成员起诉要求确认该行政协议无效，不属于人民法院受理民事诉讼的范围某经济合作社作为农村集体经济组织取得的留用地折算货币补偿款，是征地补偿安置费用的组成部分，属于农村集体经济组织所有，如何分配、使用，属于村民自治的范畴，村集体经济组织成员就分配留用地折算货币补偿款提起诉讼，不属于人民法院受理民事诉讼的范围。对相关起诉应裁定不予受理。

广东省广州市从化区人民法院依据《中华人民共和国民事诉讼法》第一百二十二条、《中华人民共和国民法典》第二百六十一条、《最高人民法院关于审理涉及农村土地承包纠纷案件适用法律问题的解释》第一条规定作出裁定：

对蔡某的起诉，法院不予受理。

蔡某不服一审裁定，提起上诉。

广东省广州市中级人民法院作出裁定：

驳回上诉，维持原裁定。

【法官后语】

一、留用地与留用地折算货币补偿协议

征收农村集体经济组织土地所需的留用地，是国家征收农村集体土地后，按实际征收土地面积的一定比例，作为征地安置另行安排给被征地农村集体经济组织用于发展生产的建设用地。留用地的使用权及其收益全部归该农村集体经济组织所有。2014年《中共中央 国务院关于全面深化农村改革加快推进农业现代化的若干意见》提出，探索实现留地安置、补偿等多种方式，确保被征地农民长期受益。2019年《中华人民共和国土地管理法》第四十八条规定，征收补偿应以实现被征地农民长久生活保障为目标。目前我国已有多个省份在实施留用地安置制度，留用地安置成为征地补偿的一种重要补偿方式，广东省也先后颁布留用地管理相关文件。《广东省征收农村集体土地留用地管理办法》第三条规定，被征地农村集体经济组织选择折算货币补偿而放弃留用地安置的，可不安排留用地，采取折算货币方式补偿。《广州市人民政府办公厅关于进一步加强征收农村集体土地留用地管理的意见》规定，被征地农村集体经济组织采取留用地折算货币补偿兑现留用地的，由征地单位与被征地农村集体经济组织签订留用地折算货币补偿协议。因此，签订留用地折算货币补偿协议，是行政机关履行补偿法定职责的方式，属于行政行为，该协议在性质上属于行政协议。

《中华人民共和国民事诉讼法》第一百二十二条规定了提起民事诉讼的条件，其中第四项规定当事人提起的诉讼应当“属于人民法院受理民事诉讼的范围和受诉人民法院管辖”。而关于民事诉讼的范围，《中华人民共和国民事诉讼法》第三条规定：“人民法院受理公民之间、法人之间、其他组织之间以及他们相互之间因财产关系和人身关系提起的民事诉讼，适用本法的规定。”本案中，案涉《留用地折算货币补偿协议书》是某经济合作社与区某镇人民政府签订的行政协议，蔡某因对协议约定“将征收某社留用地的补偿款纳入集体资产管理，不分到个人”有异议，起诉要求确认该留用地折算货币补偿协议无效，不属于人民法院受理民事诉讼的范围，应通过行政程序等合法途径予以解决。

二、留用地折算货币补偿款是征地补偿安置费用的组成部分

《中华人民共和国民法典》第二百六十一条规定：“农民集体所有的不动产和动产，属于本集体成员集体所有。下列事项应当依照法定程序经本集体成员决定：……（三）土地补偿费等费用的使用、分配办法……”《广东省征收农村集体土地留用地管理办法》第三条规定：“留用地按实际征收农村

集体经济组织土地面积的10%至15%安排，具体比例由各地级以上市人民政府根据当地实际以及项目建设情况确定。但符合下列情况之一的可不安排留用地，采取折算货币方式补偿：（一）被征地农村集体经济组织选择折算货币补偿而放弃留用地安置的……”《广州市人民政府办公厅关于进一步加强征收农村集体土地留用地管理的意见》规定：“农村集体经济组织领取的留用地折算货币补偿款，应纳入农村集体财产统一管理，在不违反禁止性规定的前提下，按照村民自主管理原则，由农村集体经济组织自行决定用于发展集体经济、提高农民生活水平或者改善养老和医疗保障。”综上，土地补偿费及留用地货币补偿款均属于农村集体经济组织所有，如何分配、使用，属于村民自治的范畴。

《最高人民法院关于审理涉及农村土地承包纠纷案件适用法律问题的解释》第一条第三款规定：“农村集体经济组织成员就用于分配的土地补偿费数额提起民事诉讼的，人民法院不予受理。”本案中，某经济合作社与区某镇政府签订了《留用地折算货币补偿协议书》后，区某镇政府将某经济合作社留用地补偿款142.548万元发放到某经济合作社账户，上述补偿款均属于某经济合作社所有，在不违反法律的强制性规定的情况下，由农村集体经济组织按照村民自主管理原则决定如何使用。故本案中蔡某就分配留用地补偿款提起诉讼，不属于人民法院受理民事诉讼的范围。

编写人：广东省广州市从化区人民法院　李寒冰

7

农村土地承包经营户家庭成员死亡对土地征收补偿款分配产生的法律后果

——罗某甲诉罗某丙等承包地征收补偿费用分配案

【案件基本信息】

1. 调解书字号

新疆维吾尔自治区昌吉回族自治州中级人民法院（2023）新23民终2138号民事调解书

2. 案由：承包地征收补偿费用分配纠纷

3. 当事人

原告（被上诉人）：罗某甲

被告（上诉人）：罗某丙

被告（被上诉人）：罗某乙、罗某丁、罗某戊、罗某己、罗某庚

第三人：某村委会

【基本案情】

罗某甲、罗某乙、罗某丙、罗某丁、罗某戊、罗某己、罗某庚及罗某辛（已去世）系兄弟姐妹，其母亲为刘某某（2019年去世）、父亲罗某某（1984年去世）。刘某某去世前，与罗某甲为一个家庭承包户，刘某某系户主，二人户籍地均为某村。罗某丙、罗某乙虽成家分户，但其户籍地仍在某村。其他被告成家分户后户口均已迁出。

1999年二轮土地承包时，某县政府向刘某某制发农村土地承包经营权证书，承包方户主刘某某，共有人刘某某、罗某甲，承包土地面积10亩，承包期

限1999年12月15日至2029年12月15日，计30年。

因某县北环路修路需占用某村部分土地，2020年11月，某村委会对土地进行整合，确权户主刘某某，共有人刘某某、罗某甲，最终地亩数为7.7亩。根据征地和整合情况，某村委会对土地进行制表，刘某某个人最终地亩数为3.7亩；罗某甲分户，最终地亩数4亩。

自1998年起至2018年，刘某某居住生活在罗某丙家，罗某甲及其他子女支付赡养费，2018年刘某某瘫痪后，子女均按月轮流照看至2019年10月刘某某过世。罗某甲、刘某某的承包地自1998年起一直由罗某丙经营管理。2023年5月16日，某村委会出具情况说明，前述公路修建时征收刘某某、罗某甲土地共2.7亩，每亩征地补偿款25500元，共计68850元，因刘某某、罗某甲的征地补偿款与罗某丙存有争议，此款现在村委会账户。现罗某甲起诉请求对该68850元征地补偿款依法进行分配。

【案件焦点】

如何认定案涉土地补偿款的权属。

【法院裁判要旨】

新疆维吾尔自治区玛纳斯县人民法院经审理认为：2019年10月刘某某去世时，其对案涉土地的承包期限并未届满，罗某甲作为某村集体成员，又是刘某某所持承包经营权证书中载明的家庭成员，可继续在承包期内承包。2019年12月，政府因修路征收登记在刘某某名下的2.7亩承包地，罗某甲作为被征收土地的承包经营权人，有权主张并处置该征地补偿款。其主张分得其中的50%，并就剩余的50%与被告进行平分，系对自身权利的处分，不违反法律规定。故罗某甲可分得补偿款39342.8元（68850元×50%+34425元÷7），罗某丙、罗某乙、罗某丁、罗某戊、罗某己、罗某庚各分得4917.8元。对于被告罗某乙辩称被征收的2.7亩系其母亲刘某某的地，刘某某一直由其照顾，故征地补偿款应归其所有的意见，我国农村实行家庭联产承包经营方式，承包户代表与村集体经济组织签订土地承包合同，由政府向承包户发放土地承包经营权证书，在家庭联产承包内部有家庭成员去世时，由其他家庭成员继续承包经营，并不发生继承问题。刘某某去世后，其作为户主的农村土地承包家庭户中还有一家庭成员即罗某甲，故罗某乙该意见无事实及法律依据，不予支持。

新疆维吾尔自治区玛纳斯县人民法院依据《中华人民共和国物权法》第一百二十五条、第一百三十二条，《最高人民法院关于审理涉及农村土地承包纠纷案件适用法律问题的解释》第二十三条第二款，《最高人民法院关于适用〈中华人民共和国民法典〉时间效力的若干规定》第一条第三款，《中华人民共和国民事诉讼法》第六十七条第一款规定，判决如下：

一、第三人某村委会于本判决生效之日起十日内向原告罗某甲支付土地补偿款 39342.8 元；

二、第三人某村委会于本判决生效之日起十日内向被告罗某丙、罗某乙、罗某丁、罗某戊、罗某己、罗某庚分别支付土地补偿款 4917.8 元。

罗某丙不服一审判决，提起上诉。经新疆维吾尔自治区昌吉回族自治州中级人民法院调解，当事人按照一审判决确认的土地补偿款分配方案自愿达成给付协议。

【法官后语】

土地补偿费在性质上属于对经由征收消灭集体土地所有权的补偿，主要针对的是农村集体经济组织土地所有权和土地承包人的土地投入和收益损失，其既具有财产补偿性质又具有生存利益保障性质，在土地补偿费分配过程中，既要充分尊重和保障集体成员的个人利益，又不能损害集体的整体利益。

我国农村集体土地实行的是家庭联产承包责任制，通过家庭承包方式取得的土地承包经营权的权利主体是本集体经济组织的农户，而非以个人为单位。农村土地承包经营权具有社会保障性质和身份属性，该特质决定了其不具有可继承性，不属于遗产范围。若农户内的成员全部死亡，该农户享有的土地承包经营权即归于消灭，该农户承包的土地应由发包方收回；若农户内的部分成员死亡，则土地承包经营权由农户内生存的家庭成员平等享有。即农村经营承包户某个或者部分成员死亡，户的承包经营权仍存在，土地承包经营权不发生消灭，即承包户内家庭成员的变化不影响农户作为承包方的法律地位和权利义务，其他家庭成员可继续承包经营，承包地不发生继承问题；在成员死亡之后，产生的承包收益等土地收益，包括征地补偿费，应当属于户内生存成员的共同财产，而不是已经死亡成员的遗产，因此不产生继承的法律后果。

本案中，政府因修路征收刘某某户的土地发生于刘某某死亡后，相应的征收补偿费应当属于该户内的唯一成员罗某甲所有，罗某甲有权处置该征地补偿款。因该补偿款不是刘某某的遗产，故被告以对刘某某尽到较多赡养义务为由主张分得补偿款的请求，缺乏法律依据。罗某甲在主张该补偿款所有权的同时，自愿将其中一部分分给其兄弟姐妹，体现了兄弟姐妹之间重视亲情和互帮互助的优良家风，也是本案二审得以调解结案的基础。

综上，承包土地以及土地承包经营权并非遗产范围，承包户内成员去世，但户内尚有其他成员生存的，不影响承包户与发包方的土地承包关系。户内部分成员死亡后产生的土地征用补偿款不属于被继承人死亡前基于承包所获得的利益，不属于承包收益，不能作为遗产被继承。但是法律规定，承包人生前应得的承包收益，可依照《中华人民共和国民法典》的规定继承，实践中应当重点审查该收益产生的来源和时间，只有承包人基于土地承包经营权于死亡时已经产生的依法应当获得的承包收益，才可以依法由继承人继承。

编写人：新疆维吾尔自治区玛纳斯县人民法院　阿合卓力·加林

8

“外嫁女”是否有权参与土地征收补偿款分配的认定

——谢某甲诉某村某组承包地征收补偿费用分配案

【案件基本信息】

1. 裁判书字号

湖南省汨罗市人民法院（2023）湘0681民初1020号民事判决书

2. 案由：承包地征收补偿费用分配纠纷

3. 当事人

原告：谢某甲

被告：某村某组

【基本案情】

谢某甲系某村某组谢某乙之女，其户籍随父亲谢某乙登记在某村某组，并在某村某组分配了承包地。2014年10月24日，谢某甲与湖南省汨罗市丁区戊镇己村雷某登记结婚，后生育一子。2017年2月23日，谢某甲与雷某协议离婚，并约定婚生子由雷某抚养。离婚后，谢某甲随母亲周某租住于乙区。其间，谢某甲户籍一直在某村某组没有迁出。2021年7月7日，某村某组土地被征收，组上对征地补偿款共计8449176元进行了分配，组上各大户代表共八大户等人在分配明细上签字并按手印，谢某乙家三人共计获得296994元征地补偿款，谢某甲没有分到补偿款。

2019年5月24日，汨罗市房屋征收安置办公室与谢某乙签订某棚户区改造项目房屋补偿安置协议，谢某乙坐落于某村某组的私有房屋被征收，共有人为周某、谢某甲、谢某丙（谢某甲的弟弟）。

根据湖南省岳阳市丁区戊镇己村村民委员会出具的证明，谢某甲的户籍未迁入己村，谢某甲不享有乙村的农村集体经济组织成员资格。

现谢某甲请求判令某村某组支付其土地补偿款79000元及土地补偿款利息13825元（从2021年7月7日暂计至2023年4月6日，按年利率10%计算，为79000×21×10%÷12＝13825元），后续利息另行计算至实际支付之日。

【案件焦点】

1. 谢某甲是否属于某村某组集体经济组织成员；2. 谢某甲是否有权参与土地征收补偿款的分配。

【法院裁判要旨】

湖南省汨罗市人民法院经审理认为：谢某甲是否具有农村集体经济组织成员资格，一般可从以下几个方面综合考虑：一是户籍在征地补偿分配方案确定时是否在该集体经济组织；二是征地补偿分配方案确定时，是否在该集体经济组织实际生产和生活；三是是否以该集体经济组织的土地为基本生活保障。经查，谢某甲出生在某村某组，户口登记在该组，谢某甲出生后在其父为户主的名下以家庭为单位在该组分得了承包地，虽然谢某甲于2014年与丁区戊镇己村的雷某登记结婚，并于2017年离婚，但谢某甲的户口一直未迁出，仍保留登记在某村某组，也没有证据证明其家庭承包地被调整给了他人。同时，根据湖南省岳阳市丁区戊镇己村村民委员会出具的证明，因谢某甲未将其户籍迁入前夫家己村，不管是结婚后还是离婚后，谢某甲至今在雷某家生产组未分得土地，未享受任何分配待遇，因此，谢某甲仍然是以某村某组的土地作为其基本生活保障。关于某村某组辩称，村上已开会，出嫁离婚的不参与分配。根据《中华人民共和国农村土地承包法》第三十一条规定，承包期内，妇女结婚，在新居住地未取得承包地的，发包方不得收回原承包地；妇女离婚或者丧偶，仍在原居住地生活或者不在原居住地生活但在新居住地未取得承包地的，发包方不得收回其原承包地。《中华人民共和国妇女权益保障法》第三十二条、第三十三条规定，妇女在农村土地承包经营、集体经济组织收益分配、土地征收或者征用补偿费等方面，享有与男子平等的权利；任何组织和个人不得以妇女未婚、结婚、离婚、丧偶等为由，侵害妇女在农村集体经济组织中的各项权益。因此，谢某甲作为某村某组集体经济组织成员，享有该组集体经济组织成员的相关权益，有资格参与集体征收土地补偿费的分配。

谢某甲请求进行分配的征收土地补偿款分配方案形成于 2021 年 7 月 7 日，在该分配方案确定时谢某甲已经具有某村某组集体组织成员资格。由此，谢某甲要求某村某组支付其土地补偿款 79000 元的诉请，法院予以支持。关于谢某甲诉求的土地补偿款利息，某村某组将案涉土地补偿款整体出借给案外第三人，第三人在按期支付利息，谢某甲未获得补偿款存在利息损失，因此对其要求某村某组支付利息的主张予以支持。关于后续利息，因后续某村某组是否将土地补偿款持续整体出借以及利息是否有变化，法院无法查明，谢某甲诉请的后续利息，法院不予支持，故对谢某甲诉求的土地补偿款利息自 2021 年 7 月 7 日计算至 2023 年 4 月 6 日共计 13825 元，法院予以支持。

湖南省汨罗市人民法院根据《中华人民共和国民法典》第二百六十五条第二款，《中华人民共和国农村土地承包法》第三十一条，《中华人民共和国妇女权益保障法》第三十二条、第三十三条，《最高人民法院关于审理涉及农村土地承包纠纷案件适用法律问题的解释》第二十二条，《中华人民共和国民事诉讼法》第六十七条规定，判决如下：

一、某村某组在本判决生效之日起十日内支付谢某甲土地征收补偿款 79000 元，并支付 2021 年 7 月 7 日至 2023 年 4 月 6 日利息 13825 元；

二、驳回谢某甲的其他诉讼请求。

宣判后，双方当事人均未上诉，一审判决生效。

【法官后语】

在村集体对征地补偿款进行分配时，受传统思想的影响，是否应对“外嫁女”进行分配，各地做法不一，有地方对“外嫁女”参与分配的权利加以限制，认为“嫁出去的女儿泼出去的水”，更有甚者直接制定村规民约剥夺“外嫁女”的权利。本案涉及“外嫁女”是否有权分配征地补偿款的问题，核心是关于“外嫁女”村集体经济组织成员资格的认定标准。

一、我国关于农村集体经济组织成员身份认定的立法沿革

《中华人民共和国农村土地承包法》通过指引性条文进行了立法留白，其第三十一条规定：“承包期内，妇女结婚，在新居住地未取得承包地的，发包方不得收回其原承包地；妇女离婚或者丧偶，仍在原居住地生活或者不在原居住地生活但在新居住地未取得承包地的，发包方不得收回其原承包地。”《最高人民法院关于审理涉及农村土地承包纠纷案件适用法律问题的解释》第二十二条规定：“农村集体经济组织或者村民委员会、村民小组，可以依照法律规定的民主议定程序，决定在本集体经济组织内部分配已经收到的土地补偿费。征地补偿安置方案确定时已经具有本集体经济组织成员资格的人，请求支付相应份额的，应予支持。但已报全国人大常委会、国务院备案的地方性法规、自治条例和单行条例、地方政府规章对土地补偿费在农村集体经济组织内部的分配办法另有规定的除外。”

针对实践中产生的大量侵害外嫁女等妇女土地承包权益的现象，不少地方人大、政府以及高级人民法院通过地方性法规等规范性文件或审判指导意见等方式对农村集体经济组织成员身份认定问题进行了明确。① 从前述立法和司法实践情况看，就农村集体经济组织成员身份的认定，各地考量的因素一般包括户籍关系、承包关系、生活保障来源及出生、婚姻、收养等事实，进而形成户籍标准、以户籍为基础的复合标准和权利义务关系标准三种观点。

2024年6月28日颁布的《中华人民共和国农村集体经济组织法》将于2025年5月1日施行。其第十一条“户籍在或者曾经在农村集体经济组织并与

---

① 江西省会昌县于2019年11月公布的《会昌县农村集体经济组织成员资格认定工作指导意见》规定：“开展成员资格认定要结合户籍关系、土地承包关系、实际居住状况以及对集体积累贡献大小、义务履行等情况，兼顾各类成员的利益，注重保护妇女、儿童等弱势群体的利益。任何组织和个人不得以妇女未婚、结婚、离婚、丧偶等为由，侵害妇女在农村集体经济组织中的各项权益。”广东省清远市于2022年7月公布的《清远市清城区农村集体经济组织成员资格认定指导意见（2022年修订）》明确了农村集体经济组织成员资格认定应遵循的依法依规、公平公正，尊重历史、兼顾现实，程序规范，民主决策等原则的基础上，在第三条规定了农村集体经济组织成员资格的取得方式，包括原始取得、法定取得和协商取得。

农村集体经济组织形成稳定的权利义务关系，以农村集体经济组织成员集体所有的土地等财产为基本生活保障的居民，为农村集体经济组织成员”之规定，首次以法律形式明确了农村集体经济组织成员（以下简称“成员”）这一概念，以及农村集体经济组织成员身份确认的标准；第十二条进一步规定了成员身份确认的程序，以及因成员生育、结婚、收养或者因政策性移民而增加的人员的成员身份确认原则；第十六条至第十八条还规定了成员的退出和成员身份的丧失。从立法上体系化地明确了农村集体经济组织成员身份确认的规则，也为司法审判综合运用相关规范处理涉及成员身份的纠纷，提供了裁判依据。同时，这一立法成果来自实践探索的成功经验，更便于实践中应用，易于被社会公众接受。

二、关于农村集体经济组织成员身份认定的法律适用

《中华人民共和国农村集体经济组织法》第十一条对成员身份的确认综合采纳了实践中普遍认可的三个要素，即从“户籍关系”“稳定权利义务关系”“土地保障”三个方面综合确认是否属于农村集体经济组织成员。其中，“户籍关系”是指相关人员的户籍在或者曾经在农村集体经济组织，这是确认成员身份的首要条件；“稳定权利义务关系”是指相关人员与农村集体经济组织具有稳定的权利义务关系，一般考察的因素包括在本集体经济组织有无承包土地、是否在本集体经济组织生产生活、是否承担本集体经济组织义务、对本集体经济组织积累的贡献程度、是否参与本集体经济组织重大事项的表决、是否已在其他集体经济组织享有权利等；“土地保障”是指相关人员以农村集体经济组织的土地等财产为基本生活保障，为成员提供基本生活保障是农村集体经济组织的基本职能，故这一条件是成员身份确认的实质条件。同时具备前述三个要件的，即可认定相关人员具有成员身份。从立法上明确认定成员身份的标准，将促进司法实践中对涉及成员身份的法律适用的统一，同时，这一标准是来自实践探索的立法成果，更便于实践中应用，易于被社会公众接受。

三、关于“外嫁女”农村集体经济组织成员身份的认定

受传统婚嫁风俗、重男轻女等落后观念的影响，农村妇女在发生婚姻关系变化，特别是户籍发生变动时，集体经济组织有时以村民自治的形式，在宅基

地使用、土地承包经营、土地征收补偿安置或者征用补偿费分配等方面侵害妇女的合法权益，产生争议。当事人就“外嫁女”成员身份发生争议的，首先应当考虑其原成员身份，在原成员身份能够确认的前提下，争议的实质是其成员身份是否因“外嫁”而丧失。《中华人民共和国农村集体经济组织法》对于成员身份的丧失从正反两个角度进行了规范，其中，第十七条从正面列举了丧失成员身份的法定事由，包括死亡，丧失中华人民共和国国籍，已经取得其他农村集体经济组织成员身份，已经成为公务员但是聘任制公务员除外，法律法规和农村集体经济组织章程规定的其他情形；第十八条从反面明确了不导致成员身份丧失的具体事由，包括就学、服役、务工、经商、离婚、丧偶、服刑等原因，该条第二款针对“外嫁女”特别明确：农村集体经济组织成员结婚，未取得其他农村集体经济组织成员身份的，原农村集体经济组织不得取消其成员身份。前述立法精神与一直以来的政策精神和司法实践的主流观点是一致的。

本案中，谢某甲出生即落户在某村某组，并在该组分配了承包地，应当确认其具有该组成员身份。后其婚姻状况发生变化，但是户籍关系未发生变化，虽然居住地不在某村某组，但是其未在其他农村集体经济组织取得成员身份，某村某组也未能证明谢某甲获得其他生活保障、存在丧失成员身份的法定事由。故对于谢某甲请求判令某村某组按照村民待遇标准支付其土地补偿费的诉求，应当予以支持。

土地是集体经济组织的重要财产，是农民赖以生存的基础，也是集体成员的核心权益。“外嫁女”如果在其他集体经济组织分得承包地或者取得城镇户口，其基本生活保障就不再依赖于原集体土地，应当认定其已经丧失原成员身份，所以在强调保护“外嫁女”集体经济组织权益，避免“两头空”的同时，也要防止“两头占”侵害其他成员权益的问题。

编写人：湖南省汨罗市人民法院　喻鑫

9

村集体组织应就其消极不作为侵害村民集体利益的行为承担法律责任

——王某诉某村委会土地承包经营权案

【案件基本信息】

1. 裁判书字号

北京市第一中级人民法院（2023）京01民终11001号民事判决书

2. 案由：土地承包经营权纠纷

3. 当事人

原告（被上诉人、再审被申请人）：王某

被告（上诉人、再审申请人）：某村委会

【基本案情】

1998年1月，王某作为家庭代表与某村经济合作社签订土地承包合同书，承包某村土地共计9.83亩，承包期限自1998年1月1日至2027年12月31日。某村土地分为A地、B地和C地。

2004年7月15日，甲方王某与乙方某村委会签订《返租倒包合同》，约定："一、甲方自愿将其承包经营的土地使用权返租倒包转让给乙方，返租倒包土地的位置为B地2.88亩……"合同签订后，王某将土地交付某村委会，某村委会按480元/亩/年的标准向王某支付B地的全部租金，A地、C地的租金按照合同约定正常支付。

2003年10月21日，甲方某村委会与乙方某置业公司签订《荒山、山坡土地承包合同书》，约定："一、B山坡地。承包金每年每亩480元。每五年为一个承包金支付期……”

2006 年，市政管理委员会（以下简称市政管委）与某村委会签订《占地协议》，约定：依据 2006 年政府折子工程，改善某河两岸的交通水平，由市政管委修建某河生态走廊工程，占用某村土地 70.4 亩，补偿款 2.1 万元/亩，小计 1478400 元。

2009 年 4 月 1 日，某置业公司与曹某某签订了《转让协议》，约定：某置业公司将其开发建设的某生态园种植基地、某乡村项目以 150 万元的价格转让给曹某某，用于抵偿欠付曹某某的债务。某生态园种植基地、某乡村项目占地，系由某置业公司承包某村集体土地。某村委会在该协议中加盖了公章。

2009 年 7 月 19 日，市政管委分别与某村委会、经流转实际承租案涉土地的曹某某等人签订《占地补偿协议》，约定：市政管委向某村委会支付补偿款 7639394 元，其中占用耕地 288.64 亩，补偿标准为 2 万元/亩，小计 5772800 元。市政管委向曹某某等人分别补偿 2353550 元，其中包括耕地共计 300 亩，补偿标准为 2 万元/亩。

2023 年 4 月 26 日，王某诉至法院请求：（1）依法解除王某与某村委会签订的《返租倒包合同》，解除时间为 2023 年 4 月 26 日；（2）请求判令某村委会返还王某在 B 地的政府修路占地和造林占地 7.13 亩土地补偿款共计 77574.4 元。

【案件焦点】

1.《返租倒包合同》能否解除；2. 王某要求某村委会支付 B 地的收益差额的诉讼请求能否得到支持。

【法院裁判要旨】

北京市延庆区人民法院经审理认为：关于焦点一。王某要求确认解除案涉《返租倒包合同》，某村委会辩称已根据《返租倒包合同》的约定，将 B 地剩余年限的承包费发放至村民手中，其余土地承包费也按约定发放，故不同意解除合同。根据法律规定，合同解除有约定解除和法定解除两种方式，由于双方当事人未在《返租倒包合同》中约定合同解除的条款，本案不适用合同约定解除的规定。《返租倒包合同》并未限制某村委会对涉案地块另行发包的权利，双方当事人在履行合同过程中，某村委会已经按照合同支付承包费，王某提交的现有证据不能证明某村委会的行为符合《中华人民共和国合同法》第九十四条规定的法定解除情形。故王某要求确认《返租倒包合同》于 2023 年 4 月 26 日解除，并要求返还土地、将土地恢复至可耕种状态的诉讼请求，缺乏事实和法律依据，不予支持。

关于焦点二。根据案涉《返租倒包合同》约定，案涉地块中，B 地租金标准为 480 元/亩/年，某村委会已经按照合同约定发放了上述费用，且该费用已支付至合同期满。现 B 地已经因市政建设被占用，根据市政管委分别与某村委会、曹某某、房某某、曹某乙、赵某某签订的《占地补偿协议》约定，市政管委支付的土地补偿标准为每年每亩 1000 元。根据法律规定，土地补偿费归农村集体经济组织所有。《中华人民共和国农村土地承包法》第十七条规定，承包地被依法征收、征用、占用的，承包方有权依法获得相应的补偿。本案中，市政管委支付的土地补偿标准为每年每亩 1000 元，但村集体仅从市政管委取得部分土地补偿款，其余土地补偿款均由曹某某等人作为土地承租人领取。村集体怠于主张土地补偿款的行为造成村集体资产的减损，进而侵害了村民的合法权益，故王某主张某村委会支付土地补偿款与返租倒包合同款差额的诉讼请求，具有事实和法律依据，予以支持。因案涉《返租倒包合同》期限截至 2027 年 12 月 31 日，故上述差额应计算至 2027 年 12 月 31 日，并按照合同约定的 B 地面积计算。

北京市延庆区人民法院依照《中华人民共和国合同法》第六十条第一款，《中华人民共和国农村土地承包法》第十七条和《最高人民法院关于适用〈中华人民共和国民法典〉时间效力的若干规定》第一条第二款规定，判决如下：

一、某村委会于本判决生效后七日内给付王某土地补偿款 28454.4 元；

二、驳回王某的其他诉讼请求。

某村委会不服一审判决，提起上诉。北京市第一中级人民法院经审理认为：国家实行农村土地承包制度。承包地被依法征收、征用、占用的，承包方有权依法获得相应的补偿。本案中，王某作为家庭代表与某经合社签订了土地承包合同书，取得案涉土地的土地承包经营权。现该土地被征占，因征占而产生的征地补偿款王某有权利获得。市政管委支付的土地补偿标准为每年每亩 1000 元，但村集体仅从市政管委取得部分土地补偿款，其余土地补偿款均由曹某某等人作为土地承租人领取。因村集体怠于主张土地补偿款，造成村集体资产的减损，进而侵害了村民的合法权益，王某主张某村委会支付土地补偿款与返租倒包合同款差额的诉讼请求于法有据。

北京市第一中级人民法院依照《中华人民共和国民事诉讼法》第一百七十七条第一款第一项规定，判决如下：

驳回上诉，维持原判。

某村委会不服二审判决，提起再审。北京市高级人民法院经审查认为：根据查明的事实和在案证据，王某作为家庭代表与某经合社签订了土地承包合同书，取得案涉土地的土地承包经营权。现该土地被征占，因征占而产生的征地补偿款王某有权利获得。本案中，市政管委支付的土地补偿标准为每年每亩 1000 元，但村集体仅从市政管委取得部分土地补偿款，其余土地补偿款均由曹某某等人作为土地承租人领取。因村集体怠于主张土地补偿款，造成村集体资产的减损，进而侵害了村民的合法权益，王某主张某村委会支付土地补偿款与返租倒包合同款差额的诉讼请求于法有据。故原审法院判决某村委会给付王某土地补偿款，并无不当。

北京市高级人民法院依照《中华人民共和国民事诉讼法》第二百一十五条第一款，《最高人民法院关于适用〈中华人民共和国民事诉讼法〉的解释》第三百九十三条第二款规定，裁定如下：

驳回某村委会的再审申请。

【法官后语】

村集体经济组织①依法代表成员集体行使所有权，但在司法实践中，村集体经济组织违反农村集体财产经营管理规定，存在不行权、不规范行权、怠于行权等现象，实质上会侵害村民权益。本文就村集体经济组织的积极行权和消极行权分别进行分析。

一、村集体经济组织违反农村集体财产经营管理规定怠于维护成员财产利益的，应当承担法律责任

根据《中华人民共和国农村集体经济组织法》第五条规定，村集体经济组织代表成员集体行使所有权职能，其中包含组织开展集体财产经营、管理，以及分配、使用集体土地被征收征用的土地补偿费等。由此可知，村集体经济组织承担着维护成员利益的重任，应当通过科学民主议定程序，确保集体财产得到合理利用和保值增值。

具体到本案中，根据《最高人民法院关于审理涉及农村土地承包纠纷案件适用法律问题的解释》第二十二条规定，村集体经济组织可以对土地补偿款进行分配，但前提是经过民主议定程序。通常来说，民主议定程序，其核心是指表决程序，但实际上还包括召集程序、会议通知、决议事项等。这些程序共同保障了村民权利的行使，亦是为了防止村集体经济组织在履职的过程中，滥用或消极行使权利而侵害村民权益。土地补偿款涉及全体村民的利益，具有较强的公共属性，村集体经济组织应支持和配合村民委员会在村党组织领导下开展村民自治，维护成员利益。本案案涉土地在流转期间被征用，某村委会应当履行职能，提起召集、表决等程序作出土地补偿款分配方案，保障成员权益得以公平兑现。但某村委会却采取不召开、不议定、不表决的方式，以消极不作为的行为导致案外人获得了土地补偿款，实际上是在径行代表村民放弃部分土地补偿款，其行为明显违背其职责要求，侵害了村民的利益，应当承担法律责任。

---

① 本案基于历史原因，由村民委员会代行村集体经济组织职能，最后由村民委员会承担相应的法律后果。但随着法律的健全与执行的规范，分配、使用集体土地被征收征用的土地补偿费之职能将明确由村集体经济组织履行。

二、村集体经济组织怠于履行职责侵害成员合法权益的，成员可以诉讼方式维护其自身合法权益

《中华人民共和国农村集体经济组织法》第十二条明确规定成员享有的权利，即农村集体经济组织成员对农村经济组织的管理、运行享有知情权、参与权、表达权和监督权。

该案中，某村委会自村民处承租土地，后集中流转给案外人，在流转期内土地被依法征用，此时土地补偿款依然属于村集体，且村民有权基于承包合同依法获得相应补偿。而某村委会在未经民主议定程序的情况下，擅自放弃土地补偿款，又怠于向案外人追索补偿款，使得村民的权益一直处于受侵害状态。另外，某村委会消极的行为使得案外人取得土地补偿款，也可以视为其事实上作出了土地补偿款的处分方案，即把补偿款差额全部让渡给他人。现村委会怠于主张土地补偿款的行为，未能妥善履行维护成员权益、管理集体财产及分配、使用集体土地被征收征用的土地补偿费的职责。村民现依据土地流转合同，并依照相关法律规定，向村委会主张流转费用差额，具有权利基础和法理依据。

无论是《中华人民共和国村民委员会组织法》还是《中华人民共和国农村集体经济组织法》都确定了村民自治原则，即村集体组织实质上承载着自我管理、自我教育、自我服务的职能，应当承担起管理集体财产、服务集体成员等责任。土地是农村经济发展的根脉，在当前“三权分置”的土地经营政策下，村集体组织更应注重维护集体土地权益，避免资产保护与成员利益落空。在成员土地通过村集体组织集中流转时，村集体组织作为流转合同的相对方与集体财产的管理者，在流转土地被征收、征用时，更应审慎区分权益界限，厘清集体财产范围，积极行使相应权利，避免集体财产和成员权益双重受损。

编写人：北京市延庆区人民法院　杨博　石菲

（二）土地租赁合同纠纷

10

行使合同解除权与绿色原则相冲突时的权利救济

——公路养护中心诉张某某土地租赁合同案

【案件基本信息】

1. 裁判书字号

黑龙江省齐齐哈尔市中级人民法院（2023）黑02民终623号民事判决书

2. 案由：土地租赁合同纠纷

3. 当事人

原告（上诉人）：公路养护中心

被告（被上诉人）：张某某

【基本案情】

2013年4月1日，公路管理处某苗圃与张某某签订《土地租赁合同》，将150亩土地出租给张某某发展种养植和综合使用，租期15年，自2013年4月1日起至2028年4月1日止，租金为3万元/年（可用农作物代替租金）。合同签订后，张某某在土地上栽植了樟子松树苗，未按约支付租金。其间，张某某曾用树苗抵顶其租金。2016年至今，张某某未付租金，出具了土地租金欠据。2020年6月28日，公路管理处某苗圃并入公路养护中心。现张某某用树苗抵顶了三年租金，尚有六年共计18万元租金未支付，张某某提出用树苗抵偿，公路养护中心不同意，并以张某某迟延支付六年租金为由，诉至法院，要求解除公路养护中心与张某某签订的《土地租赁合同》并返还土地，张某某给付公路养护中心 18 万元租金。

【案件焦点】

案涉《土地租赁合同》是否应予解除。

【法院裁判要旨】

黑龙江省齐齐哈尔市梅里斯达斡尔族区人民法院经审理认为：公路管理处某苗圃与张某某签订的《土地租赁合同》是双方当事人的真实意思表示，不违反法律、行政法规的强制性规定，合法有效。公路管理处某苗圃并入公路养护中心后，该合同的权利义务由公路养护中心概括承受。故公路养护中心作为本案原告，诉讼主体适格。张某某迟延支付六年租金，经公路养护中心催告后，仍未支付，根据《中华人民共和国民法典》第七百二十二条“承租人无正当理由未支付或者迟延支付租金的，出租人可以请求承租人在合理期限内支付，承租人逾期不支付的，出租人可以解除合同”的规定，以及本案土地租赁合同关于租金标准和支付方式的约定，对公路养护中心要求张某某给付租赁费的诉讼请求，予以支持。因张某某在租赁土地上栽有多年生的树苗，解除合同会扩大损失，本案土地租赁合同不宜解除，故对公路养护中心要求解除合同返还土地的诉讼请求，不予支持。

黑龙江省齐齐哈尔市梅里斯达斡尔族区人民法院依照《中华人民共和国民法典》第六十七条第一款、第一百四十三条、第五百零二条、第七百二十二条规定，判决如下：

一、张某某于本判决生效后 10 日内支付公路养护中心土地租金 18 万元；

二、驳回公路养护中心的其他诉讼请求。

公路养护中心不服一审判决，提起上诉。

黑龙江省齐齐哈尔市中级人民法院经审理认为：同意一审法院的裁判意见，根据《中华人民共和国民法典》第七百二十二条规定，公路养护中心可以解除合同。但因张某某已在承租的百余亩土地上栽植了大量的樟子松，现树龄已达十年。如判令解除合同并恢复原状，将张某某栽植的树木移除，不仅履行费用过高，而且在没有足够体量的土地可供移植的情况下，会对树木的成活率造成影响，损害树木的生态价值功用，与《中华人民共和国民法典》第九条规定的绿色原则相悖；且移除树木使公路养护中心所获经济利益远远低于给张某某所造成的经济损失与环境公共利益损失之总和，故应视为不能移除，案涉《土地租赁合同》暂不宜解除。公路养护中心可以采取要求张某某承担违约责任的方式对其权利进行救济，或者要求将树木折价归其所有后，再主张解除合同。

黑龙江省齐齐哈尔市中级人民法院依照《中华人民共和国民事诉讼法》第一百七十七条第一款第一项规定，判决如下：

驳回上诉，维持原判。

【法官后语】

《中华人民共和国民法典》第九条规定："民事主体从事民事活动，应当有利于节约资源、保护生态环境。"该规定将绿色原则确立为民法的基本原则，不仅应为民事主体从事民事活动所遵循，司法实践中进行法律适用、法律解释、法律漏洞填补以及在利益冲突时的价值判断和选择，也应充分考量。

在租赁合同关系中，按时支付租金是承租人的合同义务。《中华人民共和国民法典》第七百二十二条规定："承租人无正当理由未支付或者迟延支付租金的，出租人可以请求承租人在合理期限内支付；承租人逾期不支付的，出租人可以解除合同。"本案承租人无正当理由迟延支付租金，经出租人催告后，在合理期限内仍未支付。根据前述法律规定，本案出租人享有合同的法定解除权，可以解除合同。因合同解除后会产生尚未履行的终止履行；已经履行的，恢复原状、采取补救措施、赔偿损失的法律后果。如果肯定出租人享有的合同解除权，在判决解除合同时，需一并解决恢复原状的问题。但是案涉土地上已栽植了成林的树木，尚不具备移植的条件，判决承租人返还土地并移除土地上已栽植的树木，虽符合法律规定，但是会造成承租人严重的经济损失，甚至会影响土地生态利益和环境公共利益，造成资源的浪费，不仅有违绿色原则，亦不符合节约资源、保护环境的基本国策，其结果难以得到社会公众的认同。

本案承租人除迟延支付租金外，不存在其他严重的违约行为，尚未达到合同目的不能实现的严重程度，通过以树木折价抵偿租金的方式能够实现合同目的，且解除合同不利于实现节约资源、保护生态环境。综合考虑合同的履行情况、承租人的违约程度以及对合同目的的影响、环境资源的保护等因素，认为案涉租赁合同暂不宜解除，遂引入绿色原则对出租人享有的合同解除权予以限制，判决驳回了出租人要求解除合同的诉求。同时，为了平衡绿色原则介入后暂时失衡的利益，在判决书中向出租人释明，其可通过另案诉请承租人承担违约责任或者协商以树木折价抵偿租金的方式进行救济。最终，该案判决发生法律效力后，公路养护中心与张某某达成和解协议，张某某以其栽植的五万余棵树木折价抵偿了案涉土地 12 年（包括案涉 6 年）的租金，双方的矛盾得到实质解决。

编写人：黑龙江省齐齐哈尔市中级人民法院　敖镝

11

因轻微违约行为解除合同将致双方利益严重失衡时，法院可限制约定合同解除权的行使

——江某某诉某建材公司、杨某某土地租赁合同案

【案件基本信息】

1. 裁判书字号

四川省宜宾市中级人民法院（2023）川 15 民终 587 号民事判决书

2. 案由：土地租赁合同纠纷

3. 当事人

原告（上诉人）：江某某

被告（被上诉人）：某建材公司、杨某某

【基本案情】

詹某某系某建材公司的法定代表人，杨某某系某建材公司的总经理。2015年11月29日，江某某作为甲方与某建材公司作为乙方签订《租地协议》，将位于屏山县某镇（现某社区）某村某组的责任地（具体位置现场确认）出租，协议主要约定：租期为30年，租金每年1万元，三年一付，第一次支付日期为2015年11月24日，第二次支付日期为2018年11月24日，以此类推；如果乙方违约拖欠租金，应向甲方支付违约金3万元，同时甲方有权从乙方违约之日起终止本协议。甲方落款处有杨某乙、江某某签名捺印，乙方落款处有杨某某、詹某某签名，加盖某建材公司印章。

2020年8月18日，某镇某村暴发特大洪水，某建材公司受损，至今仍处于停产技改中，尚未恢复生产经营。2021年11月24日，某建材公司应支付江某某2021年至2023年租赁期限内租金3万元，但至庭审辩论终结之日仍未支付。2022年6月30日，村组干部陪同某建材公司总经理杨某某到江某某家中协商支付案涉土地租金问题，江某某拒不收取相应租金。后江某某向法院提起诉讼，请求：（1）判令案涉《租地协议》终止；（2）判令某建材公司支付违约金3万元及损失6万元；（3）判令某建材公司对取土挖掘面恢复植被；（4）判令某建材公司将遗留在案涉场地的物品搬离；（5）判令某建材公司、杨某某共同承担本案违约责任。

【案件焦点】

1. 案涉《租地协议》是否应当解除问题；2. 如何认定本案的违约金负担。

【法院裁判要旨】

四川省屏山县人民法院经审理认为：江某某与某建材公司签订合同后，双方均应当按照合同约定履行相应的义务，某建材公司未及时足额向江某某支付租金，已经构成违约，应当承担相应的违约责任，但就本案而言，案涉《租地协议》不应当解除，理由如下：（1）江某某与某建材公司之间成立的是长期土地租赁合同关系，江某某作为土地出租方，其合同根本利益及目的在于获取租金收益。某建材公司曾于 2022 年 6 月 30 日向江某某交付租金 3 万元未果，某建材公司迟延交付租金的违约行为并没有致使江某某的合同目的不能实现，审理中某建材公司要求继续履行合同且同意继续支付相应租金，江某某因某建材公司未按约定支付租金所造成的损失，可以通过某建材公司承担违约责任予以弥补。(2) 作为承租方的某建材公司将租赁土地用于页岩砖生产线建设，前期已经投入巨大成本，且现在正处于停产技改中，若径行解除合同，将造成某建材公司重大损失。合同自由是在法律规定范围内的有限制的自由，若合同约定将导致当事人利益严重失衡有违公平时，司法有必要进行合理的干预。本案中，综合租赁期限及租金支付时间来看，某建材公司的违约程度较轻，不属于构成根本违约的范畴，若解除合同将造成双方利益严重失衡。法院结合以上因素综合考量，对江某某行使合同解除权不予支持。

依据案涉《租地协议》约定，某建材公司应在 2021 年 11 月 24 日支付租金，但其于 2022 年 6 月 30 日才主动支付租金，已构成违约，应承担违约责任。关于违约金的标准，江某某主张按照协议约定计算，某建材公司愿意支付违约金，但抗辩违约金过高，请求依法进行调整。根据《中华人民共和国民法典》第五百八十五条第二款“约定的违约金低于造成的损失的，人民法院或者仲裁机构可以根据当事人的请求予以增加；约定的违约金过分高于造成的损失的，人民法院或者仲裁机构可以根据当事人的请求予以适当减少”的规定，某建材公司迟延支付租金，但江某某的合同目的和利益并没有根本受损，且江某某亦未举证证明某建材公司的违约行为给江某某造成了损失及损失的大小，根据违约金以补偿性为主、惩罚性为辅的原则，法院酌定某建材公司以欠付租金为本金，按照 2021 年 11 月 24 日的贷款市场报价利率（3.85%）的 4 倍，自 2021 年 11 月 24 日起至 2022 年 6 月 30 日止计算资金利息。

江某某作为甲方与乙方某建材公司签订的协议，落款处虽有杨某某的签名，但未在协议中列明为乙方，同时杨某某作为某建材公司的总经理，在协议中代表公司履行的是职务行为，不是本案适格被告，故对江某某请求杨某某承担责任的请求不予支持。

四川省屏山县人民法院依照《中华人民共和国民法典》第五百六十三条、第五百七十七条、第五百八十五条，《中华人民共和国民事诉讼法》第六十七条，《最高人民法院关于适用〈中华人民共和国民事诉讼法〉的解释》第九十条规定，判决如下：

一、被告某建材公司于本判决生效之日起十日内向江某某支付违约金2810.5元；

二、驳回原告江某某的其他诉讼请求。

江某某不服一审判决，提起上诉。

四川省宜宾市中级人民法院经审理认为：结合某镇某村于2020年8月18日暴发特大洪水致某建材公司受损停产、技改恢复的现状，以及某建材公司于2021年11月24日停付租金、愿主动支付租金的后续表态等事实加以分析，可确认导致欠租这一违约行为的产生系各类因素叠加的后果，即承租方某建材公司在特大洪水中受损停产，不可避免地导致某建材公司的经济状况恶化继而影响其偿付能力，结合欠租时间，以及某建材公司至二审期间都愿意积极付租的一贯表态，可以认定其尚不构成根本违约。根据当事人的主观过错及不可抗力的客观影响，考虑长期租约的预期、租地的用途及某建材公司生产建设前期投入成本，一审法院认定解约将导致当事人利益严重失衡，案涉《租地协议》不应解除，应进行合理干预，并无不当，对此法院予以维持。关于焦点二，是否认定约定的违约金为《中华人民共和国民法典》第五百八十五条规定的“过分高于造成的损失”，应结合合同履行情况、当事人过错程度及预期利益等因素综合确定，上限不宜超过订立合同时应当预见的损失，当事人约定的违约金超过造成确定损失的百分之三十的，一般可以认定为“过分高于造成的损失”。本案中，江某某未主张支付欠付租金，系对自身权益的合法处分。双方之间的《租地协议》第九条虽约定如违约拖欠租金应付违约金3万元，结合本案中某建材公司因特大洪水受损未恢复生产，江某某未按时收到租金的事实，以及江某某并未举证证明另有实际损失产生，一审法院以违约金以补偿性为主、惩罚性为辅的原则，予以调整，酌定以欠付租金为本金，按贷款市场报价利率的4

倍计算违约金，合理平衡了双方利益，对此法院予以维持。

四川省宜宾市中级人民法院依照《中华人民共和国民事诉讼法》第一百七十七条第一款第一项规定，判决如下：

驳回上诉，维持原判。

【法官后语】

本案系土地出租人要求按照合同约定行使解除权而引发的土地租赁合同纠纷，争议焦点为案涉《租地协议》是否应当解除，其提出的值得探讨的问题是：约定解除权是否成立的认定及轻微违约情形下对约定解除权予以限制的考量因素。

一、关于约定解除权是否成立的认定

约定解除权成立的前提是合同约定的解除事由明确具体。合同约定的解除事由明确与否与合同关系的稳定性密切相关，与合同各方当事人的利益紧密相连。约定具体明确是一个事实标准，如果当事人对解除合同的事由约定不明，可能出现对约定解除的条件是否已经成就的歧义，当诉诸法院时，法官只能通过对约定解除事由的文义解释来确定是否明确。如果通过文义解释，无法判断约定解除的具体事由，则意味着合同解除约定不明。约定不明视为没有约定，此种情况下，约定解除条款不再适用，合同能否解除适用法定解除之判断标准，除非合同明确排除法定解除权的适用。① 经审理认为也不符合法定解除权行使条件的，如果当事人一方主张行使约定解除权且对方同意解除或者双方当事人均主张解除合同的，人民法院应当适用协议解除的规定处理。②

二、对约定解除权予以限制的考量

如果约定解除事由明确具体且事由已经实际发生，法院是否能对约定解除权的行使加以必要限制？尽管合同是当事人协商一致的结果，但是解除合同条件约定得过于随意，会使合同解除的风险增加，不利于交易的安全和稳定。且

① 黄薇主编：《中华人民共和国民法典合同编解读（上册）》，中国法制出版社2020年版，第950页。

② 最高人民法院民二庭、最高人民法院研究室编著：《最高人民法院民法典合同编通则司法解释理解与适用》，人民法院出版社2023年版，第571页。

有可能会使解除权人恶意行使解除权，以获取不正当利益，或造成违约方损失过大，有违公平正义。为了维护交易安全，如果当事人对解除条件约定得过于随意，或者对双方宽严失衡，则法院有必要予以审查，对约定解除权加以必要限制。其根本动因在于追求利益衡平，因为合同解除权制度的核心价值是相关主体之间的利益衡平。关于利益衡平的相关主体，应作广义理解，不仅局限于合同主体之间的，还应包括合同主体和社会之间的利益衡平问题。传统的合同自由强调当事人意思自治，容易忽略主体事实上的不平等。同时，基于社会公正的考虑，法律以及法律的实施应当对当事人私权利的行使予以必要限制，从实现个人利益之间、个人与社会利益之间的衡平角度来说，应当对约定解除权的行使进行必要的限制。

司法中具体判断是否应当限制约定解除权行使可考量以下因素：第一，违约行为是否显著轻微。首先，考察违约方的过错程度，如果违约方没有过失或者是轻微过失，应限制守约方行使约定解除权；其次，违约行为形态，合同义务根据性质可分为主合同义务、从合同义务和附随义务，对于违反从合同义务尤其是附随义务的行为，要慎重决定是否支持守约方解除合同的主张。根据《最高人民法院关于适用〈中华人民共和国民法典〉合同编通则若干问题的解释》第二十六条规定，只在不履行此类义务致使不能实现合同目的或者当事人明确约定不履行此类义务可解除合同的，才考虑支持守约方行使约定解除权。第二，解除合同是否导致双方利益显著失衡。若支持解除权的行使，可能导致轻微违约方前期大量投入难以挽回，从而造成利益严重失衡的，应限制守约方行使约定解除权。第三，合同继续履行是否能实现合同目的，这是对双方订立合同本意的考量。如果违约行为的程度轻微或违约方愿意促成合同目的的实现，且客观上不存在阻碍合同目的实现的根本性因素的，应限制守约方行使约定解除权。第四，是否有其他救济途径。解除合同并非违约情形下唯一的救济手段，也不是当然的救济手段。显著轻微违约并不能免除违约方的违约责任，如果守约方的损失可采取其他违约责任承担方式予以救济，且此种方式比解除合同更有利于实现利益衡平的，可以考虑对守约方的解除权予以限制。

三、回归本案的思考

违约方违约往往系各类因素叠加导致，其主观过错轻微、具有相应的履约能力及主动履约的意愿和行为，结合考虑双方的合同目的、履约预期、违约方前期投入成本等，能够认定违约行为不影响合同目的实现，解除合同将导致当事人利益严重失衡的，可对守约方的合同解除权行使进行限制，否认解除合同的效力。本案中，引发双方争议的合同标的是土地使用权，土地出租方订立合同的主要目的，在于通过出租土地获取租金收益。出租方虽举证承租方未按照约定的时间支付土地租金，但在出租方起诉前承租方按照约定的标准向出租方交付租金未果，承租方迟延交付租金的违约行为并没有致使出租方的合同目的不能实现，案件审理中承租方要求继续履行合同且同意继续支付相应租金。同时，承租方前期在租赁土地上的投入巨大，若径行解除合同会导致双方利益严重失衡。因此，法院对出租方主张约定解除权进行合理限制，驳回其解约请求，并判决承租方支付出租方相应违约金。

编写人：四川省屏山县人民法院　李小英

12

合同无效后损失赔偿范围及责任分担比例的认定

——某运输公司诉某村委会土地租赁合同案

【案件基本信息】

1. 裁判书字号

山东省淄博市中级人民法院（2023）鲁03民终880号民事判决书

2. 案由：土地租赁合同纠纷

3. 当事人

原告（被上诉人）：某运输公司

被告（上诉人）：某村委会

【基本案情】

2014 年 8 月 30 日，某运输公司与某村委会签订土地使用协议，协议中约定某运输公司为从事运输事业，租赁某村委会案涉废弃的鱼塘，由某运输公司负责填平整理后使用，土地使用期限为 15 年（2014 年 8 月 30 日至 2029 年 8 月 30 日）。协议签订后，某运输公司将案涉池塘填平工程交由案外人吕某某承揽，并实际支付工程费用 11 万元，后因案涉池塘排除妨害纠纷，法院生效民事判决确认某运输公司与某村委会签订的土地使用协议无效。现某运输公司以其未实际使用案涉土地为由，认为因填平案涉池塘产生的费用损失应由某村委会承担，故请求法院判令某村委会返还案涉池塘填平费用 11 万元。

【案件焦点】

案涉合同无效后损失赔偿范围及责任分担比例应当如何认定。

【法院裁判要旨】

山东省高青县人民法院经审理认为：第一，涉案土地为村集体土地，某村委会作为土地出租方，知晓涉案土地性质为农业用地，明知某运输公司租赁土地用于非农建设（发展运输事业），却未及时就土地性质问题向某运输公司履行告知义务；第二，涉及农村集体土地的租赁应当召开村民会议或者村民代表会议，并经会议决议同意，某村委会在签订案涉土地使用协议时未提交村民会议或者村民代表会议表决，致使协议签订程序不合法。案涉土地使用协议签订后，某运输公司依照合同约定对案涉池塘进行填平，池塘现状与交付时确有变化，某运输公司已实际支付填平池塘费用 11 万元。后经人民法院作出生效判决确认土地使用协议无效，案涉土地整理后某运输公司一直未使用，某村委会对无效合同的签订存在过错，其作为案涉土地的所有人和管理的实际受益人，理应在合同确认无效后对某运输公司的损失承担一定的赔偿责任。

依据《中华人民共和国土地管理法》第四十三条规定，任何单位或个人进行建设，如果不符合集体土地的使用权主体资格，则必须依法申请使用国有土地。某运输公司与某村委会签订的协议系土地租赁合同，某运输公司租赁集体土地用于非农建设，该集体土地应当依法申请并经土地行政主管部门审批变更为国有土地后，方可按照法定程序办理租用手续，某运输公司在签订协议时未进行国有土地申请亦未取得用地批准手续，故在缔约过程中存在一定过错。

对于缔约过程中双方过失程度及赔偿数额的认定，结合某运输公司和某村委会在签订协议时的过错程度，案涉池塘填平实际支出费用、池塘现状及管理等基本状况，法院酌定某村委会承担70%的责任，某运输公司承担30%的责任，即某村委会赔偿某运输公司经济损失77000元。

山东省高青县人民法院判决依照《中华人民共和国合同法》第四十二条、第五十八条，《中华人民共和国土地管理法》第四十三条、第六十三条，《中华人民共和国民事诉讼法》第一百四十七条规定，判决如下：

一、某村委会赔偿某运输公司经济损失77000元，于本判决生效之日起十日内付清；

二、驳回某运输公司的其他诉讼请求。

某村委会不服一审判决，提起上诉。

山东省淄博市中级人民法院经审理认为：本案合同因违反法律规定而被认定为无效，合同双方均有过错。关于双方的过错比例，案涉合同明确约定租赁土地的目的是从事运输事业，某村委会系基层群众性自治组织，其作为出租方，应明确知晓涉案土地的性质、用途及流转方式。在签订合同时，其未主动告知相关情况亦未履行相应程序，过错程度较大。某运输公司作为承租方在签订案涉合同时未尽审慎义务，租赁土地用于非农建设，对于无效合同亦有过错。一审法院结合合同签订、履行情况，认定某村委会承担70%的责任，并无不当。

山东省淄博市中级人民法院依照《中华人民共和国民事诉讼法》第一百七十七条第一款第一项规定，判决如下：

驳回上诉，维持原判。

【法官后语】

本案主要涉及合同无效后损失赔偿范围及责任分担比例应当如何认定的问题。在乡村振兴发展过程中，村集体土地进行流转所取得的收益是村集体收入的重要组成部分，但在流转过程中因土地流转程序、协议不规范以及机制不完善等问题导致合同无效的情形时有发生。因此合同被认定为无效后，各方是否应承担责任、承担何种责任、责任范围如何确定等问题的正确认定尤为重要。合同无效后的损失赔偿，是行为人违反先合同义务的缔约过失赔偿责任，是对造成对方信赖利益损失的赔偿，本质是缔约过失责任。其目的是补偿一方当事人因合同不成立、无效或被撤销而遭受的损失，从而使得其利益恢复至合同签订之前的状态。对于合同无效后损失赔偿的正确认定，要把握三个方面：一是是否符合损害赔偿构成要件；二是确认损失赔偿范围；三是依据过错原则合理分配双方责任。

一、因合同无效产生损害赔偿责任的构成要件

因合同无效产生的损失赔偿责任，属于缔约过失责任，而非违约责任或侵权责任，故合同无效后承担赔偿责任，应当满足以下构成要件：(1) 客观上有损害事实存在或者有损失发生，合同无效的情况下，合同约定的违约金等条款自然无效，不得作为确定损害赔偿责任的依据，因此合同无效后一方请求另一方承担损害赔偿责任的，必须举证证明遭受了实际损失；(2) 一方当事人在主观上具有过错，无效合同所发生的损害赔偿适用过错责任原则，且以当事人过错的轻重程度，作为划分责任的标准；(3) 过错与损失之间具有因果关系，其损失应当系因订立无效合同的过错造成的而非履行无效合同过程中新出现的过错造成的。

二、合同无效导致损失的赔偿范围

合同无效后的损失赔偿是有过错一方基于缔约过失行为而产生的赔偿责任，赔偿的范围限于“信赖利益”。信赖利益属于财产损失，包含人身损害或精神损害，即其范围应当以实际财产损失为限，不包括在合同有效情形下受偿方可得利益的损失。

信赖利益损失赔偿范围包括直接损失和间接损失。直接损失是指既有财产的减少，如订立合同产生的费用、准备履行合同的费用、已付金钱产生的利息等。若合同成立一段时间后又被认定为无效，且一方在合同成立后已经开始履

行合同的，则其实际履约的费用也应纳入损害赔偿的范围。间接损失是指既有财产本应增加而未增加的部分，包括因丧失与第三人另行缔约的机会所产生的损失等。即在确定损害赔偿范围时，既要根据当事人的过错程度合理确定责任，又要考虑在确定财产返还范围时已经考虑过的财产增值或者贬值因素，避免双重获利或者双重受损的现象出现。具体到本案，某运输公司对案涉池塘进行填平是为了履行土地租赁协议，由此支出的费用属于准备履约的费用，系直接损失，属于损失赔偿范围，因案件不涉及与第三人另行缔约问题，因而也就不存在间接损失。

信赖利益损失是否应全额赔偿亦需结合案件的实际情形予以认定。如果缔约过程中支出的某些费用属于不缔约也要支出的费用，则不应得到赔偿；如果为准备履约支出费用同时获益的，应将获益部分予以扣除后再计算费用。

三、合同无效后的损失赔偿责任分担适用过错责任原则

《中华人民共和国民法典》第一百五十七条规定："民事法律行为无效、被撤销或者确定不发生效力后，行为人因该行为取得的财产，应当予以返还；不能返还或者没有必要返还的，应当折价补偿。有过错的一方应当赔偿对方由此所受到的损失；各方都有过错的，应当各自承担相应的责任。法律另有规定的，依照其规定。"依据该规定，无效合同所发生的损害赔偿应适用过错责任原则，并以当事人过错的轻重程度，作为划分责任的标准。若当事人无过错，则不承担赔偿责任。若双方当事人都有过错，则不论发生一方受有损失或者双方都受有损失的结果，均应适用过错相抵的原则，由双方根据自身过错的程度和性质，各自向对方承担相应的责任。本案中，某运输公司租用集体土地用于非农建设，未履行土地性质变更审批手续，具有一定过错；某村委会作为土地出租方，未及时就土地性质问题向某运输公司履行告知义务，也未就土地租赁履行民主议定程序，致使协议签订程序不合法，其亦对所签订的合同无效存在缔约过错，故本案综合考量双方过错程度后予以责任分担。

编写人：山东省高青县人民法院　田婧　杨梦莹

（三）土地承包经营权合同纠纷

13

林地承包合同解除权的审查与认定

——某村委会、某村民组诉江某某土地承包经营权案

【案件基本信息】

1. 裁判书字号

安徽省黄山市中级人民法院（2023）皖10民终127号民事判决书

2. 案由：土地承包经营权纠纷

3. 当事人

原告（上诉人）：某村委会、某村民组

被告（被上诉人）：江某某

【基本案情】

案涉土地系位于歙县某村委会某集体山场的荒山。1992年10月28日，某村民组（甲方）与村民江某（江某某父亲，乙方）签订《协议书》，约定甲方将案涉一片荒山承包给乙方种植果木林。该协议载明：“1. 承包荒山15亩，准许乙方全部开垦种植经济果木林。2. 承包期20年，自1993年1月起至2012年12月底，前十年即1993年至2002年荒山开垦用工多，购买树苗投资多又无收入，因而由乙方交给甲方承包款总共400元，该款在合同签订时保证交清。3. 在后十年，即2003年至2012年因水果有收入，由乙方在每年年底前交给甲方承包款现金100元，十年共计1000元，二十年共计1400元。”1992年11月20

日，江某缴纳荒山承包款400元。12月1日，原歙县某乡法律服务所在《协议书》上签章见证。

1993年，江某去世，案涉土地一直由江某某实际经营，某村委会、某村民组未提出异议。2000年，国家实施退耕还林政策。自2002年起，江某某参与退耕还林，开始在该土地上植树造林。2005年7月12日，某村委会出具《证明》，载明："江某某在某坑地块（3亩）、某塘地块旱地（4亩）上退耕还林，此地块在土地承包时没有发放土地证，我村同意此地块使用权归其所有。"2005年10月26日，歙县人民政府就江某某承包地中7亩地块向其颁发《林权证》，载明："林地使用期：50年，终止日期：2055年7月1日。"林业局、某镇林业工作站出具《关于江某某退耕还林四至、面积及发证情况说明》和林权登记申请表、现场勘定协议及森林、林木、林地状况登记表，证明2002年江某某对地名某坑、某塘的耕地进行退耕还林，面积共7亩。

2019年12月4日，某村民组召开户主会，通过民主议定程序商定：不同意将案涉山场续租。2020年8月10日，某村委会和某村民组向江某某快递邮寄《解除土地承包经营合同（关系）及租赁合同通知书》。该通知书告知江某某土地租赁期限已经届满，要求归还承包土地，补齐交清所欠承包费71826元，以及解除合同异议期一个月等。江某某于2020年8月12日签收该通知书。

现案涉15亩荒山已变成青山，林木主要树种为桂花树。

【案件焦点】

某村委会、某村民组是否能够行使合同解除权。

【法院裁判要旨】

安徽省歙县人民法院经审理认为：审理涉及林木、林地等森林资源的民事纠纷案件，应当贯彻民法典绿色原则。根据《国务院关于进一步完善退耕还林政策措施的若干意见》第八条和2003年实施的《退耕还林条例》规定，荒山退耕土地还林后的承包经营权期限届满后，可依法延长承包期继续承包。江某某继承家庭承包经营权后，对案涉15亩荒山植树造林，依照上述政策和法规规定，该 15 亩荒山的土地承包期限，应从原来约定的 20 年延长到法定的 50 年。且其中 7 亩《林权证》所涉及的土地的承包期限，应延长至《林权证》所载明的 70 年。

土地承包经营合同当事人单方解除合同的常见情形有：一是合同到期，承包人不愿继续承包；二是承包期内，承包人不履行主要合同义务；三是承包人不履行主要义务致使发包人不能实现合同目的。江某某以实际经营行为和不同意解除合同的抗辩表达了继续承包的意愿；案涉 15 亩林木已成材，收益在望，江某某尚没有能力自行解决林木采伐与培育同步的矛盾，更不能违背森林法进行破坏性采伐，对此，原告在未提出解决办法或补偿方案的前提下，主张解除合同收回土地，与“三农”政策不符，不具有合理性。林地发包方的主要合同目的在于改造荒山，退耕还林，实现生态优化及经济效益。承包方的主要合同义务是改造荒山、植树造林。江某某植树造林成果已证明其履行了合同的主要义务。江某某未缴纳承包费不影响土地发包方实现合同目的。《协议书》约定的 20 年承包期届满后，双方应就自 2013 年起的承包费计收事宜及其他需完善的合同事项进行重新约定，补充签订书面合同，以保障土地承包关系的长期稳定。

安徽省歙县人民法院依照《中华人民共和国合同法》第三十六条、第九十四条、第九十六条，《中华人民共和国土地管理法》第十一条、第十三条，《中华人民共和国农村土地承包法》第四十九条、第五十四条、第六十六条，《中华人民共和国森林法》第一条、第四十三条第一款、第二款、第五十一条、第五十五条第一款第二项、第六十一条，《退耕还林条例》第四十七条、第四十八条，《最高人民法院关于审理森林资源民事纠纷案件适用法律若干问题的解释》第一条，《最高人民法院关于适用〈中华人民共和国民法典〉时间效力的若干规定》第一条第二款及《中华人民共和国民事诉讼法》第六十七条第一款的规定，判决如下：

一、江某某于本判决生效后立即支付某村委会、某村民组土地承包费 1000 元（自 2003 年起至 2012 年止）；

二、驳回某村委会、某村民组的其他诉讼请求。

某村委会、某村民组不服一审判决，提起上诉。

安徽省黄山市中级人民法院经审理认为：某村委会、某村民组在未提出解决办法或补偿方案的前提下，主张解除合同收回土地，不具有合理性，且与“三农”政策不符。案涉《协议书》约定的20年承包期届满后，双方未就承包费数额、计算方法、收取方式等事宜作出明确约定，故某村委会、某村民组主张江某某缴纳20年承包期届满后，即自2013年起的承包费，尚缺乏计算依据，双方应就自2013年起的承包费计收事宜及其他需完善的合同事项进行重新约定，补充签订书面合同，以保障土地承包关系的长期稳定。

安徽省黄山市中级人民法院依照《中华人民共和国民事诉讼法》第一百七十七条第一款第一项、第一百八十二条规定，作出如下判决：

驳回上诉，维持原判。

【法官后语】

本案是涉及林木、林地等森林资源的承包经营权纠纷案件，争议焦点在于退耕还林土地发包方是否享有承包合同单方解除权。退耕还林是长期治理的过程，审理中应关注如何保护退耕还林成果，达到法律效果与生态效益的统一。本案遵循《中华人民共和国民法典》的绿色原则，结合林地承包法律规定、退耕还林管理条例等规范性文件，从林地承包合同订立目的角度，对发包方是否享有单方解除林地承包合同的权利作出审查和认定。

一、坚持绿色原则、保护生态优先

《最高人民法院关于审理森林资源民事纠纷案件适用法律若干问题的解释》第一条规定：“人民法院审理涉及森林、林木、林地等森林资源的民事纠纷案件，应当贯彻民法典绿色原则，尊重自然、尊重历史、尊重习惯，依法推动森林资源保护和利用的生态效益、经济效益相统一，促进人与自然和谐共生。”本案为发回重审案件，原审判决解除承包合同并移除已种植苗木与《中华人民共和国森林法》的规定存在冲突。江某某参加退耕还林，在所承包的荒山上种植树木，且部分林地已取得林权证，是贯彻落实国家退耕还林政策的成果。因此，在江某某无能力解决林木处置，发包方也未提出任何补偿与解决措施方案的情形下，判决江某某除林还地，与绿色原则相悖，与建设生态文明、实现可持续发展的国策相悖。综上，此类案件审理，应优先保护林地生态环境，兼顾承包合同双方当事人的利益。

二、林地承包合同期限的确定

本案中，双方当事人因退耕还林所签订承包合同约定期限已届满，而承包方林权登记期限为70年，尚未届满，承包关系处于不定期状态。普通不定期合同，当事人依照《中华人民共和国民法典》规定履行通知义务后可以随时解除合同，而本案系林地承包经营权合同，其法律关系应依照《中华人民共和国农村土地承包法》调整。笔者认为，在林地承包合同期限届满而林权登记期限未到期情形下，林地承包期届满后应予以延长，具体理由如下：

1. 土地承包应当保持承包关系长期稳定，这是《中华人民共和国农村土地承包法》所追求的价值目标之一。《中华人民共和国农村土地承包法》第一条规定："……保持农村土地承包关系稳定并长久不变，维护农村土地承包经营当事人的合法权益，促进农业、农村经济发展和农村社会和谐稳定……"保持农村土地承包关系的稳定，就是要保障承包人平等地享有承包土地的资格，确保承包农户可以获得稳定的承包经营预期，持续进行土地投入。案涉荒山经植树造林已绿树成荫，该承包关系随意变更不利于维护承包方的合法权益，更不利于林木资源的可持续发展。

2. 承包期是法定期限，不允许承包经营各方以约定随意变更。《中华人民共和国农村土地承包法》第二十一条规定，"……林地的承包期为三十年至七十年……林地承包期届满后依照前款规定相应延长。"如果当事人土地承包合同约定的承包期短于该期限，则承包方可以请求延长到相应的期限，当然土地承包合同约定的承包期限也不得超过法定的承包期限，超过的部分无效。本案中《协议书》约定承包期限为20年，短于法定期限，在承包方愿意继续承包的情况下，应予以延长。

3. 退耕还林相关规范性文件亦就承包期限作出规定，就延长的具体期限，可参照适用。《退耕还林条例》第四十八条第一款规定，退耕土地还林后的承包经营权期限可以延长到70年。承包经营权到期后，土地承包经营权人可以依照有关法律、法规的规定继续承包。故本案案涉林地的承包期应延长至50年，其中享有林权的林地的承包期限应延长至林权证登记的期限70年。

三、林地承包合同发包方解除权的审查与认定

合同解除是违约救助的手段，解除发生效力意味着合同义务约束免除及合同利益被剥夺，故合同解除权行使将影响合同的稳定性和当事人之间的信赖利益，涉及退耕还林的林地发包方单方解除权应给予严格审查。《中华人民共和国民法典》第五百六十三条规定了当事人可以行使合同解除权的事由，结合本案争议焦点，发包方行使单方解除权的审查要点为：（1）合同届满前，承包方是否明确表示或以自己的行为表明不履行主要义务；（2）承包方是否不履行主要合同义务；（3）承包方是否有违约行为并致使合同目的不能实现。就以上要点审视承包合同，应当对合同目的和主要义务进行解读。首先，厘清林地承包合同目的。本案中，承包合同发包方的主要合同目的在于落实国家政策，改造荒山，退耕还林，实现生态优化及经济效益；承包方的主要合同目的在于种植经济林取得收益。其次，明确主要合同义务。依据合同订立的目的可见，发包方主要合同义务在于保障承包人对土地的长期、稳定承包经营；承包方主要合同义务是合理利用土地，投入资金和劳动，改造荒山、植树造林，合同终止后将荒山的改造成果交付发包人。最后，基于合同目的和主要合同义务，审查合同履行行为。承包方若存在破坏生态等严重违约行为影响合同目的的实现的应予解除合同。《中华人民共和国农村土地承包法》赋予发包方终止土地经营权流转的权利，其表述为“土地经营权人擅自改变土地的农业用途、弃耕抛荒连续两年以上、给土地造成严重损害或者严重破坏土地生态环境，承包方在合理期限内不解除土地经营权流转合同的，发包方有权要求终止土地经营权流转合同”。虽然该款只是终止经营权流转条款，但以此可见承包经营的目的和土地流转的原则，且发包方可以突破合同相对性直接要求终止承包方和第三方的经营权流转合同，举重以明轻，承包方若存在破坏生态等严重违约行为影响土地

承包合同目的实现，发包方应有权请求解除。本案中承包权和经营权尚未分离，承包方已完成植树造林，且苗木至今存活，能够认定其已履行合同主要义务，合同目的确已实现，不存在根本性违约行为。发包方获取承包费用的经济利益，较之承包合同的生态效益具有附属性，故承包人延期支付承包款属于瑕疵履行，不影响合同主要目的的实现。

本案坚持绿色原则，在既为生态文明建设提供司法保障，又平等保护承包合同双方当事人利益的理念指导下，依法认定发包方实现生态优化的合同目的已实现，确定发包方不享有单方解除权并延长承包期限。

编写人：安徽省歙县人民法院　江颖莉

14

改变土地用途的土地经营权流转合同的效力认定

——某村委会诉某花木社土地承包经营权案

【案件基本信息】

1. 裁判书字号

江苏省镇江市中级人民法院（2023）苏11民终3334号民事判决书

2. 案由：土地承包经营权纠纷

3. 当事人

原告（被上诉人）：某村委会

被告：某花木社

第三人（上诉人）：某苗木社

【基本案情】

2014年5月20日，某村委会与某花木社签订三份土地承包经营权流转合同，某村委会将本村案涉土地、鱼塘经营权流转承包给某花木社使用，流转形式为租赁，合同约定了流转期限、流转费用及支付时间和方式。上述合同签订后，合同项下土地交由某苗木社使用，由其安排合作社成员种植苗木，并实际支付土地租赁费用。2020年左右，某苗木社将其中部分土地用于种植草坪，还陆续交还了部分土地。现流转合同尚未到期，某村委会诉至法院请求解除与某花木社的合同，某花木社认为其不是适格主体，某苗木社作为合同的实际履行人，其才是适格主体；某苗木社认为某村委会应当继续履行合同。

2021年11月27日，自然资源部、农业农村部、国家林业和草原局发布《关于严格耕地用途管制有关问题的通知》（以下简称《通知》），该通知指出：严格管控一般耕地转为其他农用地。永久基本农田以外的耕地为一般耕地。各地要认真执行新修订的《中华人民共和国土地管理法实施条例》第十二条关于“严格控制耕地转为林地、草地、园地等其他农用地”的规定。

【案件焦点】

1. 如何认定案涉合同的承租方；2. 案涉合同是否合法有效；3. 如果案涉合同无效其法律后果是什么。

【法院裁判要旨】

江苏省丹阳市人民法院经审理认为：某村委会、某花木社签订的土地承包经营权流转合同是以某花木社名义订立，由某苗木社实际履行的合同，以规避当时的土地流转政策，故该合同系双方以虚假的意思表示实施的民事法律行为，应属无效。

案涉土地承包经营权流转合同实际由某村委会与某苗木社订立并履行，对于二者之间的合同效力，基本农田是指按照一定时期人口和社会经济发展对农产品的需求，依据土地利用总体规划确定的不得占用的耕地，对于基本农田种植范围的规定主要在于确保我国耕地红线不被突破，保护耕地资源，维护我国的粮食安全。将基本农田流转用于苗木花卉和草坪种植，减少了耕地面积，突破了耕地红线，威胁我国的粮食安全。因此，某村委会与某苗木社之间的土地承包经营权流转合同因违反法律、法规强制性规定而无效。

某苗木社作为花木专业合作社，承包土地的目的即为种植花卉苗木，某村委会对此应当是明知的，故对于合同无效，双方均存在过错。合同无效的，行为人因该行为获得的财产应予以返还，不能返还的应当折价补偿，各方均有过错的，应当各自承担相应的损失。某村委会主张复垦或复垦费用，属于其损失，因其在订立合同中存在过错，该损失由其自行承担。某苗木社实际占用土地从事种植，其占用土地期间应当承担相应占有使用费用，占有使用费可参照相关租金标准确定，故其无权主张退还。

江苏省丹阳市人民法院依照《中华人民共和国民法典》第一百四十六条、第一百五十三条、第一百五十七条，《中华人民共和国土地管理法》第十七条、第三十条，《最高人民法院关于适用〈中华人民共和国民法典〉时间效力的若干规定》第一条，《中华人民共和国民事诉讼法》第六十七条规定，判决如下：

一、第三人某苗木社于本判决生效后 30 日内将占用的原告某村委会土地（含鱼塘）交还给某村委会；

二、驳回原告某村委会的其他诉讼请求。

某苗木社不服一审判决，提起上诉。

江苏省镇江市中级人民法院经审理认为：关于案涉土地承包经营权流转合同的效力如何认定。根据《中华人民共和国民法典》第九百二十五条规定，受托人以自己的名义，在委托人的授权范围内与第三人订立的合同，第三人在订立合同时知道受托人与委托人之间的代理关系的，该合同直接约束委托人和第三人。本案中，某花木社应某苗木社和某村委会的要求，以自己的名义与某村委会签订案涉合同，该合同直接约束某苗木社和某村委会。关于案涉合同的效力，根据《通知》规定，一般耕地主要用于粮食和棉、油、糖、蔬菜等农产品及饲草饲料生产；在不破坏耕地耕作层且不造成耕地地类改变的前提下，可以适度种植其他农作物，不得在一般耕地上挖湖造景、种植草皮。该通知虽然在效力等级上属于部门规章，但其上述规定体现了对国家耕地资源和粮食安全的保护，涉及社会公共利益和公序良俗。结合本案事实，案涉土地绝大多数系水田、旱地，属于一般耕地，应当用于种植农作物。各方当事人明知某苗木专业合作社将案涉土地用于种植花卉苗木，仍签订案涉合同，明显损害了社会公共利益，违背公序良俗。从维护粮食安全及确立正确的社会价值导向的角度，对本案情形卜合同效力的认定应当从严把握，司法不应支持、鼓励这种为追求经济利益而忽视国家粮食安全的有违社会公共利益和公序良俗的行为，案涉合同应当认定为无效。

根据一审法院庭审笔录记载，某村委会在一审两次开庭审理时均明确提出要求某花木社和某苗木社共同承担返还土地的义务，一审法院据此判决某苗木社返还土地，并未超出某村委会的诉讼请求。

江苏省镇江市中级人民法院依照《中华人民共和国民法典》第一百五十三条第二款、第九百二十五条，《中华人民共和国民事诉讼法》第一百七十七条第一款第一项规定，判决如下：

驳回上诉，维持原判。

【法官后语】

一、案涉土地承包合同符合隐名代理的特征

隐名代理又称间接代理，《中华人民共和国民法典》第九百二十五条是关于隐名代理的规定，该条规范的是委托人及第三人之间的外部关系，突破了委托合同的相对性，与仅规范委托人和受托人内部关系的条款明显不同，但是仍会产生代理归属效果。根据合同相对性原则，委托合同对第三人没有约束力，而受托人以自己名义与第三人签订合同，一般对委托人亦无约束力。但是根据本条规定，虽然受托人以自己的名义与第三人签订合同，但是受托人在委托人授权范围内为法律行为，这里的授权范围并非合同层面的委托范围或者受托范围，而是代理层面的代理权限范围，除此之外，第三人在订立合同时知道代理关系，该“知道”是明知，而不是“应当知道”，此时，受托人与第三人签订的合同直接约束委托人和第三人，但是有确切证据证明该合同只约束受托人和第三人的除外。本案中，某花木社应某苗木社和某村委会要求，以自己的名义与某村委会签订案涉合同，因此第三人某村委会主观上明知某花木社与某苗木社的代理关系，而且客观上某花木社是在委托人某苗木社的授权范围内签订了合同，上述行为符合隐名代理的构成要件，该合同直接约束某苗木社和某村委会。

二、案涉土地承包合同违反法律强制性规定且违背公序良俗

违反法律强制性规定的民事法律行为无效。《中华人民共和国土地管理法》规定国家实行基本农田保护制度。基本农田是指按照一定时期人口和社会经济发展对农产品的需求，依据土地利用总体规划确定的不得占用的耕地，对于基本农田种植范围的规定主要在于确保我国耕地红线不被突破，保护耕地资源，维护我国的粮食安全。将基本农田流转用于苗木花卉和草坪种植，减少了耕地面积，突破了耕地红线，威胁我国的粮食安全。因此，某村委会与某苗木专业合作社之间的土地承包经营权流转合同因违反法律、法规强制性规定而无效。

公序良俗是公共秩序和善良风俗的简称，属于不确定概念，所谓公序，即国家的安全、人民的根本利益；良俗即人民的一般道德准则。[①] 违反部门规章的合同，会因违背公序良俗而被判定无效。在我国司法实践中，将效力层级低于法律和行政法规的行政规章或国家政策，以公共秩序的形式纳入公序良俗的范畴，以此作为评判民事法律行为效力的裁判标准。《中华人民共和国民法典》第一百五十三条第二款将富有弹性的违背公序良俗原则作为认定民事法律行为效力的“兜底条款”，通过适当限制意思自治的方式，以维护国家利益和社会公共利益。本案中，案涉合同签订于《通知》出台之前，裁判援引《通知》作为认定案涉合同无效的考量，是因为《通知》是对《中华人民共和国土地管理法》及其实施条例有关规定的具体落实，明确了严格耕地用途管制的具体措施，且案涉合同持续履行至《通知》出台后，案涉争议也发生在《通知》公布后，所以，以《通知》的要求评价案涉合同内容没有超出当事人的预期，而且可以更好地维护国家利益、社会公共利益，故适用《通知》进行裁判。该《通知》虽未达到法律，行政法规的层级，但在效力等级上属于部门规章，因此其

① 王利明：《论合同违背公序良俗——以〈合同编解释〉第17条为中心》，载《求是学刊》2024年第3期，第93页。

可以作为衡量公共秩序的标准。根据《通知》的规定并结合本案事实，案涉土地绝大数系水田、旱地，属于一般耕地，应当用于种植农作物，各方当事人明知苗木专业合作社将案涉土地用于种植花卉苗木，仍然签订案涉合同，减少国家耕地面积，明显损害人民的根本利益及社会公共利益，因此，该合同不仅违反法律、法规强制性规定，也违背公序良俗，应为无效。

三、案涉土地承包合同被认定无效后的责任应当根据各方过错处理

民事行为被确认无效后，当事人因该行为取得的财产，应当予以返还，不能返还或者没有必要返还的，应当折价补偿，有过错的一方应当赔偿对方由此所受到的损失，各方都有过错的，应当各自承担相应的责任。该案中，第三人某苗木社需在判决生效后将占用的某村委会土地交还给村委会。该案民事主体在签订案涉合同时均有过错，应当各自承担相应的损失，第三人某苗木社承包土地的目的即为种植花卉苗木，某村委会对此应当是明知的，故对于合同无效应该承担一定的责任，因此，某村委会主张的复垦或复垦费用的损失应当由其自行承担。第三人某苗木社实际占用案涉土地从事种植，其占用土地期间应当承担相应占有使用费用，占有使用费可参照相关租金标准确定，故其无权主张退还。

从党中央和国家的政策来看，一直高度重视耕地保护和粮食安全。2007年中央一号文件《中共中央 国务院关于积极发展现代农业扎实推进社会主义新农村建设的若干意见》提出“强化和落实耕地保护责任制，切实控制农用地转为建设用地的规模”，2022年中央一号文件《中共中央 国务院关于做好2022年全面推进乡村振兴重点工作的意见》强调“实行耕地保护党政同责，严守18亿亩耕地红线”，2023年中央一号文件《中共中央 国务院关于做好2023年全面推进乡村振兴重点工作的意见》提出“探索建立耕地种植用途管控机制，明确利用优先序”，2024年中央一号文件《中共中央 国务院关于学习运用“千村示范、万村整治”工程经验有力有效推进乡村全面振兴的意见》强调“严格落实耕地保护制度”，2025年中央一号文件《中共中央 国务院关于进一步深化农村改革扎实推进乡村全面振兴的意见》提出“严格耕地总量管控”。从法律层

面来看，案涉合同的标的是“土地”，具有其特殊性，不同于一般的交易商品，需要特殊保护，《中华人民共和国土地管理法》关于“严格控制耕地转为非耕地”的规定应当为强制性规范，违反者司法应否认其法律效力。本案同时运用相关政策指明案涉合同不仅违法，也违背了耕地保护的公序良俗，进一步明确了保护耕地和国家粮食安全的价值追求。因此，本案裁判实现了政治效果、社会效果、法律效果的有机统一的要求。

编写人：江苏省丹阳市人民法院　朱文婷

15

土地承包合同出现僵局时的司法解除

——贾某某诉某合作社土地承包经营权合同案

【案件基本信息】

1. 裁判书字号

北京市怀柔区人民法院（2023）京0116民初2588号民事判决书

2. 案由：土地承包经营权合同纠纷

3. 当事人

原告：贾某某

被告：某合作社

【基本案情】

贾某某系怀柔某村村民。2017年5月20日，贾某某（甲方）与某合作社（乙方）签订《北京市农村承包土地经营权委托流转合同》（以下简称《委托流转合同》），约定甲方自愿将承包地委托乙方流转给接转方，用于农业种植经营，委托流转期限自2017年1月1日至2027年12月31日，共计11年，流转费为1200元每亩每年，每五年递增5%，分两次现金支付。合同签订后，某合作社与案外人某文化发展集团有限公司（以下简称某公司）签订《怀柔区农村土地租赁合同书》（以下简称《土地租赁合同》），约定将本村75户村民的137.27亩土地一并出租给某公司。2022年4月，某合作社与某公司因土地租金产生争议，诉至法院。经调解，最终确认《土地租赁合同》于2022年12月31日解除，由某公司于2022年12月15日前给付某合作社2022年度土地租金172960.2元。某合作社在收到上述款项后直接分配给了村民。在与某公司解除合同后，某合作社先后寻找多家公司洽谈土地出租事宜无果，一直未能产生收益，无力继续支付租金，也无力继续履行《委托流转合同》，因此申请与贾某某协商解除该合同。对此结果，包括贾某某在内的24名当事人均表示不认同，坚持要求某合作社继续履行合同义务。经调解，贾某某不同意某合作社分期给付，也不同意解除《委托流转合同》，坚持要求某合作社一次性给付五年的土地流转费，但是同意给某合作社留出1~2个月给付期限。

《委托流转合同》关联人数众多，除本案24名原告外，还有三个村共计两百多户也存在类似状况，其中除某村外的两村已经交还土地由村民耕种，合同关系事实上已经解除，但在24名原告的组织影响下，其余村民现均处于观望状态，不能排除后续参与诉讼的风险。考虑到案件情况复杂，若不经妥善处理，很容易激化双方矛盾。

【案件焦点】

1.《委托流转合同》的法律性质认定；2.《委托流转合同》能否继续履行；3. 如不能继续履行，合同解除后继发产生的法律后果应当如何处理。

【法院裁判要旨】

北京市怀柔区人民法院经审理认为：案涉《委托流转合同》具备长期性、合作性的特点，违约方在履行过程中请求终止合同权利义务关系，守约方不同意终止合同，双方当事人丧失合作可能性导致合同目的不能实现的，合同陷入僵局，人民法院可以根据违约方的请求判决终止合同权利义务关系并由该方承担违约责任。某合作社与贾某某签订的《委托流转合同》系双方当事人的真实意思表示，且经过了民主议定程序，故该合同合法有效，双方均应按照合同约定履行自己的义务。

关于焦点一。根据《委托流转合同》的约定，贾某某将案涉土地交由某合作社进行管理后，某合作社以自己的名义对外出租，无论某合作社是否实际取得收益，均应按照约定标准和期限向贾某某支付土地流转费用，故《委托流转合同》不符合委托合同的特征，应当认定为土地承包经营权合同，且属继续性合同。对于继续性合同，要以签订主体之间信赖及相互配合作为履行基础，在合同一方明确表示不再继续履行合同时，不宜强制合同一方继续履行。

关于焦点二。《委托流转合同》所涉义务除支付土地流转费外，还有与接转方协商甚至无接转方的情况下需要经营、安全生产、防止事故发生、保护和合理利用土地等，这些义务不适于强制履行，且履行成本过高，不利于土地的有效配置。现某合作社明确表示不再继续履行合同，故贾某某请求继续履行《委托流转合同》情况下要求支付土地流转费的诉讼请求，缺乏事实和法律依据。

关于焦点三。某合作社主张解除《委托流转合同》，基于焦点二的理由，法院予以支持，但某合作社因无法找到案涉土地的接转方而未能按合同约定支付贾某某土地流转费，已构成违约，同时考虑某合作社是违约解除，村民无过错和实际履行情况等原因，法院确定《委托流转合同》于本判决生效之日解除，土地从法院确定的合同解除之日起由某合作社交由村民继续耕种。对于贾某某要求某合作社支付自2023年1月1日起至合同解除之日止的租金（土地流转费）主张，理由正当，在合理范围内予以支持。合同解除后，尚未履行的，终止履行；已经履行的，根据履行情况和合同性质，当事人可以请求恢复原状或者采取其他补救措施，并有权请求赔偿损失。鉴于贾某某在履行《委托流转合同》过程中并无过错，在合同解除后，其因土地流转合同而获得的利益应得到充分合理的补偿。因此，基于委托流转合同的性质、双方的经济能力、合同履行的实际情况、某合作社的过错程度以及预期利益等综合因素，根据公平原则和诚实信用原则予以综合衡量，法院认定某合作社按照每亩每年1260元的标准向贾某某支付一年的损失。

北京市怀柔区人民法院依照《最高人民法院关于适用〈中华人民共和国民法典〉时间效力的若干规定》第一条第三款、第二十条，《中华人民共和国民法典》第四百六十五条、第五百零九条、第五百八十条规定，判决如下：

一、确认贾某某与某合作社签订的《委托流转合同》于本判决生效之日解除；

二、某合作社于本判决生效后七日内给付贾某某土地流转费（以2.4亩为基数，按每年每亩1260元的标准，自2023年1月1日起计算至本判决生效之日止）；

三、某合作社于本判决生效后七日内给付贾某某损失3024元；

四、驳回贾某某的其他诉讼请求。

宣判后，双方当事人均未上诉，一审判决生效。

【法官后语】

合同僵局是合同履行过程中因主客观情况的变化，导致合同无法继续履行、不宜强制履行、履行费用过高以及合同目的无法实现等情况，债务人构成违约，债权人享有解除权却无意行使，虽然债务人可以抗辩债权人的履行请求，但是合同仍然存在，双方僵持不下形成内耗，产生对双方均不利的后果。僵局之下，合同双方已丧失合作的经济基础与法律基础，强制履行将导致交易效率低下以及资源浪费，严重违背公平和诚信原则。

一、合同僵局的认定以及破解

此类案件中，合同双方往往存在长期性合作关系并签署了继续性合同，合同履行期间时间跨度较长。其间，合同一方因为经济、法律变化，商业风险或者政策影响等主客观因素陷入履行困难，作为不存在恶意的违约方，为摆脱困境而申请解除合同，但合同相对方即守约方却坚决要求继续履行合同，合同僵局要件成就。在合同僵局状态下，当事人之间的利益已经严重失衡，并伴随社会资源的浪费，已严重背离合同基本原则，继续机械坚守将导致背离合同目的。合同仅是“手段”而非“目的”，借助司法之手打破“病态契约”存在其必要性与正当性。因此，合同僵局最终的落脚点其实在于如何立足立法原意，兼顾合理信赖保护与权利滥用抑制，达到各方当事人的利益价值位阶平衡，最终实现“三个效果”的有机统一，此为破解合同僵局的评价标准与价值导向。

本案中，某合作社的土地集中流转因商业风险意外中断，无以为继，如果不支持其解除请求，合同会陷入僵局，土地将会持续搁置，处于撂荒状态，造成资源浪费，也严重违背民法典绿色原则。审理此类涉农村土地的案件，应当充分发挥司法服务乡村振兴的职能，关注案件的特殊背景，深入贯彻落实中央关于承包地“三权分置”改革政策，依法认定土地使用权流转合同的效力，促进土地资源有效合理利用。

二、群体性纠纷案件的多元化解（“调解前置+示范诉讼”）

土地承包经营权纠纷事关农村土地利用，事关村民切身利益。处于弱势的村民在面对权利损害时，往往趋向于“抱团取暖”，在“人多势众”的心理支配与情绪引导下，也易于冲破理性防线和法律底线，难以进入协商和解状态，一旦处理不当，很有可能导致矛盾激化，严重影响农村经济发展与社会稳定。

本案审理过程中，发现24个关联案件存在组织性强、群体性强的特点，且土地流转费的发放除去已起诉的24名原告外还涉及邻村和其他村共计两百余户村民的利益，极易引发更多的纠纷。为妥善预防群体性纠纷，怀柔法院采取了“调解前置+示范诉讼”的源头化解纠纷模式，有效发挥了风险预判、诉讼预期引导、促进合意达成的作用。通过“面对面调解”，将示范裁判理念直接推送至矛盾纠纷的初始环节，让当事人在诉前形成诉讼风险预期。同时，在调解过程中速裁团队注重实时察觉风险隐患，便于在立案环节及时甄别可能形成群体性纠纷的案件要素特征，精准判断群体案件的共通争点和示范意义，尽早引导当事人进入“共通争点确定程序”与“和解、调解程序”，通过个案示范处理带动批量案件高效解决，有效发挥示范诉讼的司法效能。

审理此类案件还需特别注意的是，原、被告之间不仅是单纯的民事关系主体，原告亦是被告的组成成员，二者虽在案件中存在利益冲突，但在案外又属利益共同体，村集体经济组织健康发展，受益的必然是其组织成员。而现实情况是，被告已无力履行合同义务，即便以判决令其履行义务，也会使其陷入履行不能，原告利益亦无法得到保障。通过判决解除合同关系，由被告承担违约责任，对村民损失的履行利益进行替代性赔偿，既保证了土地的及时有效再利用，亦给予被告“东山再起”的机会，更有利于保障农村集体经济实现健康发展，从实质上保障了原告的利益。

编写人：北京市怀柔区人民法院　戎艳　赵锦锦

16

同一块土地上承包经营权与建设用地使用权并存的土地使用权争议，应由行政机关处理

——郑某甲等诉郑某乙土地经营权出租合同案

【案件基本信息】

1. 裁判书字号

山东省滨州市中级人民法院（2023）鲁16民终1368号民事判决书

2. 案由：土地经营权出租合同纠纷

3. 当事人

原告（被上诉人、再审申请人）：郑某甲、刘某某、郑某丙、郑某丁

被告（上诉人、再审被申请人）：郑某乙

【基本案情】

郑某甲、刘某某、郑某乙、郑某丙系博兴县某镇某村村民，通过家庭承包方式取得案涉土地承包经营权。2002年12月，郑某甲等与郑某乙签订《合同

书》，约定郑某乙租赁郑某甲承包土地 1.5975 亩，租赁费为每亩每年 1000 元，租赁期限为 2002 年 9 月 15 日至 2022 年 9 月 15 日。截至法庭辩论终结之日，郑某乙尚未支付 2021 年度、2022 年度租赁费共计 3194 元。

郑某乙租赁案涉土地后用于建设、经营某洗桶厂。2008 年 8 月，某洗桶厂作为土地使用权人取得包括案涉土地在内的共计 2912.7 平方米土地使用权，当地政府为某洗桶厂颁发的建设用地使用权证载明地类为工业，终止日期为 2026 年 3 月 26 日。

2015 年 5 月，郑某甲、刘某某、郑某乙、郑某丙取得农村土地承包经营权证，载明承包方代表姓名为郑某甲，承包土地面积为 3.65 亩，实测面积为 4.05 亩，土地性质为基本农田。

以上农村土地承包经营权证和建设用地使用权证均在有效期内。双方认可郑某甲等向郑某乙交付土地时，土地为耕地且无附着物。现郑某甲等要求郑某乙支付租赁费并将土地恢复原状。

【案件焦点】

不同主体对同一块土地分别持有土地承包经营权证和建设用地使用权证，双方因返还土地发生的纠纷是否属于人民法院民事案件受理范围。

【法院裁判要旨】

山东省博兴县人民法院经审理认为：案涉租赁合同系双方的真实意思表示，合法有效。合同履行期间，郑某乙办理了集体土地使用证，并在案涉土地上建设、经营。关于郑某甲等请求确认案涉合同于 2022 年 9 月到期终止、郑某乙恢复土地原状、返还土地的诉讼请求，因案涉合同约定履行期间为 2002 年 9 月至 2022 年 9 月，在案未有证据证实双方存在“续租”合意，郑某甲等亦在租赁期限届满后通过诉讼形式主张收回土地，故支持其该项诉讼请求。同时，郑某乙应依约支付租赁费。

山东省博兴县人民法院依照《中华人民共和国民法典》第七条、第七百零三条、第七百二十一条、第七百三十三条规定判决如下：

一、确认郑某甲与郑某乙签署的《合同书》于2022年9月15日到期终止；

二、郑某乙于本判决生效之日起三十日内返还郑某甲、刘某某、郑某丙、郑某丁《合同书》项下土地1.5975亩，恢复土地原状；

三、郑某乙于本判决生效之日起十五日内支付郑某甲、刘某某、郑某丙、郑某丁租赁费3194元；

四、驳回郑某甲、刘某某、郑某丙、郑某丁的其他诉讼请求。

郑某乙不服一审判决，提起上诉。

山东省滨州市中级人民法院经审理认为：同一地块，郑某甲一方主张其享有使用权，凭据是其持有农村土地承包经营权证；郑某乙一方主张其享有使用权，凭据是其持有集体土地建设使用权证。经查，案涉《农村土地承包经营权证》系原农业部监制，加盖博兴县人民政府公章；《集体土地建设使用权证》加盖原国土资源部土地证书管理专用章及博兴县人民政府、博兴县国土资源局公章，以上两证均由国家权威部门作出，当其内容发生冲突时，应由相应政府部门处理为宜。依据《中华人民共和国土地管理法》第十四条及《土地权属争议调查处理办法》第九条的规定，告知当事人向有关行政主管部门申请解决，由行政主管部门履行法定职责，明确案涉土地用途，确定土地使用权归属。在案涉土地存在权属争议的情况下，双方争议不属于人民法院受理范围。一审法院径行依据案涉合同判断双方当事人的权利义务，适用法律错误，应予纠正。

山东省滨州市中级人民法院依照《中华人民共和国民事诉讼法》第一百七十七条第一款第二项、第一百八十二条，《最高人民法院关于适用〈中华人民共和国民事诉讼法〉的解释》第三百二十八条规定，裁定如下：

一、撤销山东省博兴县人民法院（2022）鲁1625民初4047号民事判决；

二、驳回郑某甲、刘某某、郑某丙、郑某丁的起诉。

郑某甲、刘某某、郑某丙、郑某丁向山东省高级人民法院申请再审。

山东省高级人民法院经审理认为：从证据角度而言，无论是农村土地承包经营权证还是集体土地建设使用权证，均为行政机关向权利人颁发的法律凭证，均可作为有效的民事诉讼证据，无法通过证明力大小直接认定土地用途及使用权的归属。就实体权利而言，不同土地用途对应不同用益物权，由于土地用途不明，不具备进一步分析民事权利义务关系的前提条件。二审法院适用《中华人民共和国土地管理法》第十四条及《土地权属争议调查处理办法》第九条的规定，告知当事人向有关行政主管部门申请解决，由行政主管部门履行法定职责，明确案涉土地用途，确定土地使用权归属，具有事实和法律依据。

山东省高级人民法院依照《中华人民共和国民事诉讼法》第二百一十一条第一款、《最高人民法院关于适用〈中华人民共和国民事诉讼法〉的解释》第三百九十三条第二款规定，裁定如下：

驳回郑某甲、刘某某、郑某丙、郑某丁的再审申请。

【法官后语】

本案主要涉及同一地块上既有土地承包经营权证，又有建设用地使用权证，土地承包经营权证持有人要求建设用地使用权人返还土地并恢复原状的诉讼请求，法院应否支持。

同一物不得设立两个相互冲突的物权。为满足物权的排他效力，物权法实行“一物一权”原则，即同一标的物之上不得设立内容和效力互不相容的两个以上物权。这既包含一物上只能存在一个所有权，已有所有权的，不得再成立另一个所有权；又包含一物上不得成立相冲突的数个物权，即不得成立都以占有为内容的数个他物权。土地承包经营权和建设用地使用权均属于用益物权，在本案中，二者并存于同一地块，且归属于不同的权利主体，一方因持有农村土地承包经营权证主张其享有使用权，另一方因为持有集体土地建设使用权证主张其享有建设用地使用权，都指向该地块的占有、使用和收益权能，因此产生权利冲突。

本案纠纷实为土地使用权争议。从原告诉请看，其作为案涉土地出租方请求作为承租方的被告将租赁土地恢复原状并予以返还，其争议表现为合同权利义务终止，为民事合同纠纷。但是因双方对争议地块同时享有用益物权，纠纷实际上源于一个物上“互不相容”的两个物权同时存在，具体表现为土地用途及使用权归属的冲突，故当事人的争议实质上是土地使用权的争议，解决其纠纷应当先行确定土地使用权归属。双方各自持有的案涉土地的使用权证分别由原农业部和原国土资源部所属的行政机关颁发，当两证发生效力冲突时，逻辑上讲，只能其中一证有效而另一证无效。这关乎对两个行政行为效力的评判，已超越人民法院在民事诉讼中运用民事法律进行裁判的范围。同时，依据《中华人民共和国土地管理法》第十四条和《最高人民法院关于审理涉及农村土地承包纠纷案件适用法律问题的解释》第一条第二款等法律规定，应告知当事人针对案涉土地的使用权属，申请相关人民政府先行处理，明确宗地用途，确定土地使用权归属。

随着土地承包经营权登记制度的大力推进和土地承包经营权流转的日益普遍，农村集体用地一地两证的情况时有发生。此时不仅涉及传统的土地使用权争议，还可能存在土地用途争议，由此引发的纠纷不属于人民法院民事诉讼主管范围，应告知当事人申请行政机关先行处理，明确宗地用途，确定土地使用权归属。

编写人：山东省滨州市中级人民法院　方月伦　纪小健

17

承租人严重损害土地的，出租人可行使法定解除权

——张某某诉某村经合社土地经营权出租合同案

【案件基本信息】

1. 裁判书字号

北京市第一中级人民法院（2023）京01民终5011号民事判决书

2. 案由：土地经营权出租合同纠纷

3. 当事人

原告（上诉人）：张某某

被告（被上诉人）：某村经合社

【基本案情】

张某某与某村经合社于2014年3月6日签订《出租合同》，约定张某某向某村经合社租赁土地，用于草坪、苗木、花卉及农作物等种植并带土销售，租赁期限自2014年1月1日至2027年12月31日止；还约定张某某应依法保护和合理利用土地，不得擅自改变土地用途，不得给土地造成永久性损害。张某某已按合同约定缴纳租金至2022年12月31日。

2022年3月14日，北京市规划和自然资源委员会延庆分局（以下简称规自委延庆分局）在前期调查与评估的基础上，作出《非法占用耕地破坏程度鉴定结论》，意见如下："根据北京某公司现场勘测报告，张某某在某村集体土地上种植草皮、树木，总占地面积为145.04亩……由于多年种植并收获草皮，耕作层土壤被剥离带走，造成145.04亩耕地的种植条件严重破坏，难以恢复。"后张某某仍陆续带土出售了一些草皮。

2022年4月15日，某村委会向张某某下发《整改通知书》，要求张某某停止对145.04亩耕地破坏，并于10日内将土地恢复原貌。6月9日，某村委会向张某某发出《解除合同通知书》，载明："因张某某带土销售草坪等作物时给耕地造成严重损害，违反相关法律规定且违反出租合同第五条第三款的约定，声明解除与张某某签订的《出租合同》，并要求张某某返还承包土地、办理交接手续。"张某某于同日收到《解除合同通知书》，但不认可合同解除事由。

张某某称，案涉土地于2022年6月13日由某村经合社强行收回，该日应为合同解除日期。某村经合社表示，其根据镇政府要求，于6月13日铲除案涉土地上的草坪，但未破坏地上其他物品，且案涉土地护栏大门钥匙仍在张某某处。

规自委延庆分局出具的土地现状及规划图显示，案涉土地现状主要为水浇地，规划主要为永久基本农田。经现场勘验，案涉土地四周由张某某搭设绿色围栏，地上种有玉米、柳树、云杉等；地上草坪被铲毁，另可见部分小型用水用电等设施。

张某某诉至法院，要求某村经合社赔偿张某某损失890168元（地上物与设备设施损失）并支付违约金830330.4元。

【案件焦点】

1. 案涉《出租合同》是否已经解除及其解除时间；2. 张某某关于损失赔偿及违约金的主张是否应予支持。

【法院裁判要旨】

北京市延庆区人民法院经审理认为：双方于2014年签订的《出租合同》系当事人的真实意思表示，且未违反法律、法规的强制性规定，应属合法有效。

关于争议焦点一。根据法律规定，给土地造成严重损害或者严重破坏土地生态环境的，承包方有权单方解除土地经营权流转合同。当事人一方依法主张解除合同的，应当通知对方，合同自通知到达对方时解除。本案中，双方签订的《出租合同》所涉土地为永久基本农田，而张某某在使用出租土地过程中，多年种植并带土销售草皮，经规自委延庆分局认定，前述行为导致耕作层土壤被剥离带走，案涉耕地种植条件被严重破坏，难以恢复。据此，某村委会于2022年4月15日要求张某某停止对耕地破坏并将土地恢复原貌，而张某某在2022年4月之后仍陆续带土销售草皮。某村经合社基于张某某给耕地造成严重损害的相关事实，于2022年6月9日发出解除出租合同通知书并送达张某某，故双方签订的《出租合同》已于2022年6月9日解除。

关于争议焦点二。当事人一方不履行合同义务或者履行合同义务不符合约定的，应当承担继续履行、采取补救措施或者赔偿损失等违约责任。某村经合社解除合同符合法律规定，并非违法单方解除，亦未违反合同约定。本案中，双方并未办理返还土地的交接手续，且某村经合社亦未禁止张某某对前述地上物自行予以处理，结合勘验时上述地上物仍存在的事实，故张某某要求某村经合社赔偿玉米、树木、草皮及设备设施等损失及支付违约金于法无据。

北京市延庆区人民法院依照《中华人民共和国民法典》第九条、第五百六十三条、第五百六十五条、第五百七十七条，《中华人民共和国农村土地承包法》第三条、第三十条、第四十二条，以及《最高人民法院关于适用〈中华人民共和国民事诉讼法〉的解释》第九十条规定，判决如下：

驳回张某某的全部诉讼请求。

张某某不服一审判决，提起上诉。

北京市第一中级人民法院经审理认为：案涉土地为永久基本农田，而张某某在使用案涉土地过程中，多年种植并带土销售草皮，导致案涉土地种植条件被严重破坏，难以恢复。某村委会向张某某下发《整改通知书》后，张某某仍陆续带土销售草皮。某村委会基于张某某对案涉土地造成严重损害的相关事实，向张某某发出《解除合同通知书》，并于2022年6月9日送达张某某，一审法院据此认定某经合社有权解除合同，案涉《出租合同》已于2022年6月9日解除并无不当。

案涉《出租合同》解除后，双方并未办理返还土地的交接手续，张某某也未提交有效证据证明其将案涉土地返还某经合社，某经合社也未禁止张某某对涉案土地上的地上物进行处理，一审法院据此未支持张某某关于要求某经合社赔偿损失的诉讼请求并无不当。因张某某带土销售草皮导致耕作层土壤被剥离带走，严重破坏了涉案土地种植条件，且未按照《整改通知书》予以整改，后被铲毁，该损失不应由某经合社赔偿。某经合社解除合同符合法律规定，不存在《出租合同》约定的违约行为，一审法院据此未支持张某某关于违约金的诉讼请求并无不当。

北京市第一中级人民法院依照《中华人民共和国民事诉讼法》第一百七十七条第一款第一项之规定，判决如下：

驳回上诉，维持原判。

【法官后语】

法定解除，是指合同具有法律约束力后，当事人在法律规定的解除事由出现时，行使解除权而使合同权利义务关系终止。《中华人民共和国民法典》第五百六十三条规定的法定解除权，通常被认为是当事人的一项法定权利，即在“合同目的不能实现时”，解除权人有权解除合同。在某些特定领域，考虑到对合同标的物的处分会涉及国家、集体利益的保护问题，还赋予合同当事方在特定情形下可以行使法定解除权。

一、法定解除的具体情形

作为破解合同履行僵局的一种制度性安排，在因不可抗力导致合同目的无法实现、预期违约、延迟履行主要债务经催告仍不履行、根本违约导致合同目的落空、兜底特别规定五类情形下，可以适用法定解除。其实质性条件是“合同目的不能实现”。以本案为例，分析如下：

第一，法定解除不以当事人存在过错为前提。如出现不可抗力导致合同目的无法实现时，当事人均无过错亦可能产生法定解除。因此，当事人存在过错不是法定解除的实质性条件。

第二，合同目的是当事人缔约所追求的核心利益。对于张某某而言，其核心利益是通过合同约定获得诉争土地的使用权并加以利用获取收益。但对某村经合社而言，其核心利益虽然是通过合同流转土地赚取收益，但还包含了“土地可持续利用”的法定前提。对此，《中华人民共和国农村土地承包法》第四十二条作为《中华人民共和国民法典》第九条绿色原则的具化，直接将土地流转中的受让方“给土地造成严重损害”之情形，作为承包方（转让方）单方行使法定解除权的事由。张某某过度带土售卖，导致土地被破坏，某村经合社所追求的合理利用土地产生收益的法律效果就无法完全实现，进而构成本案中法定解除的实质性条件。

第三，“根本违约”一般是“合同目的不能实现”的法律之因。一旦当事人出现根本违约之因，客观上往往伴随着“合同目的不能实现”之果。当事人违反的义务对实现合同目的至关重要，如一方不履行这种义务，将剥夺另一方当事人根据合同有权期待的利益。理论上，将这种违约称为“根本违约”。《联合国国际货物销售合同公约》第25条、《国际统一私法协会国际商事合同通则》第7.3.1条、《欧洲合同法原则》第8：103条均有类似的规定。《中华人民共和国民法典》规定只有在违约行为达到“根本违约”程度时，才产生法定解除权。本案中，张某某在履行租赁合同期间，虽然可以带土出售草皮，但应适当，尽到不损害土地、不影响出租人可持续利用土地权利的义务，否则属于履行主要债务之外的其他合同义务不恰当，致使合同目的无法实现。

二、法定解除的司法认定

在当事人违约的情况下，法定解除权的行使需要严格满足法定要件，尤其是符合“合同目的不能实现”，且要遵循诚实信用原则。司法实践中，法院通常通过“合同目的实现可能性”“违约严重程度”“补救可能性”三重标准进行实质性审查。

第一，除非合同特别约定和法律特别规定，否则当事人主观目的不影响法定解除权的司法认定。实践中，当事人订立合同的目的具有多样性，但判断合同目的实现的可能性时，更加关注的是合同约定与法律规定，其标准并非指向当事人的主观判断，而是违约结果的客观严重性，即是否剥夺了债权人的履行利益，使得其订立合同所追求的履行利益不能实现。如本案张某某带土销售草皮致使耕地严重破坏，这将使得某村经合社所追求的长期履行利益落空，故而可认定张某某的履行行为构成根本违约。

第二，违约严重程度和补救可能性决定了合同目的实现可能性。本案中，张某某带土销售草皮导致破坏耕地行为已经被行政机关认定为“造成145.04亩耕地的种植条件严重破坏，难以恢复”，充分证明了张某某违约后果已经达到严重程度，且经评估认为，不停止带土销售行为就无法补救耕地的损失。又考虑到张某某仍持续土地破坏行为，表明其主观上不愿意进行整改补救，法院因此综合认定张某某带土销售草皮行为造成“合同目的实现可能性缺失”。

三、法定解除的法律后果

《中华人民共和国民法典》第五百六十六条规定了合同解除的法律后果，区分了尚未履行与已经履行两种情形。司法实践中，争议主要集中于已经履行部分。但根据该条第二款规定，即“合同因违约解除的，解除权人可以请求违约方承担违约责任，但是当事人另有约定的除外”，可见，违约解除情形下，守约方有权向违约方主张违约责任，违约方不可向守约方主张违约责任。具体到本案中，张某某为违约方，某村经合社为守约方，这是判决未支持张某某主张的违约损失赔偿的主要原因。

实践中，村集体组织、村民等主体在环境保护和资源节约等方面的意识往往还不强，因此，在审理农村土地流转合同纠纷案件中，要强化合同解除背景、原因的审查，注重核查土地用途及规划，重视珍贵的耕地资源之保护。

编写人：北京市高级人民法院　赵书博

北京市延庆区人民法院　石菲

18

集体土地经营权转让效力的认定

——王某某诉宋某、许某某土地承包经营权转让合同案

【案件基本信息】

1. 裁判书字号

山东省淄博市中级人民法院（2022）鲁03民终4024号民事判决书

2. 案由：土地承包经营权转让合同纠纷

3. 当事人

原告（上诉人）：王某某

被告（被上诉人）：宋某、许某某

【基本案情】

2019年8月30日，王某某（乙方）与宋某、许某某（甲方）签订《协议书》1份。约定：甲方将其承包的位于某村原预制厂的集体建设用地转让给乙

方，期限20年，转让价格150万元，分三次付清。甲方确认地上建筑物均由乙方投资建设，建筑物所有权属于乙方。乙方按合同向某村委会交付土地承包租金。2020年6月3日，王某某付款50万元。该土地系宋某向某村委会承包取得，宋某与某村委会的《土地承包合同》约定，承包期限20年，承包费一年一付，宋某不得转让土地承包经营权。王某某提交区自然资源局2020年12月作出的《行政处罚决定书》一份，载明：案外人王某未经批准，擅自占用某镇某村工业用地2892平方米建设车间，依据《中华人民共和国土地管理法》第六十三条规定予以罚款处罚。

王某某起诉要求：（1）依法确认王某某与许某某、宋某签订的案涉《协议书》无效；（2）判令宋某、许某某退还王某某土地转让款50万元；（3）判令宋某、许某某赔偿因合同无效给王某某造成的损失。

【案件焦点】

集体土地承包经营权转让协议效力的认定。

【法院裁判要旨】

山东省淄博市临淄区人民法院经审理认为：宋某与某村委会签订的《土地承包合同》约定：宋某不得转让土地承包经营权。但是，某村委会并未就此向王某某或者宋某主张过相应权利，庭审中某村委会明确表示同意宋某招商引资，王某某以此主张合同无效，难以支持。某区自然资源局作出《行政处罚决定书》属于行政执法行为，同时也可以看出是未经批准占用工业用地建设车间被处以罚款，相应情形不能证明原、被告协议书违反效力性的禁止性法律规定。故王某主张双方协议书无效，证据不足，不予支持。

山东省淄博市临淄区人民法院依照《中华人民共和国合同法》第五十二条，《中华人民共和国民法总则》第一百三十六条、第一百四十三条，《中华人民共和国民事诉讼法》第六十七条规定，判决如下：

驳回原告王某某的诉讼请求。

王某某不服一审判决，提起上诉。

山东省淄博市中级人民法院经审理认为：本案争议的焦点为王某要求依法确认与宋某、许某土地经营权转让协议无效是否具有事实与法律依据；王某要求宋某、许某退还土地转让款50万元并承担因协议无效而产生的损失有无事实及法律依据。

《中华人民共和国土地管理法》第六十三条第一款和第二款规定："土地利用总体规划、城乡规划确定为工业、商业等经营性用途，并经依法登记的集体经营性建设用地，土地所有权人可以通过出让、出租等方式交由单位或者个人使用，并应当签订书面合同，载明土地界址、面积、动工期限、使用期限、土地用途、规划条件和双方其他权利义务。前款规定的集体经营性建设用地出让、出租等，应当经本集体经济组织成员的村民会议三分之二以上成员或者三分之二以上村民代表的同意。"案涉土地性质为某村的集体所有土地，宋某与某村委会签订《土地承包合同》，其未提供证据证明经过民主议定程序及相应备案程序等，故宋某不享有该土地的经营权。同时，该土地亦无规划手续，依照法律规定，宋某亦不能对外转让。故宋某、许某某与王某某签订的《协议书》因违反法律强制性规定而无效。一审对双方签订的土地经营权转让协议效力认定有误，二审予以纠正。

王某某与宋某、许某某签订的案涉集体土地经营权转让协议被认定无效后，根据《中华人民共和国民法典》第一百五十七条的规定，双方应当相互返还相应的财产、补偿差价。王某某与宋某、许某某均明知宋某、许某某未实际取得案涉集体土地经营权，双方仍签订土地经营权转让协议，均存在明显缔约过错，宋某、许某某应当返还王某某已付的土地转让款50万元，王某某应当将案涉土地返还宋某、许某某。由于在合同缔约中双方均存在过错，故对于50万元款项产生的利息以及土地占用费用等损失由各自承担。

山东省淄博市中级人民法院依照《中华人民共和国民法典》第一百五十七条、第五百条，《中华人民共和国土地管理法》第六十三条，《中华人民共和国民事诉讼法》第一百七十七条第一款第二项规定，判决如下：

一、撤销一审民事判决；

二、王某某与宋某、许某某签订的协议书无效；

三、王某某于本判决生效之日起三十日内将案涉土地返还宋某、许某某；

四、宋某、许某某于本判决生效之日起十日内返还王某某支付的土地转让款 50 万元；

五、驳回王某某的其他诉讼请求。

【法官后语】

本案主要涉及集体土地经营权转让协议效力的认定。为进一步盘活农村经济活力，提高农民收入，随着以土地所有权、承包权、经营权为核心的“三权分置”改革的不断推进，因农村土地经营权转让引发的纠纷数量呈上升趋势。土地经营权的流转，有利于促进农村生产力的发展，实现农村劳动力转移和优化农村土地资源配置，有利于推动农村土地承包关系的长期稳定。土地经营权的转让不仅事关农民的切身利益，也事关农业发展和农村稳定。司法实践中，正确处理此类纠纷的前提是准确认定集体土地经营权转让协议的效力。

土地经营权转让，是指土地承包经营权人将其拥有的未到期的土地承包经营权以一定的方式和条件流转给他人，他人对土地享有占有、使用、收益的权利。《中华人民共和国农村土地承包法》第九条规定：“承包方承包土地后，享有土地承包经营权，可以自己经营，也可以保留土地承包权，流转其承包地的土地经营权，由他人经营。”第十条规定：“国家保护承包方依法、自愿、有偿流转土地经营权，保护土地经营权人的合法权益，任何组织和个人不得侵犯。”土地承包经营权人可以根据自己的需要依法设立并流转土地经营权，土地经营权作为民事权利，国家保护土地经营权人的合法权益。《中华人民共和国民法典》第三百三十九条规定：“土地承包经营权人可以自主决定依法采取出租、入股或者其他方式向他人流转土地经营权。”

《中华人民共和国土地管理法》第六十三条第一款和第二款规定：“土地利用总体规划、城乡规划确定为工业、商业等经营性用途，并经依法登记的集体经营性建设用地，土地所有权人可以通过出让、出租等方式交由单位或者个人使用，并应当签订书面合同，载明土地界址、面积、动工期限、使用期限、土地用途、规划条件和双方其他权利义务。前款规定的集体经营性建设用地出让、出租等，应当经本集体经济组织成员的村民会议三分之二以上成员或者三分之二以上村民代表的同意。”据此，集体经营性建设用地入市应同时符合如下几个条件：一是符合国上空间规划要求，集体经营性建设用地只有在土地利用总体规划、城乡规划确定为工业、商业等经营性用途的情况下，土地所有权人才可以通过出让、出租等方式交由单位或者个人使用；二是符合合同形式及内容要求，在使用集体经营性建设用地时，土地所有权人和使用权人应当签订书面合同，内容上应载明土地界址、面积、动工期限、使用期限、土地用途、规划条件和双方其他权利义务；三是符合民主议定的程序要求，集体经营性建设用地的出让、出租等，应当经本集体经济组织成员的村民会议三分之二以上成员或者三分之二以上村民代表的同意。上述规定的初衷在于规范集体经营性建设用地的入市行为，确保土地的合理利用和高效管理，切实保护农村集体和土地使用者的合法权益。依据《中华人民共和国民法典》第一百五十三条第一款关于认定民事法律行为无效的规定，不符合上述规定条件的集体经营性建设用地转让行为因违反法律强制性规定而无效。

本案中，案涉土地性质为某村的集体所有土地，宋某与某村委会虽就案涉地块签订有土地承包合同，但宋某未能提供证据证明某村委会该土地发包经过民主议定程序并履行了相应备案程序等，故该土地承包合同无效，宋某不享有该土地的经营权。同时，该土地亦无规划手续，依照法律规定，宋某亦不能对外转让。故宋某、许某某与王某某签订的案涉协议因违反法律强制性规定而无效，双方应当相互返还相应的财产并按照过错情况补偿差价。

编写人：山东省淄博市中级人民法院　荣明潇

山东省淄博市张店区人民法院　刘晓辉

（四）其他

19

农村集体经济组织无权以“村规民约”取消未迁户“出嫁女”的成员身份和权益

——王某某、韩某某诉某村委会侵害集体经济组织成员权益案

【案件基本信息】

1. 裁判书字号

山东省邹平市人民法院（2023）鲁1681民初4908号民事判决书

2. 案由：侵害集体经济组织成员权益纠纷

3. 当事人

原告：王某某、韩某某

被告：某村委会

【基本案情】

王某某出生于某村，2016年1月结婚，5月生育儿子韩某某，并将韩某某的户口落户在本村。2016年8月，王某某和韩某某的户口从其娘家的家庭户分立出来，独立成户，其户口一直在某村没有发生变动。2017年王某某和韩某某参与了本村土地补偿款的分配。2018年4月之后，某村委会以该村制定的“村规民约”规定女子出嫁后应当将户口迁出并停发村民待遇为由，认为王某某在2016年结婚后应当将户口迁出，因此王某某不应再享受本村村民待遇。王某

某、韩某某两次诉至法院，要求某村委会分别支付2018 年、2019 年和2020 年、2021 年的土地补偿款，法院均依法判决支持王某某、韩某某的诉求。2022 年，因某村第四生产小组向其他村民发放了 2022 年、2023 年的土地补偿款，而未向王某某、韩某某发放，王某某、韩某某提起本案诉讼，要求判决某村委会向其支付该土地补偿款。

【案件焦点】

1. 王某某是否仍系某村集体经济组织成员；2. 某村制定的“村规民约”能否取消王某某的集体经济组织成员身份及村民待遇。

【法院裁判要旨】

山东省邹平市人民法院经审理认为：《中华人民共和国村民委员会组织法》第二十七条第二款规定：“村民自治章程、村规民约以及村民会议或者村民代表会议的决定不得与宪法、法律、法规和国家的政策相抵触，不得有侵犯村民的人身权利、民主权利和合法财产权利的内容。”某村委会因被占用土地向集体经济组织成员发放安置补助款和土地补偿款时，其应分配主体为具有该集体经济组织成员身份的人。本案中，王某某一直生活在某村，结婚后立户并生活于某村，其子韩某某随其生活，系该村四组集体经济组织成员，王某某、韩某某应当享有平等分配土地补偿款和安置补助款的权利，且王某某、韩某某作为集体经济组织成员，已分得 2017 年度土地补偿款，2018—2021 年度的土地补偿款也已通过诉讼方式取得。现某村委第四生产小组已向其他村民发放 2022 年、2023 年的土地补偿款，王某某、韩某某要求某村委会按照向其他村民发放的金额向其支付土地补偿款的诉讼请求，于法有据，予以支持。某村委会未提交证据证实王某某、韩某某在其他集体经济组织分得土地或者享受了其他集体经济组织成员权益，其以依照“村规民约”的规定王某某出嫁以后不应当享受本村村民待遇为由，主张王某某、韩某某不应分得土地补偿款，违反法律规定。

山东省邹平市人民法院依照《中华人民共和国民法典》第三条、第四条，《中华人民共和国村民委员会组织法》第二十七条第二款，《最高人民法院关于审理涉及农村土地承包纠纷案件适用法律问题的解释》第二十二条规定，判决如下：

一、被告某村委会于本判决生效之日起五日内支付原告王某某、韩某某2022年度、2023年度的土地补偿款10700元；

二、驳回原告王某某、韩某某的其他诉请求。

宣判后，双方当事人均未上诉，一审判决生效。

【法官后语】

本案涉及“出嫁女”在户口未迁出的情况下，其所在农村集体经济组织是否有权以“村规民约”取消其成员身份及已经享有的村民待遇问题。针对本案的法律适用问题，可从以下几方面进行把握和认定。

一、农村集体经济组织成员身份的确认问题

农村集体经济组织成员身份的确认，一般应以形成较为固定的生产、生活，并依法登记所在地常住户口作为判断的形式要件，以是否依赖于本集体经济组织土地为基本生活保障为实质要件，综合考虑当事人的生产、生活状况及是否获得其他替代性基本生活保障等因素。户籍、稳定的权利义务关系、以农村集体经济组织成员集体所有的土地等财产为基本生活保障是三者并存的关系，同时具备的，应当确认相关人员具有农村集体经济组织成员身份。在农村集体经济组织成员未改变户籍性质和自愿退出承包地之前，一般不宜认定其成员身份丧失，更不能仅以妇女已经出嫁或者离婚、丧偶等为由，通过村民会议、村民代表会议或者制定“村规民约”的方式来剥夺村民的集体经济组织成员身份。

二、农村集体经济组织权益分配过程中对妇女合法权益的保护

本案的焦点之一是“外嫁女”的集体经济组织成员身份认定和权益分配问题。在征地补偿款的分配问题上，妇女与男子享有平等的权利，任何组织和个人不得以妇女未婚、结婚、离婚、丧偶等为由，剥夺、侵害其依法应当享有的权益。“两头占”和“两头空”是农村土地承包中常见的两种不平等现象，《中华人民共和国农村土地承包法》明确规定了妇女在土地承包中的权益，旨在避免出现不合理的“两头占”和“两头空”现象。具体规定如下：（1）结婚时：妇女结婚后，如果没有在新居住地（婆家）获得土地承包权，那么原土地承包

权不能被收回。这意味着，即使妇女结婚移居婆家，她依然有权继续享有娘家的土地承包权益。(2) 离婚或丧偶时：妇女离婚或丧偶后，如果依然在原居住地生活，或者没有在新居住地取得土地承包权，仍保持原有的生活基础，原有的土地承包权不应被收回。即使妇女不再生活在原来的承包地所属地域，只要她没有在新居住地取得土地承包权，就应当继续拥有原土地承包权。这些规定确保了妇女在婚姻关系变化特别是发生家庭变故后，不至于失去土地承包权，同时也避免了因婚姻或家庭关系变化而产生的土地分配不公。

三、对农村集体经济组织制定的“村规民约”的审查

围绕征地补偿款的发放范围、数额等，各地农村集体经济组织往往制定“村规民约”作为分配依据。我国农村实行村民自治，尊重村民自治权是处理此类纠纷的前提条件，但在尊重村民自治权的同时，也应依法对自治权的行使进行审查。审查应包括程序性审查和实体性审查，如村民委员会、村民小组在决策时必须按照《中华人民共和国村民委员会组织法》规定的程序提请村民会议讨论；村民会议作出的决策必须符合《中华人民共和国村民委员会组织法》所规定的民主原则和合法原则，应明确村民享有同等待遇，制定的“村规民约”不得与宪法、法律、法规和国家的政策相抵触，不得侵犯村民的人身权利、民主权利和合法财产权利等。集体经济组织制定“村规民约”应遵守以下原则：(1) 民主议定原则和合法性原则。村民自治必须是真正的大多数村民的集体意志，而不是某个人或某些少数人的意志，且该意志不能违反法律的强制性规定。村民自治必须在民主和法治的轨道上才能获得健康发展，必须做到既要充分发扬民主又要遵守法律，同国家法律、法规和国家政策相抵触的自治章程、村规民约以及村民会议决定是无效的。(2) 平等合理原则。在征地补偿款分配中，要充分保障每个集体经济组织成员享有平等的待遇，正确处理利益关系，公正、公平地分配征地补偿款是保障每个成员享有征地分配权的前提。(3) 权利义务相一致原则。对集体经济组织成员分配利益要考虑其对集体所尽义务的大小，做到权利与义务相一致，公平合理地分配征地款。本案中，某村委会制定的“村规民约”关于“出嫁女”应当将户口迁出、不再分配征地补偿

款的规定，与我国宪法、法律、法规和国家政策相抵触，侵犯了“出嫁女”的合法权益，因此该项决议的内容无效。

编写人：山东省邹平市人民法院　姜道策

20

土地使用权出让合同中违约金债权在破产程序中的清偿顺位

——某自然资源和规划局诉某实业公司普通破产债权确认案

【案件基本信息】

1. 裁判书字号

浙江省温州市中级人民法院（2023）浙03民终5512号民事判决书

2. 案由：普通破产债权确认纠纷

3. 当事人

原告（上诉人）：某自然资源和规划局

被告（被上诉人）：某实业公司

【基本案情】

2011年，某实业公司与某自然资源和规划局签订《国有建设用地使用权出让合同》（以下简称案涉合同），土地用途为商业（宾馆）用地。案涉合同及之后变更协议、变更补充协议约定，受让人未能按照本合同约定日期或同意延建所另行约定日期开工建设、竣工，每延期一日，应向出让人支付相当于国有建设用地使用权出让价款总额0.5%的违约金；受让人须在2011年5月18日前与最后一期地价同时缴纳3000万元履约保证金，逾期未缴纳履约保证金将收缴相应的违约金。

2021年，因某实业公司违反案涉合同约定，逾期竣工、逾期未缴纳履约保证金及宾馆未按时获得与案外某公司合作经营和挂牌五星标准评定等，某自然资源和规划局作出关于收缴某实业公司履约保证金及开竣工延期违约金共计3.2亿元的决定书。某实业公司不服，向法院提起行政诉讼。经一、二审判决，某自然资源和规划局于2023年重新作出收缴决定书，收缴延期竣工违约金、延期缴纳保证金违约金、履约保证金共计7300万元。2020年4月，法院裁定受理某实业公司破产清算案。某自然资源和规划局向管理人申报前述债权，管理人经核查后确认该笔债权为劣后债权。某自然资源和规划局起诉请求确认该债权为普通债权。

【案件焦点】

在破产程序中，土地使用权出让合同中约定的开、竣工违约金等债权应认定为普通债权还是劣后债权。

【法院裁判要旨】

浙江省瑞安市人民法院经审理认为：案涉合同及相关协议系某自然资源和规划局作为行政机关为实现其行政管理目的、实现对土地资源的利用而与某实业公司签订的行政协议。因某实业公司违反该行政协议约定，某自然资源和规划局根据行政协议向其作出案涉收缴有关费用的决定。根据《最高人民法院关于审理企业破产案件若干问题的规定》第六十一条第一款第一项规定，某自然资源和规划局作为行政机关，根据相应行政协议，作出收缴有关费用的行政决定，相对应的债权不属于破产债权。

《全国法院破产审判工作会议纪要》指出，对于法律没有明确规定清偿顺序的债权，人民法院可以按照人身损害赔偿债权优先于财产性债权、私法债权优先于公法债权、补偿性债权优先于惩罚性债权的原则合理确定清偿顺序。本案所涉债权既具有公法属性，又具有惩罚属性，不属于破产债权范围，理由如下：首先，某自然资源和规划局作为土地管理部门依据行政协议对国有建设用地使用权人作出收缴违约金决定的行为系国家对土地开发活动依法进行管理、控制、利用的行为。当事人对该收缴决定不服的，可申请行政复议、提起行政诉讼，因此该决定具有行政公法性质，案涉债权具有公法债权属性。如将该债权作为破产债权予以确认，实际上将公法债权损失转嫁于其他私法债权人，有违破产程序公平受偿原则，损害其他私法债权人的合法权益。其次，涉案债权具有惩罚性。《全国法院破产审判工作会议纪要》指出，破产财产依照《中华人民共和国企业破产法》第一百一十三条规定的顺序清偿后仍有剩余的，可依次用于清偿破产受理前产生的民事惩罚性赔偿金、行政罚款、刑事罚金等惩罚性债权。案涉违约金数额不以某实业公司违约造成的实际损失大小为前提，意在惩戒未依法、依约合理利用土地行为，从而引导国有建设用地使用权人提高土地利用效率，具有一定的惩罚性。故本案债权不属于破产债权范围，应劣后于破产债权进行清偿。

浙江省瑞安市人民法院依照《中华人民共和国企业破产法》第五十八条第三款、《最高人民法院关于审理企业破产案件若干问题的规定》第六十一条第一款第一项规定，判决如下：

驳回某自然资源和规划局的诉讼请求。

某自然资源和规划局不服一审判决，提起上诉。

浙江省温州市中级人民法院经审理认为：签订国有土地出让合同是为了实现合理开发利用土地资源的行政目标，在合同签订后，依照法律规定，作为出让方的政府仍然有对受让方使用土地情况的监督权及受让方存在违法或违约情形时的制裁权。案涉合同中关于开、竣工时间的约定、违约责任以及保证金缴纳等，于某自然资源和规划局而言，并非为了保障土地使用权出让这一主合同行为的履行，而是为了实现其对国有土地的总体规划、城市规划和年度建设用地计划等行政管理目标、保障社会公共利益，以违约金加履约保证金双层经济措施，对某实业公司在行使土地使用权过程中可能会出现的违反合同情形预先设置制裁措施，具有明显的惩罚属性。

某自然资源和规划局在订立合同时就根据有关规定和合同模板范本要求等，事先约定了具体金额，当某实业公司未按照规定时间开、竣工时即需支付违约金并被没收保证金，而不问是否给某自然资源和规划局造成了实际损失及损失大小。在支付违约金后，如果给对方造成损失或者对方要求继续履行合同，某实业公司则要承担损害赔偿及继续履行合同的责任，而不能以已经支付违约金为由请求减免责任。即该约定不以损失数额为前提，无论违约行为是否造成了损失，违约方都要支付违约金，并承担其他违约责任。可见，该约定根本目的并非为了填补或者赔偿因违约造成的损失，而是对违约一方未完成合同约定的惩罚，具有惩罚性属性。履约保证金是为了保证某实业公司按时开、竣工及挂牌五星级酒店，与前述违约金同一目的，故一样具有惩罚属性。

惩罚性债权具有特定的实施对象，具有人身不可替代性。在破产程序中，通常债务人资产已不足以偿还全部债务，若再将惩罚性债权作为普通债权予以清偿，只能是使全体破产债权人应分得的财产减少，实际受到处罚的并非违法违约之债务人，而是其他无辜债权人。故为使惩罚措施的实施符合其设立的目的，避免处罚对象的不当转移，惩罚性债权应劣后于其他破产债权清偿。某自然资源和规划局诉请的债权属于惩罚性债权，其要求与普通债权同等序列清偿，缺乏事实和法律依据。

浙江省温州市中级人民法院依照《中华人民共和国民事诉讼法》第一百七十七条第一款第一项规定，判决如下：

驳回上诉，维持原判。

【法官后语】

在破产程序中，通常债务人资产已不足以偿还全部债务，涉及土地使用权出让合同中产生的开、竣工违约金债权的，其数额往往非常庞大，对该类债权清偿顺位的确认，直接关涉各种性质债权人的切身利益，关乎破产制度价值的实现，是破产实务中值得探讨的问题。

一、案涉合同约定的违约金具有惩罚属性

违约金按照性质分为补偿性违约金和惩罚性违约金，区分二者的要素包括是否以实际损害的发生为前提、是否超过实际损失以及是否排斥强制履行或损害赔偿等。案涉违约金明显具有惩罚性，具体理由如下：

第一，案涉合同违约金系预设的行政制裁措施。《中华人民共和国城市房地产管理法》第十条规定："土地使用权出让，必须符合土地利用总体规划、城市规划和年度建设用地计划。"《中华人民共和国城镇国有土地使用权出让和转让暂行条例》第十七条规定："土地使用者应当按照土地使用权出让合同的规定和城市规划的要求，开发、利用、经营土地。未按合同规定的期限和条件开发、利用土地的，市、县人民政府土地管理部门应当予以纠正，并根据情节可以给予警告、罚款直至无偿收回土地使用权的处罚。"可见，签订国有土地出让合同是为了实现合理开发利用土地资源的行政目标，在合同签订后，依照法律规定，作为出让方的政府仍然有对受让方使用土地情况的监督权及受让方存在违法或违约情形时的制裁权。案涉合同中关于开、竣工时间的约定、违约责任以及保证金缴纳等，于某自然资源和规划局而言，并非为了保障土地使用权出让这一主合同行为的履行，而是为了实现其对国有土地的总体规划、城市规划和年度建设用地计划等行政管理目标、保障社会公共利益，以违约金加履约保证金双层经济措施，对某实业公司在行使土地使用权过程中可能会出现的违反合同情形预先设置制裁措施，是管理者制裁权的体现。

第二，案涉合同约定的违约金不以弥补损失为功能前提。某自然资源和规划局根据有关规定和合同模板范本在合同中事先约定了违约金和保证金具体金额，当某实业公司未按照规定时间开、竣工时即需支付违约金并被没收保证金。可见，该违约金约定着眼于事前施压而非事后救济，使受让方产生履约的心理压力，只要发生违约行为，即可触发违约责任，不以实际发生损失为前提。在支付违约金后，如果给对方造成损失或者对方要求继续履行合同，某实业公司还要承担损害赔偿及继续履行合同的责任，而不能以已经支付违约金为由请求减免责任。即该约定不以损失数额为前提，无论违约行为是否造成损失，违约方都要支付违约金，并承担其他违约责任。可见，该约定根本目的并非为了填补或者赔偿因违约造成的损失，而在于以高额违约金发挥行政机关的监督和治理功能，为债务履行创设外在的控制机制，以控制合同履行过程中的不确定性因素，其内含明显的惩罚要素。

二、案涉合同违约金因其惩罚属性而劣后清偿

《全国法院破产审判工作会议纪要》第二十八条（以下简称第二十八条）指出，破产财产依据企业破产法第一百一十三条规定的顺序清偿后仍有剩余的，可

依次用于清偿破产受理前产生的民事惩罚性赔偿金、行政罚款、刑事罚金等惩罚性债权。在企业破产法仅规定优先债权、普通债权清偿顺位的情况下，该意见顺应破产实务所需，提出惩罚性债权劣后清偿的指导意见，符合破产制度的价值创设。

惩罚性债权最本质的特征是惩罚性，是对债务人违反法律或约定的惩罚，而非对债权人的补偿。惩罚性债权有其特定的实施对象，是具有人身不可替代性质的处罚。所谓“不可替代”是指处罚对象的不可替代，而非罚款等债权缴纳的不可替代。在破产程序中，通常债务人资产已不足以偿还全部债务，若再将惩罚性债权作为普通债权予以清偿，将会降低其他普通债权人债权的清偿比例，变相将本属于债务人的惩罚转嫁于其他债权人，显然不符合处罚之目的、惩罚金之本质特征。但若直接视为除斥债权不得从破产财产中受偿，则难免会让不法之债务人产生通过破产程序脱逃惩罚责任之念头，违约金制度将被架空。故为使惩罚措施的实施符合其设立的目的，避免处罚对象的不当转移，惩罚性债权应劣后于其他破产债权清偿，实现保护无辜债权人的利益与维护合同意思自治之双重效果。

三、第二十八条清偿顺位规则之适用

第二十八条还指出，对于法律没有明确规定清偿顺序的债权，人民法院可以按照人身损害赔偿债权优先于财产性债权、私法债权优先于公法债权、补偿性债权优先于惩罚性债权的原则合理确定清偿顺序。不难发现，实务中有判决包括本案一审，直接以“私法债权优先于公法债权”为由，认为案涉违约金为公法债权，从而应劣后清偿。对此，应持审慎态度。企业破产法中并无公法债权劣后受偿的规定，实践中亦存在不少相反情形。以税收滞纳金为例，其虽然属于公法债权，但却是作为普通债权清偿的，换言之，公法债权并非当然劣后清偿。“会议纪要”不是司法解释，在适用时要以系统性、全局性、整体性的思维，结合立法本意、价值定位等具体情况具体分析，不能机械刻板地适用会议纪要体现的规则精神，否则容易出现误差。

编写人：浙江省温州市中级人民法院　李佩

浙江省温州市鹿城区人民法院　曾海霞

21

不符合从村宅基地分户政策情形下的房屋征收补偿标准认定

——郭某甲诉某镇政府行政赔偿案

【案件基本信息】

1. 裁判书字号

江苏省徐州市中级人民法院（2023）苏03行赔终46号行政赔偿判决书

2. 案由：行政赔偿

3. 当事人

原告（上诉人）：郭某甲

被告（被上诉人）：某镇政府

【基本案情】

郭某甲为某村某组村民，其父为郭某乙。1998年12月，县土地管理局为郭某乙颁发土地证，载明土地四至为“东王某某、西路、南场、北路”。郭某乙另办理村镇房屋所有权证。2011年10月19日，区规划局向郭某甲颁发乡村建设规划许可证，其四邻：东王某某，西路，南路，北郭某乙。郭某甲遂于郭某乙房屋南侧建设案涉房屋。

2021年2月，郭某甲以某镇政府为被告提起行政诉讼，请求确认某镇政府强制拆除案涉房屋违法并予行政赔偿。法院判决确认某镇政府强拆案涉房屋的行为违法并责令某镇政府就强拆行为给郭某甲造成的损失作出赔偿决定。

2022年2月，某评估咨询有限公司根据某镇政府的委托，对案涉房屋作出房地产估价报告，载明案涉房屋在价值时点2021年12月9日的重置价值估价结果为：案涉房屋结构等级为楼房（混合二等），建筑年代为2011年，单价

819元/平方米，面积284.43平方米，合法房屋价值232948元，附属物价值20418元，合计253366元。

2022年2月，某镇政府作出行政赔偿决定书，按照评估报告，对案涉房屋及地上附着物损失共计赔偿267166元。另对室内物品损失、拆迁奖励金及过渡费、搬迁费用及搬迁误工费及利息损失进行了赔偿。郭某甲不服该赔偿决定，提起本案诉讼。

郭某甲陈述其家庭成员为其父郭某乙、母亲（已去世）、姐姐（已出嫁、户籍不在本村）、郭某甲妻子和孩子，主张郭某甲与郭某乙已经分户，案涉房屋办理了宅基地证，因为时间久了未找到，并称在办理案涉房屋建设工程规划许可证时已向行政机关提交。为查明案件事实，法院向区自然资源和规划局某所调取郭某甲办理规划许可证时提交的申请材料，该所提供郭某甲办理规划许可证时提交的全部四份材料：一是常住人口登记卡；二是加盖某村委会印章的《证明》，其上载明“我村某组村民郭某甲，该户宅基地四至：东王某某，西路，南路，北郭某乙……”三是建房申请书；四是民房（住宅）建设工程规划许可证申请表。该单位未查找到郭某甲办理宅基地证的任何材料。

【案件焦点】

1. 案涉房屋是否属于合法建筑；2. 某镇政府基于违法建筑作出的《行政赔偿决定书》应否撤销。

【法院裁判要旨】

徐州铁路运输法院经审理认为：生效裁判确认某镇政府强制拆除案涉房屋的行政行为违法，并判令某镇政府限期作出赔偿决定，某镇政府是行政赔偿义务机关。

被诉行政赔偿决定合法。关于郭某甲各项损失及赔偿情况，分别评判如下：关于房屋损失。双方对案涉房屋总面积无异议，对是否系合法建筑存在争议。郭某甲主张案涉房屋为合法建筑，应承担举证责任。郭某甲陈述其姐姐已经外嫁不在本村生活，其系该户唯一的儿子，并主张其已经分户，与“一户一宅”

原则不符，且郭某甲并未提供分户证据和其符合分户条件的法律依据。农村村民建设住宅，应先行申请用地并获得批准，郭某甲虽然提交了规划许可证，但没有提交建设房屋前单独取得案涉土地使用权的证据，且在其述称因客观原因不能举证的情况下，法院到有关部门调查取证，亦未查找到郭某甲办理土地使用权证的任何材料。故，在案证据不能证明案涉房屋系合法房屋。鉴于该房屋已被拆除不能恢复原状，赔偿决定以货币赔偿作为赔偿方式，以郭某甲起诉确认被诉强拆行为违法之日为价值点，以重置价进行价值评估，赔偿房屋损失并无不当。徐州铁路运输法院依照《中华人民共和国行政诉讼法》第六十九条规定，判决如下：

驳回原告郭某甲的诉讼请求。

郭某甲不服一审判决，提起上诉。

江苏省徐州市中级人民法院经审理认为：郭某甲主张案涉房屋应当按照合法建筑进行安置补偿，并提交乡村建设规划许可证以证明案涉房屋的合法性。某镇政府并未对案涉房屋按照合法建筑进行赔偿，其依据在于郭某甲不具备分户条件，没有宅基地证，郭某甲系以其父亲的宅基地证骗领了规划许可证。从郭某甲提供的案涉乡村建设规划许可证的证载内容来看，附图及附件名称中明确载明“2. 土地证复印件”，虽然一审法院依职权向区自然资源和规划局某所调取的郭某甲办理规划许可证提交的申请材料中并未有宅基地证，但郭某甲陈述宅基地证已丢失，而办理案涉规划许可证提交的申请材料中有某村委会出具的郭某甲使用宅基地的书面证明，在案涉规划许可证申请表中有当地村委会、规划办及镇政府的审核签章，故本案证据能够证明郭某甲以其合法土地使用权申请办理了案涉规划许可证。同时，郭某甲的规划许可证载明的四邻显示“北：郭某乙”，与规划许可证申请表及某村委会出具的书面证明的四至相一致，与郭某乙的土地证及规划许可证载明的四至明显不同，证载四邻与郭某甲及郭某乙住宅南北相邻的实际情况一致，故某镇政府主张郭某甲以郭某乙宅基地证骗领规划许可证缺乏事实依据。本案中，郭某甲为翻建案涉房屋，已经按照法定程序申请办理乡村建设规划许可证，自乡村建设规划许可证颁发之日起，只要郭某甲严格按照该乡村建设规划许可证进行建设，郭某甲就已经取得案涉房屋为合法建筑的信赖利益。在对案涉房屋进行征收时，征收部门就应当按照合法建筑的补偿标准对郭某甲进行征收补偿，而不能通过否定规划许可证的法律效力对案涉房屋以重置成本进行赔偿。某镇政府主张郭某甲为“一子户”，不具备分户条件，但规划部门已经为郭某甲办理规划许可证，就不能再以所谓的当地分户政策来否定规划许可证的法律效力。故郭某甲主张案涉房屋应当按照合法建筑进行安置补偿具有事实和法律依据，案涉行政赔偿决定依据重置价值对案涉房屋进行赔偿缺乏依据，应予撤销，某镇政府应当按照合法建筑的赔偿标准重新作出赔偿决定，一审判决认定事实不清，应予改判。

江苏省徐州市中级人民法院依照《中华人民共和国行政诉讼法》第七十条第一款第一项、第八十九条第一款第二项规定，作出如下判决：

一、撤销徐州铁路运输法院（2022）苏××××行赔初××号行政赔偿判决；

二、撤销某镇政府作出的《行政赔偿决定书》；

三、责令某镇政府在本判决生效之日起六十日内重新作出行政赔偿决定。

【法官后语】

宅基地上建筑物合法与否，是确定征收补偿标准的关键因素。征收补偿过程中，部分地方政府会以被征收人属于“一子户”不符合地方分户政策为由否定被征收建筑物的合法性，并以此为由否定宅基地上建筑物的合法性，从而降低征收补偿标准。对于地方分户政策能否成为合法建筑的认定依据，实践中存在两种截然不同的观点：第一种观点认为，我国宅基地的分配遵循“一户一宅”的基本原则，由于宅基地资源的福利性及有限性，部分地方在分配宅基地时，存在“一子户”往往只分配一处宅基地的情形，此种情况具有现实合理性，在征收补偿过程中，“一子户”分配的宅基地上建筑物不应当按照合法建筑进行补偿；第二种观点认为，即使“一子户”分配了两处宅基地，只要“一子户”中的父母与子女均独立分户，且两处宅基地均为合法取得，宅基地上房屋均按规划要求建设，对于两处宅基地上建设的房屋均应按照合法建筑予以补偿。笔者认为，地方分户政策不应成为建筑合法与否的认定依据，理由如下：

第一，规划许可证是认定建筑合法性的依据。《中华人民共和国城乡规划法》第四十一条第一款和第二款规定：“在乡、村庄规划区内进行乡镇企业、乡村公共设施和公益事业建设的，建设单位或者个人应当向乡、镇人民政府提出申请，由乡、镇人民政府报城市、县人民政府城乡规划主管部门核发乡村建设规划许可证。在乡、村庄规划区内使用原有宅基地进行农村村民住宅建设的规划管理办法，由省、自治区、直辖市制定。”《江苏省城乡规划条例》第四十二条第一款规定：“农村村民在乡、村庄规划区内农村集体土地上自建住房的，应当向乡、镇人民政府提交宅基地使用证明或者房屋权属证明、村民委员会意见、新建住宅相关图建等有效证明文件，由城市、县城乡规划主管部门核发乡村建设规划许可证。”根据上述法律、地方性法规的规定，农村村民在合法取得宅基地后，在宅基地上建设房屋应当取得由城乡规划主管部门核发的乡村建设规划许可证，并严格按照乡村建设规划许可证的许可内容进行建设。建设人获批乡村建设规划许可证后，严格按照许可内容建设的，应当认定建筑物为合法建筑。因此，规划许可证是认定合法建筑的依据。建筑物被征收的，征收部门不应以建设人不符合地方分户政策为由否定建筑物的合法性。建设人要求征收部门按照合法建筑标准给予征收补偿的，人民法院应当予以支持。

第二，地方分户政策不应成为否定建筑物合法性的事由。农村地区主要以“户”为单位开展劳动生产经营活动，在分配承包地及宅基地时，往往也以“户”为单位进行土地资源的分配。《中华人民共和国土地管理法》第六十二条规定，农村村民一户只能拥有一处宅基地。其中的“户”是指独立的家庭承包经营户，即使农户属于“一子户”，当成年子女具备独立的分户条件时，只要集体经济组织对成年子女进行了独立分户，此时父母与子女也成为两个独立的家庭承包经营户，此种情形下分配的两处宅基地并不违反“一户一宅”的基本原则。“一子户”分配一处宅基地仅是地方政府分配宅基地时的政策考量，地方政策不能否定规划许可证的法律效力，不能成为认定建筑合法性的依据。征收补偿过程中对“一子户”仅认定一处宅基地上的房屋为合法建筑，系对“一户一宅”法律原则的误读。

第三，征收补偿应当保障被征收人的信赖利益。本案中，郭某甲提供的乡村建设规划许可证附件名称明确载明了土地证复印件，表明郭某甲申请规划许可证时已提交宅基地证，虽然一审法院向有关部门未调取到宅基地证，但办理规划许可证的申请材料中有当地村委会出具的使用宅基地书面说明，村委会、规划办及镇政府的审核签章，足以说明郭某甲依照合法程序办理了规划许可证。规划许可证颁发后，郭某甲即取得案涉房屋属于合法建筑的信赖利益，基于诚信政府、法治政府的建设要求，地方政府在进行征收补偿时，如果仅以地方分户政策否定规划许可证的法律效力，会对政府公信力造成损害，也会使被征收人基于规划许可证取得的对合法建筑的信赖利益置于不稳定的状态中。对于郭某甲建设的案涉房屋，因已被某镇政府强制拆除，故某镇政府应当以不低于合法建筑补偿标准作出行政赔偿。

编写人：江苏省徐州市中级人民法院　周威

二、环境资源纠纷

（一）环境污染责任纠纷

22

环境污染侵权中“受害人故意”的举证责任承担

——张某某诉某油田分公司、某采油厂环境污染责任案

【案件基本信息】

1. 裁判书字号

郑州铁路运输中级法院（2023）豫71民终1号民事判决书

2. 案由：环境污染责任纠纷

3. 当事人

原告（上诉人）：张某某

被告（上诉人）：某油田分公司、某采油厂

【基本案情】

2014年2月23日，张某某与某镇村组签订土地承包协议，约定由张某某承包该村一处土地，承包土地面积9亩，后张某某开始在该土地上种植海棠、白蜡、垂柳等树木。2018年10月、2019年12月，张某某承包地附近的隶属于

某油田分公司及其分支机构某采油厂的一水井和一油井先后发生污水和原油泄漏，造成张某某承包地上种植的树木死亡和受损。张某某因此诉至法院，请求：(1) 判令某油田分公司、某采油厂采取补救措施，恢复张某某承租的受污染土地；(2) 判令某油田分公司、某采油厂连带赔偿张某某因污染造成地上附着物的损失及经营损失合计 390310 元。某油田分公司、某采油厂辩称，其管理的水、油井管道泄漏系因张某某故意种植白蜡等深根系树木所致，由此造成的损失应由张某某自行承担。

诉讼中经司法评估，张某某认可现场勘验结果的损失：死亡种树和经营期间的损失评估基准日 2021 年 11 月 2 日所表现的市场价值为 219045 元，受损未死亡种树，按正常种树评估价值为 107834 元。某油田分公司、某采油厂认可现场勘验结果的损失：死亡种树和经营期间的损失评估基准日 2021 年 11 月 2 日所表现的市场价值为 94504 元，受损未死亡种树，按正常种树评估价值为 94979 元。张某某支付评估费 30000 元。

【案件焦点】

某油田分公司、某采油厂是否应对张某某的树木损害承担侵权赔偿责任。

【法院裁判要旨】

郑州铁路运输法院经审理认为：

一、关于某油田分公司、某采油厂应否对张某某的损害承担侵权责任的问题

《中华人民共和国侵权责任法》第六十五条规定：“因污染环境造成损害的，污染者应当承担侵权责任。”本案张某某所诉承包地上种植的树木受损系因某油田分公司、某采油厂管理的一水井和一油井发生污水和原油泄漏所致，某油田分公司、某采油厂是造成树木损害的污染者、侵权者，应当对张某某的损害承担侵权责任。《中华人民共和国侵权责任法》第六十六条规定：“因污染环境发生纠纷，污染者应当就法律规定的不承担责任或者减轻责任的情形及其行为与损害之间不存在因果关系承担举证责任。”某油田分公司、某采油厂辩

称张某某明知案涉井的管道线路走向，却仍在该管道线上违法种植深根系植物，是造成管线穿孔泄漏的主要原因，张某某应承担相应责任的主张，某油田分公司、某采油厂并未举证证明案涉管道泄漏系因张某某种植深根系树木所致，亦未举出案涉水井和油井发生污水、原油泄漏与张某某的树木损害之间不存在因果关系的证据，故张某某的树木损害赔偿责任应由某油田分公司、某采油厂承担。

二、关于张某某损失数额的确定及如何承担责任的问题

关于损失数额，法院委托的某甲评估机构在 2021 年 11 月 2 日现场勘查时，受污染土地上种植的树木已不复存在，故依据某乙评估公司的两次勘查面积对委托事项进行了评估。因张某某对其中第一次勘查认定的污染面积提出异议并申请重新复核勘查，在法院的组织下，张某某、某油田分公司、某采油厂及某乙评估公司于 2020 年 11 月 4 日均到场又进行了复核勘查，故污染面积应以该次复核勘查的受污染面积为准。某甲评估机构出具评估报告确定为：张某某认可现场勘验结果的死亡种树和土地经营损失（租金损失）为 219045 元，受损未死亡种树按正常种树价值为 107834 元。其中张某某诉请的土地经营损失，因树木在评估基准日所表现的市场价值已包含利润部分，故经营损失应为受污染土地面积的租金损失，不应再包含利润损失。本案张某某主张的具体损失数额计算如下：（1）死亡种树和土地经营损失为 219045 元；（2）受损的未死亡种树，因土壤受到污染，导致树木生长环境受到损害，影响树木的生长发育，一审法院酌定未死亡种树损失按正常种树价值的 40%计算为 43134 元（107834 元 ×40%）；两项损失合计 262179 元。

关于责任承担，某油田分公司、某采油厂认为双方已就案涉污染对张某某的树木损失达成赔偿协议，已对张某某进行过赔偿，但某油田分公司、某采油厂没有证据证明已赔偿张某某案涉树木的损失，故对其该项辩称理由不予采信。因某采油厂是某油田分公司成立的下属分支机构，不能独立承担民事责任，其民事责任应由某油田分公司承担，故某油田分公司应赔偿张某某因污染造成的损失 262179 元。对张某某诉请的超出部分不予支持。

三、关于张某某要求某油田分公司、某采油厂采取补救措施恢复土地原状的问题

某乙评估机构在2020年5月24日现场勘察时记录受污染的表层土已部分被挖出，庭审中，某油田分公司、某采油厂陈述已将受污染土地清理，达到正常种植条件；张某某对清理土地予以认可，但认为现有土地尚未恢复正常种植。本案中，鉴于某油田分公司、某采油厂已采取措施对土地进行过清理，张某某认为未达到种植条件，但未举出相关证据予以证明，亦未申请对该污染土地的现状进行鉴定，故对张某某的该项诉请不予支持。

关于张某某诉请的评估费37000元，因其树木损失系某油田分公司、某采油厂的水井和油井泄漏所造成，其支出的37000元评估费应由某油田分公司承担。

郑州铁路运输法院依照《中华人民共和国侵权责任法》第十五条第一款第六项、第六十五条、第六十六条，《最高人民法院关于适用〈中华人民共和国民法典〉时间效力的若干规定》第一条第二款规定，判决如下：

一、某油田分公司于判决生效后十日内赔偿张某某262179元；

二、某油田分公司于判决生效后十日内支付张某某评估费37000元；

三、驳回张某某的其他诉讼请求。

张某某和某油田分公司、某采油厂不服一审判决，分别提起上诉。

郑州铁路运输中级法院经审理认为：同意一审法院裁判意见，张某某是否缴纳土地租金系属另一法律关系，故作为案涉林木的所有人，张某某即使未缴纳后续土地租金亦有权提起本案诉讼。因某油田分公司、某采油厂并未举出充分证据证实案涉管道泄漏系因张某某种植深根系树木所致，亦未举证证实案涉管道污水、原油泄漏与张某某的树木损害之间不存在因果关系。同时，亦未举证以证实其在对案涉管道的日常维护中对张某某的种植行为提出过异议，故张某某的林木损害赔偿责任应由某采油厂承担。因某油田分公司、某采油厂与张某某之间就案涉污染问题并未达成终局性且得到实际履行的补偿协议，《某市人民政府关于调整国家建设征地地上青苗和附着物补偿标准的通知》系政府征

收征用相关土地而适用的补偿标准，并不当然适用于本案的侵权赔偿法律关系，一审在确定污染损失数额时，系依据在案的鉴定结论进行，并无不当。

郑州铁路运输中级法院依照《中华人民共和国民事诉讼法》第一百七十七条第一款第一项规定，判决：

驳回上诉，维持原判。

【法官后语】

环境污染责任作为一种特殊的侵权类型，适用无过错责任原则，实行“关联性”证明前提下的因果关系举证责任倒置。《中华人民共和国民法典》第一千二百三十条规定：“因污染环境、破坏生态发生纠纷，行为人应当就法律规定的不承担责任或者减轻责任的情形及其行为与损害之间不存在因果关系承担举证责任。”在该类诉讼中，受害人举证证明污染行为、损害后果及行为与损害之间具有关联性后，污染者应当就法律规定的不承担责任或者减轻责任的情形及其行为与损害之间不存在因果关系承担举证责任。本案系一起典型的环境污染侵权案例，其核心是侵权人主张系“受害人故意”导致污染发生而应免责的证明责任的承担。

一、无过错责任的归责原则赋予污染者更多的注意义务

环境污染责任以无过错责任为归责原则。无过错责任原则是指不以行为人的过错为要件，只要其活动或者管理的人、物损害了他人的民事权益，除非有法定的免责事由，否则行为人就要承担民事责任。[①]《中华人民共和国民法典》第一千二百二十九条规定：“因污染环境、破坏生态造成他人损害的，侵权人应当承担侵权责任。”需要注意的是，是否具有违法性并非承担环境污染侵权责任的条件之一，即使是合法排污，但只要排污行为损害了他人的民事权益，按照环境污染侵权的归责原则，仍可能构成侵权并承担侵权责任。且环境污染侵权行为的表现形式多元，并不局限于主动、积极的作为行为，负有法定作为

---

① 最高人民法院环境资源审判庭编著：《最高人民法院生态环境侵权民事证据规定理解与适用》，中国法制出版社2023年版，第47页。

义务但消极应对的不作为行为亦可归于该范畴。也就是说，即使不存在主动排污、违法排污的行为，但只要污染行为客观存在，原则上就应当承担由此给他人权益造成损害的责任。在不作为侵权的情况下，作为侵权人的被告往往并未实施积极的加害行为，而是因其对应尽的法定管理、维护义务呈消极态度，进而导致损害后果出现。实践中，对是否已经尽到管理、维护义务的判断应当从严把握，所有人或者管理人既不能仅以其已尽到定期维护义务而要求免责，也不能仅以存在受害人过错、第三人过错等法定事由而免责，在不作为侵权造成损害后果的情形下，很难得出所有人、管理人已经尽到审慎管理、维护义务的结论。

本案中，某油田分公司、某采油厂系案涉水、油井管道的所有人、管理人，对水、油井管道的安全负有管理、维护的义务，有义务进行日常主动排查可能损害管道的行为并及时采取有效措施，尽可能避免因管理不善、维修不及时而导致管道破裂泄漏的污染事件发生，因管理维护不当导致污染情形发生的，原则上应当承担由此造成的损害责任，存在法定免责事由的除外。

二、环境污染侵权中污染者减、免责任的两种抗辩思路

对关联性证明标准的判断，在关联性证明标准行为要素之外，还应当引入诸如当事人的举证能力、被告的过错、行为的危险性、受到损害的权益位阶等规范要素，进行妥当的价值衡量。[①] 根据《中华人民共和国民法典》第一千二百三十条的规定，环境污染责任中，在满足受害人举证证明污染行为、损害后果及行为与损害之间具有关联性的前提下，污染者能够减责或者免责的抗辩思路有以下两种：一是证明污染行为与损害后果之间不存在因果关系；二是证明存在法定的减责或免责事由，此为污染者的法定举证责任，应当达到《中华人民共和国民事诉讼法》中规定的对实体法事实证明的高度盖然性证明标准。而所谓举证责任，通常蕴含双重含义：一是行为意义上的举证责任，又称主观的证明责任，由当事人就其主张的事实提供证据。责任主体为各方当事人，属动

---

① 参见最高人民法院环境资源审判庭编著：《最高人民法院生态环境侵权民事证据规定理解与适用》，中国法制出版社2023年版。

态的举证责任，可根据证明对象的不同在当事人之间发生转移；二是结果意义上的举证责任，又称客观的证明责任，当某项案件事实处于真伪不明的状态时，由负有举证责任的一方承担败诉风险。它是法律预设的风险责任分配形式，不能转移，属于潜在的、附条件的举证责任，仅在待证事实真伪不明时才能发挥作用，主要解决法官在案件事实不清时如何裁判的问题。鉴于环境污染侵权案件污染物种类、侵权形态等具有特殊性、复杂性，该类侵权中的“举证责任”更多聚焦于“行为与后果因果关系存在与否”上，主要指向结果意义上的证明责任，这使得法律规定的举证责任分配更具实践价值和现实意义。就是在污染者不能证明因果关系不存在时，法院依法判令其败诉。但在污染行为与损害后果事实上具有因果关系的情况下，污染者还可就法律规定的减责、免责事由进行举证，由其就所主张的事实提供证据，逻辑上与“谁主张，谁举证”的一般举证责任并无二致，举证应达到高度盖然性的证明标准。

本案中，张某某举证证明了污染行为和损害后果的存在，其承包地上死亡的树木位置在被污水、原油污染的范围内，故根据日常生活经验法则，可以认定张某某完成了其树木受损系因污水、原油泄漏的举证责任。某油田分公司、某采油厂辩称系因张某某的故意种植行为导致管道破裂泄漏，系从“受害人故意”的角度欲证明其存在法定的免责事由，以此主张免予承担民事责任。

三、污染者以“受害人过错”主张环境污染侵权减、免责任的，应由其举证并达到高度盖然性的证明标准

《中华人民共和国水污染防治法》等规定，不可抗力、受害人过错等为环境污染行为人减、免责事由。《中华人民共和国民法典》第一千一百七十三条、第一千一百七十四条分别规定“被侵权人对同一损害的发生或者扩大有过错的，可以减轻侵权人的责任”“损害是因受害人故意造成的，行为人不承担责任”。此为“过失相抵原则”的规定，是基于公平原则、责任自负原则和诚实信用原则出发进行利益衡量的体现。从《中华人民共和国民法典》的体系结构看，也适用于无过错责任的环境污染责任领域。“过失相抵原则”的构成要件需要受害人主观上具有过错，否则，不能仅依据其行为客观上是损害后果发生

或扩大的原因之一，而减轻加害人的责任。环境污染责任领域的“受害人过错”程度应限于重大过失以上。“受害人故意”作为过失相抵原则的表现形式之一，意味着损害后果为受害人主观追求的目标，且因受害人本人的过错行为所导致。就其本质而言是一种内在的追求或者放任自己行为造成损害后果的意图，是主观的不良心态。[①] 这种情况下，将损害后果归责于污染者，显然与公平正义的价值目标相违背。

某油田分公司、某采油厂辩称张某某明知案涉井的管道线路走向，却故意在管道上方种植深根系树木导致管道破裂造成污染，拟以“受害人故意”主张免予承担侵权责任，该意见属于提出了新的事实主张，即管道破裂系因深根系树木导致，按照“谁主张，谁举证”的举证规则，其应就该项主张进行举证。但在本案中，某采油厂并未提交管道破裂的原因报告，亦未举证证明其作为案涉管道的管理者在日常维护中对张某某的种植行为提出过异议，不能证明损害结果的发生系因张某某的种植行为导致，亦不能证明张某某种植树木系追求或放任案涉管道破裂或树木死亡的结果，其并未完成主张“受害人故意”的证明责任，故其以此主张免责的理由不能成立。

综上，某油田分公司、某采油厂未就存在法定的减责、免责事由举证证明，亦未举证证明污染行为与损害后果之间不具有因果关系，依照《中华人民共和国民法典》第一千二百三十条之规定，其应当承担举证不利的败诉后果，承担因污水、原油泄漏导致张某某树木损害的赔偿责任。

编写人：郑州铁路运输中级法院　赵钟　郜梦雅

---

① 张新宝：《侵权责任构成要件研究》，法律出版社2007年版，第479页。

23

机动车交通事故致环境污染的责任认定与承担①

——张某某诉某运输公司等环境污染责任案

【案件基本信息】

1. 裁判书字号

四川省富顺县人民法院（2023）川 0322 民初 2589 号民事判决书

2. 案由：环境污染责任纠纷

3. 当事人

原告：张某某

被告：某运输公司、李某某、罗某、某盐矿、某保险公司

【基本案情】

张某某在某县某镇某村承包的田土、栽种的树木、水井、鱼塘、果树等位于某盐矿盐卤水管道下方地域范围。2018 年 7 月，某运输公司将案涉货车卖予李某某，双方签订分期买卖的《保留车辆所有权买卖合同》一份，所有权保留期间自 2018 年 7 月 1 日至 2023 年 6 月 30 日。2019 年 12 月，某运输公司为案涉货车在某保险公司投保交强险和第三者责任险，保险期限自 2019 年 12 月 5 日至 2020 年 12 月 4 日。

2020 年 8 月 7 日，李某某雇请的驾驶员罗某驾驶案涉重型货车在某县某镇某商贸有限公司内倒车时，与某盐矿的盐卤水管道发生碰撞，致使盐卤水流进张某某等农户田地里，造成水稻、菜地、水井、鱼塘、树木、果树等污染受损

① 入库案例，参见人民法院案例库 2024-11-2-377-007。

的交通事故。8 月 11 日，某县公安局交通警察大队认定罗某在此次交通事故中负事故的全部责任。

事故发生后，某县某镇某村组干部组织农户对受损现场进行核对，依照某盐矿之前的赔偿标准，制作农户损失核算表并由农户签字确认。诉讼中，法院依职权调取的《某盐矿 2020—2022 年污染赔偿统计表》载明了历年执行的稻谷、菜地、桉树、水井等赔偿单价。

案件审理过程中，法院就盐卤水泄漏造成的环境污染、鉴定事项等向某县土肥站专家进行咨询，咨询意见为：盐卤水泄漏会造成地下水位变化，地表浅层土壤盐渍化，导致土壤板结与肥力下降，抑制作物生长，导致农作物减产甚至绝收，具体的损害后果要通过科学的鉴定才能确定。

【案件焦点】

1. 张某等农户的损失与案涉交通事故是否具有关联性；2. 张某的损失如何确定；3. 张某损失的赔偿义务主体如何确定。

【法院裁判要旨】

四川省富顺县人民法院经审理认为：依照《最高人民法院关于生态环境侵权民事诉讼证据的若干规定》第五条之规定，原告提交的《道路交通事故责任认定书》能够证实因交通事故撞坏某盐矿盐卤水管道导致盐卤水泄漏这一事实。原告提交的《现场照片》和法院现场查看的情况一致，能够认定原告的田土、树木等位于被撞盐卤水管道位置下方这一客观事实。根据“水往低处流”的自然法则，盐卤水泄漏后必然会流进管道下方区域，对原告田土、树木等造成污染，因此，原告的损失与案涉交通事故具有关联性。

关于原告损失范围和种类的确定问题。案涉《农户损失核算表》并非原告个人制作，而是在交通事故发生后，因农户与被告方多次就赔偿事宜不能达成一致，某县某镇某村组干部组织受损村民对受损范围和种类进行反复核实、统计后最终形成的。因此，在被告没有举示证据证明《农户损失核算表》载明的受损范围和种类与损害事实存在不符的情况下，某县某镇某村村组干部依职权形成的《农户损失核算表》具有真实性和合理性，予以确认。

关于原告损失的计算标准和金额的确定问题。原告提交的《农户损失核算表》和《现场照片》等均能证明盐卤水泄漏造成原告农作物减产、树木死亡等损害后果的客观存在。但由于案涉盐卤水泄漏事故发生距今已超过三年时间，受污染的田土、农作物等损害发生时的情况已发生客观变化，已不具备启动司法鉴定的可能性。依照《最高人民法院关于生态环境侵权民事诉讼证据的若干规定》第三十条之规定，法院只能结合已查明的案件事实和其他证据综合予以认定。原告提交了《某县某镇某村某盐矿历年赔偿标准》，被告提交了《某盐矿 2020—2022 年污染赔偿统计表》，通过比较两份证据可以看出，二者在某些赔偿项目标准和时间上存在差异。基于《某县某镇某村某盐矿历年赔偿标准》系村组自行书写，相比基于历年惯例并实际执行的《某盐矿 2020—2022 年污染赔偿统计表》的赔偿标准而言，后者更具有真实性，且某县土肥站相关专业人员提出的盐卤水对土壤、农作物等损害后果客观存在的意见，也从另一方面证实了《某盐矿 2020—2022 年污染赔偿统计表》赔偿标准的合理性。因此，综合在案证据，法院对赔偿标准确认如下：原告主张的赔偿标准，如相同或高于某盐矿历年赔偿标准的，以某盐矿历年赔偿标准为准；如低于某盐矿历年赔偿标准的，以原告主张的赔偿标准为准；如原告主张的赔偿标准不能与某盐矿历年赔偿标准相比较的，结合案件情况并参考市场价格予以确认。原告损失金额的确定，按照《农户损失核算表》确定的范围和种类参照上述赔偿标准进行计算。综上，原告主张的稻谷、菜地、树木等损失金额确定为 12516. 80 元。

本案系因第三人过错污染环境的侵权案件，依照《中华人民共和国民法典》第一千二百三十三条之规定，原告可以向侵权人请求赔偿，也可以向第三人请求赔偿。本案盐卤水泄漏致环境侵权，某盐矿系环境污染的直接侵权人，而盐卤水泄漏系因交通事故所致，因此，交通事故的责任人系环境侵权的第三人，张某明确表示选择向第三人请求赔偿，符合法律规定，故某盐矿不承担赔偿责任。本案环境侵权系因交通事故所引发，其赔偿事宜应参照交通事故处理原则，就环境侵权法律关系和保险合同法律关系进行合并审理。

因本案环境侵权系因交通事故所引发，其赔偿事宜应参照交通事故处理原则，就环境侵权法律关系和保险合同法律关系进行合并审理。罗某系李某某雇请驾驶案涉重型货车的驾驶员，罗某在提供劳务过程中发生交通事故，依照《中华人民共和国民法典》第一千一百九十二条第一款之规定，罗某作为提供劳务一方，其对因提供劳务造成的侵权不承担赔偿责任。

案涉重型货车系李某某采取分期付款保留所有权方式在某运输公司购买。某运输公司保留该车辆所有权仅是其为实现债权的担保手段，车辆占有、使用的实际支配权在某运输公司交付车辆时已经转移给李某某，依照《中华人民共和国民法典》第一千二百一十条之规定，李某某作为车辆的实际使用控制人应当承担车辆运行风险，对本次交通事故造成的损害承担赔偿责任，某运输公司不应承担赔偿责任。

依照《中华人民共和国保险法》第六十五条第一款之规定，案涉重型货车在被告某保险公司投保了交强险及第三者责任险，且事故发生在保险期限内，本次事故造成的损失属于某保险公司的保险责任范围。关于本次事故造成的损失是否属于保险公司的免责范围的问题。首先，道路交通事故的直接财产损失是指道路交通事故造成的财产利益的直接减损，而间接损失是指交通事故给受害人造成的可得利益的损失。本案中，张某主张的损失系交通事故致盐卤水泄漏而造成的直接财产损失而非可得利益损失。其次，案涉保险合同的免责条款，系针对不可抗力导致人身、财产损失的情形，而本案造成环境污染财产损失的原因系机动车驾驶人的过错，不符合案涉保险合同免责条款的适用条件。综上，某保险公司主张的免责理由不能成立。

四川省富顺县人民法院依照《中华人民共和国民法典》第一千一百九十二条第一款、第一千二百一十条、第一千二百二十九条、第一千二百三十条、第一千二百三十三条，《中华人民共和国保险法》第六十五条，《中华人民共和国道路交通安全法》第七十六条，《最高人民法院关于生态环境侵权民事诉讼证据的若干规定》第一条、第二条、第四条、第五条、第六条、第三十条，《最高人民法院关于适用〈中华人民共和国民法典〉时间效力的若干规定》第一条第三款，《中华人民共和国民事诉讼法》第一百四十七条规定，判决：

一、限某保险公司于本判决生效之日起十日内赔偿张某 12516.80 元；

二、驳回张某的其他诉讼请求。

宣判后，双方当事人均未上诉，一审判决生效。

【法官后语】

因交通事故引起的环境污染案件，涉及交通事故责任、环境污染责任的并存情形，二者具有高度的关联性、伴随性；但因二者属于不同类型的侵权性质，其举证责任分配、证据认定、证明标准等有所不同。交通事故责任属于一般侵权类案件，适用“谁主张，谁举证”的一般证明规则；而环境污染责任属于特殊侵权，适用“举证责任倒置”的特殊证明规则。本案中，关于案件的定性、赔偿义务主体的确定、损害结果的认定是值得研究探讨的重点问题。

一是案件的定性。案件的定性决定了案件的审理方向和证明责任分配。本案虽然是交通事故引起的，但是原告财产损失实际是因为盐卤水的泄漏污染环境从而导致农作物减产、死亡。若定性为机动车交通事故责任纠纷，适用一般证明规则，无疑会加重受害者的举证责任，特别是要证明环境污染侵权行为与损害结果具有因果关系更是难上加难，难免会出现因举证不力导致无人赔付的情形，受害人的现实利益和土地资源的未来利益都将受损。定性为环境污染责任纠纷，适用“举证责任倒置”的特殊证明规则，受害者仅需向法院证明有侵权行为发生以及损害结果产生，而污染者应当就法律规定的不承担责任或者减轻责任的情形及其行为与损害之间不存在因果关系承担举证责任。从立法目的来看，对于维护社会公共利益具有积极的促进意义，也更有利于公平正义的实现。本案定性为因第三人的过错污染环境的侵权案件，故依照《中华人民共和国民法典》第一千二百三十三条之规定，被侵权人同时起诉侵权人、第三人及相应的保险公司，法院可就环境侵权法律关系及保险合同法律关系一并审理，既给予环境污染受害人最大保护，也给予“被动侵权人”追偿权，让实际侵权人承担应有之责。

二是赔偿义务主体的确定。环境污染直接侵权人和第三人基于不同的原因行为造成一个损害结果，两个行为都是损害发生的原因，而损害结果又是同一的，这是第三人过错造成环境污染责任的基本特点。第三人不包括单位作为侵权主体时该单位的从业人员，从业人员属于单位侵权行为的施行者，其行为后果由单位承担。本案系因交通事故导致盐卤水泄漏引起的环境污染责任纠纷，涉及不同法律关系的多方当事人。某盐矿系环境污染的直接侵权人，而盐卤水泄漏系因交通事故所致，交通事故的责任人系环境侵权的第三人。虽然在起诉时原告将直接侵权人某盐矿、第三人均列为被告，但在案件审理过程中，被侵权人张某明确要求第三人对其因环境污染造成的损害进行赔偿，而未主张侵权人某盐矿赔偿系权利人对其享有诉权的处分，符合法律规定。故本案依据机动车交通事故责任的处理规则确定赔偿主体。案件中某运输公司与李某某就案涉车辆签订了《保留所有权买卖合同》，某运输公司保留该车辆所有权仅是其为实现债权的担保手段，车辆占有、使用的实际支配权在某运输公司交付车辆时已经转移给李某某。李某某作为车辆的实际使用控制人应当承担车辆运行风险，对本次交通事故造成的损害承担赔偿责任。罗某受雇于李某某从事运输工作，罗某在提供劳务期间致他人损害的，应当由接受劳务的李某某承担赔偿责任。同时，案涉车辆在某保险公司投保了交强险和第三者责任险，某保险公司应当在保险范围内承担保险责任。

三是损害结果的认定。因环境污染案件所具有的专业性和技术性，对于因果关系的判断、损害程度和范围的确定等往往需要借助鉴定等专业技术手段来解决。从当前环境资源审判的实践来看，专业化、具有公信力的环境损害鉴定机构较为缺乏，鉴定周期长、费用高等问题也制约着鉴定在环境资源审判中的作用。鉴定意见可以为法官提供一定的参考和方向，但过分倚重鉴定意见则会忽视法官的司法审查和价值判断。本案中，在损害事实成立的基础上，受环境因素变化的制约，致使环境污染损害后果的鉴定面临条件不成就等因素的影响，损害结果应结合侵权行为对受害人造成的损害程度、过错大小、历年赔偿标准、市场价格等因素，参考负有环境资源保护监督管理职责的部门的意见等，合理确定。本案中，结合专家关于“盐卤水泄漏后对土地农作物损失的赔偿期间为三年，具有一定的合理性，但不全面”的意见，以及随着时间的推移，盐卤水对土壤的影响逐年降低的常识，原告主张农作物损害结果在损害发生后的三年依次按100%、80%、60%核算的计算方式也是合理的。在污染方没有举示证据证明农户举示的《农户损失核算表》载明的受损范围和种类与损害事实存在不符的情况下，结合某县某站专家意见，某县某镇某村村组干部依职权形成的《农户损失核算表》具有真实性和合理性，可以以此确定农户的损失范围和种类，在此基础之上以更具备真实合理性的《某盐矿2020—2022年污染赔偿统计表》赔偿标准为参照确定农户赔偿标准：如相同或高于某盐矿历年赔偿标准的，以某盐矿历年赔偿标准为准；如低于某盐矿历年赔偿标准的，以农户主张的赔偿标准为准；如农户主张的赔偿标准不能与某盐矿历年赔偿标准相比较的，结合案件情况并参考市场价格予以确认。

编写人：四川省富顺县人民法院　周启堃

24

环境污染责任纠纷中环境是否修复的举证责任分配

——某家庭农场诉某研究所环境污染责任案

【案件基本信息】

1. 裁判书字号

浙江省台州市中级人民法院（2023）浙10民终字第1025号民事判决书

2. 案由：环境污染责任纠纷

3. 当事人

原告（上诉人）：某家庭农场

被告（被上诉人）：某研究所

【基本案情】

2017年1月，某家庭农场在丁镇丙村租赁土地共计7.016亩。后某家庭农场引种试养棘胸蛙（俗称石蛙）。2018年9月18日，某家庭农场向相关部门申请石蛙养殖许可。2019年7月8日，某家庭农场取得省陆生野生动物驯养繁殖许可证。为养殖取水方便，某家庭农场在养殖场地附近的小溪（位于某研究所在丁镇的驻地的围墙外）中建造了蓄水池，并通过水管引水至某家庭农场养殖场地。该小溪中亦有其他村民的蓄水池及附属水管。

2020年“五一”期间，某研究所数名职工在研究所的场地制作米酒，将散落地表的酒糟和冷却废水直接排入北山露天的雨水缓冲池。该池有裂缝，池水渗漏到围墙外溪坑，导致丙村11户村民取水受到影响。2020年5月4日，某家庭农场向市12345反映“某研究所丁分所将其化粪池水没有经过处理直接排入下面的河道内，污染饮用水源，且造成河道内大部分的鱼、蛙等死亡，该情况持续将近2年了，建议相关部门加强监管。”同月8日，丁镇人民政府作出答复，称“某研究所化粪池污水未接入污水管网情况属实。某研究所属于企事业单位，按照区污水零直排建设安排，应由某研究所作为主体解决污水纳管问题……”

2020年6月1日，某研究所与丁镇丙村就某研究所雨水收集池积水渗漏，造成丙村的溪坑水污染的整改和补偿事宜达成协议，现某研究所已经完成雨水收集池的相关整改并已向丙村支付约定的25904元补偿款。

因无法使用溪水用于石蛙养殖，某家庭农场利用循环过滤技术进行小规模石蛙养殖。故请求判令某研究所赔偿某家庭农场石蛙养殖蓄水用水配套工程损失100793元、无法养殖石蛙期间损失300000元、土地租金损失23539元、惩罚性赔偿金200000元。

【案件焦点】

1. 某研究所是否污染过其围墙外溪水及该污染是否仍在持续；2. 若存在污染事实，某家庭农场因某研究所行为遭受的损害如何认定。

【法院裁判要旨】

浙江省台州市黄岩区人民法院经审理认为：本案系环境污染责任纠纷，原告某家庭农场需就污染行为存在及污染行为和损害后果之间存在关联性承担初步举证责任，就因侵权产生的损失情况承担主要举证责任。关于损失情况，原告基于污染持续存在，其无法使用蓄水池及溪水，主张土地租金损失、无法养殖石蛙期间的损失以及蓄水池工程的全部损失，但原告并未提供初步证据证实被告的污染行为持续存在，因此，原告基于持续污染行为而主张的相关损害赔偿，法院均不予支持。同时，溪水系原告无偿取用的公共资源，小溪亦位于原告租用土地之外，被告有不得损害生态环境的义务，但无保证溪水可以适用于原告石蛙养殖项目的义务，而原告将公共溪水作为重要的生产资料，亦应承担因环境变化、规划调整、社会活动等对水体水质造成影响的风险，不应将无法取用溪水的责任全部归于被告。此外，原告一直占用所租用的土地，并研究出水循环系统用于石蛙养殖，在此情况下，原告主张全部租地损失并将无法养殖责任全部归于被告，明显不当。综上，原告要求赔偿土地租金损失、无法养殖石蛙期间的损失以及蓄水池工程的全部损失，无事实根据，依法不予支持。关于惩罚性赔偿金。《中华人民共和国民法典》第一千二百三十二条规定，侵权人违反法律规定故意污染环境、破坏生态造成严重后果的，被侵权人有权请求相应的惩罚性赔偿。本案环境污染仅发生一次，被告亦进行了相应整改和补偿，并未造成严重后果，原告诉请要求被告支付惩罚性赔偿，于法无据，不予支持。

浙江省台州市黄岩区人民法院依照《中华人民共和国民法典》第一千二百三十二条、《最高人民法院关于审理环境侵权责任纠纷案件适用法律若干问题的解释》第六条、《最高人民法院关于审理生态环境侵权纠纷案件适用惩罚性赔偿的解释》第八条和《中华人民共和国民事诉讼法》第六十七条规定，判决如下：

驳回原告某家庭农场的诉讼请求。

某家庭农场不服一审判决，提起上诉。

浙江省台州市中级人民法院经审理认为：本案的争议焦点为某研究所是否

存在污染环境行为及是否造成某家庭农场的损害。本案系环境污染侵权纠纷，虽然环境侵权行为与损害后果之间的因果关系实行举证责任倒置，但某家庭农场作为被侵权人需就某研究所实施了污染环境行为和造成的自身损害承担举证责任，对侵权人污染环境行为与损害后果之间的关联性承担初步的证明责任。首先，关于 2020 年 5 月左右发生的溪水污染事件。根据某研究所与丁镇丙村达成的协议和其自认情况，该次溪水污染事件系因雨水收集池渗漏导致案涉溪水污染。对该次污染行为，因某家庭农场未举证证明其养殖石蛙因此死亡导致的直接损失和蓄水池清洗、消毒等费用，一审法院对该损失未予认定，并无不当。其次，根据黄岩区丁镇人民政府的答复，仅能证明某研究所化粪池污水未接入污水管网，无法证明其存在化粪池渗漏污染环境的情况。某家庭农场关于某研究所化粪池持续泄漏导致案涉溪水污染的主张，因未能提供证据证实，应承担举证不能的后果。最后，因某研究所于 2020 年 5 月左右单次的污染事件对案涉溪水所造成的持续污染后果影响有限，且某研究所的雨水收集池已经完成整改，某家庭农场亦未能举证证明某研究所的雨水收集池或化粪池存在持续渗漏污染环境，因此，对某家庭农场认为某研究所持续污染环境导致其无法养殖石蛙的上诉理由，不予支持。

浙江省台州市中级人民法院依照《中华人民共和国民事诉讼法》第一百七十七条第一款第一项规定，判决如下：

驳回上诉，维持原判。

【法官后语】

一、问题的提出——持续污染与环境修复的矛盾关系

从《最高人民法院关于生态环境侵权民事诉讼证据的若干规定》等法律法规文件中可见，我国对环境侵权案件的举证责任分配设置了特有规则，环境侵权案件的被侵权人需举证证明侵权人实施了污染环境行为，自身受到损害，以及侵权人污染环境行为与自身损害后果之间存在关联性，而污染环境行为与损害后果之间的因果关系则实行举证责任倒置，即侵权人应当就其行为与损害之间不存在因果关系承担举证责任，但是在污染行为结束后，被侵权人仍然主张

侵权行为和侵权后果持续存在的，如何分配污染后果是否消失、环境是否已经修复的举证责任，尚不明确。从常理判断，在被侵权人完成侵权人存在环境污染行为的举证责任时，侵权人若主张污染消失或环境修复，应当由侵权人举证证实。但污染消失或环境修复的反面是污染持续存在，而法律法规将实施污染环境行为和存在污染事实的举证责任又分配给了被侵权人。因此，持续污染与环境修复两项事实存在的紧张矛盾关系容易导致实务中举证责任分配的混乱，笔者希望以此案为例，探讨此类案件举证责任分配规则的适用。

二、不同污染行为和污染结果的举证责任

被侵权人承担污染行为和污染结果存在的初步举证责任，但不同的污染行为和结果，被侵权人承担的具体举证责任应有所区别。区分的依据主要是看污染结果是长期污染还是短期污染。长期污染因其长久释放、持续存在，在自然环境中亦很难被降解，仅依靠环境自我修复，短期内无法完全消弭污染影响。而短期污染往往不会对生态环境造成很大负担，只要污染行为停止，经过自然环境一段时间的自我更新，是能够完全修复污染损害的。结合司法实践，可根据污染行为和结果的不同表现形式，设置不同的举证要求。

（一）持续排污持续污染环境的行为

针对持续排污行为，如化工厂长期直排化工废水，被侵权人在举证证明侵权行为人的污染行为时，应从自身主张的损害发生时间出发举证证明污染行为的持续期间。如主张持续一年的排污行为造成损害，则被侵权人应举证证明该一年里侵权人持续排污。侵权人若主张不承担责任或者减轻责任的，应当就法律规定的不承担责任或者减轻责任的情形承担举证责任，即对于排污停止、环境修复、不存在因果关系等事由，由侵权人举证证明。

（二）短期排放、污染长期存在的环境污染行为

典型的如核污染废水，即使是单次排放，由于其中含有大量放射性元素，在生态环境中降解也需要很长一段时间，被侵权人即使主张污染持续存在，也不需要特别举证证明，只需证明被侵权人单次或者短期实施了该类环境污染行为，且上述行为与被侵权人的自身损害存在一定关联。与此相对，侵权人当然

需要就污染消失或环境修复情况承担举证责任。

（三）短期排放、短期污染行为

法官运用生活经验，从污染行为方式、污染物的性质、环境介质的类型、生态因素的特征、时间顺序、空间距离等因素综合判断后，可以推定，只要污染行为不再发生，那么经过一段较短时间的生态自我修复，环境是可以复原的。这类即属于短期污染。在此情形下，侵权人并不必要走严苛的污染损害鉴定、环境修复方案制定、环境修复评估流程，以证实其已经消除了污染影响。

三、本案持续污染与环境修复的举证责任分配

本案中，被告自认系一次酒糟和冷却废水排放渗漏造成小溪污染，原告认为系化粪池溢出造成，故原告提出被告的污染行为持续存在，其实质涵盖两层意思：一是认为被告以作为形式排污导致污染结果；二是认为被告以不作为形式放任污染行为导致污染结果持续而不予修复。从现有举证情况看，原告已完成污染行为短期发生的举证，但未能举证证明污染行为持续发生、短期污染行为导致的污染结果持续存在。而被告已完成污染行为发生后进行设施整改的举证，但未能举证证明污染行为发生后环境已然修复，即污染影响消失。其争议的关键就在于如何分配污染影响持续存在和环境已修复的举证责任。但本案的污染源具有特殊性，无论是酒糟和冷却废水还是化粪池粪水，在自然环境中均具有较快的代谢能力，且污染的环境为活水水体，下雨、水体流动等生态活动均能快速、有效地稀释上述污染，最终消弭污染影响。故本案查证属实的污染行为应系短期污染，此种情况，被告无须特别举证证明环境已修复，而应由原告承担污染持续存在的举证责任。但原告既未举证证明其所主张的化粪池持续渗漏事实，也未证明被告单次污染行为的影响持续存在的事实，故本案由原告承担举证不能的不利后果，判决驳回其诉讼请求。

编写人：浙江省台州市黄岩区人民法院　张心成

25

企业生产行为产生噪声污染损害赔偿责任的司法认定

——王某诉某科技公司环境污染责任案

【案件基本信息】

1. 裁判书字号

山东省临沂市中级人民法院（2023）鲁13民终1516号民事判决书

2. 案由：环境污染责任纠纷

3. 当事人

原告（上诉人）：王某

被告（被上诉人）：某科技公司

【基本案情】

王某系某镇某村村民，在本村村外建养殖设施一处，后在该处建设房屋居住。2019年10月25日，某科技公司成立，并在王某东邻建设耐火材料生产车间等。某科技公司未批先建、未验先投，被生态环境局处罚，王某也多次投诉。但在某科技公司申请环境影响评价行政审批时，王某签字同意。2020年10月20日，王某收到某科技公司法定代表人银行转账2万元。同年11月3日，行政审批服务局印发《关于某科技公司年产耐火材料36000吨项目环境影响报告表的批复》。

王某投诉时，生态环境局组织对某科技公司生产产生的噪声进行检测。其中一份检测报告载明："项目名称：噪声检测　采样日期：2021年4月9日　项目类别：厂界噪声　检测点位：厂界四周　检测项目：噪声　检测频次：昼夜各1次，共4个点位，检测一天　采样方法：GB 12348—2008《工业企业厂界环境噪声排放标准》　检测结果（分贝）　厂界东昼间54.5　夜间46.5　厂界南　昼间53.8　夜间47.1　厂界西昼间54　夜间47.3　厂界北昼间54.4　夜间47.5”。王某还提交其他委托检测报告作为证据，主张某科技公司的生产行为构成噪声污染。某科技公司辩称并不构成噪声污染，亦提供了多份委托检测报告作为证据，并对是否构成噪声污染申请进行司法鉴定，但法院委托进行司法鉴定未果。

【案件焦点】

1. 某科技公司的生产行为是否构成噪声环境污染；2. 如何认定噪声污染给王某造成损失的范围及大小。

【法院裁判要旨】

山东省莒南县人民法院经审理认为：环境噪声是指在工业生产、建筑施工、交通运输和社会生活中所产生的干扰周围生活环境的声音。从生理学角度看，凡是干扰人们休息、学习和工作以及对人们所要听的声音产生干扰的声音，即不需要的声音，统称为噪声。环境噪声污染，是指所产生的环境噪声超过国家规定的环境噪声排放标准，并干扰他人正常生活、工作和学习的现象。在环境污染侵权纠纷案件中，受害人对其所受损害及侵害人实施侵害行为承担举证责任，而侵害人对于不承担责任或减轻责任及其行为与损害之间不存在因果关系承担举证责任。

关于争议焦点一。噪声在客观上存在不稳定性和不规律性，不同检测机构在不同时间段进行检测时，可能存在检测位置与背景环境并不一致等客观现实，再加上容易存在人为干扰或控制问题，难以保证每次检测结果的客观性、真实性、准确性和统一性。但从举证责任分配角度来看，某科技公司申请重新检测，经过合法程序后仍不能得出鉴定结论，相关不利的后果应由承担举证责任的一方即某科技公司承担。法院依职权在行政机关调取的检测报告中载明“厂界西昼间54　夜间47.3”，虽然目前农村地区居住区域的环境噪声没有具体限值标准，但可以参照城市居住区域环境噪声昼间55分贝，夜间45分贝的最高限值的规定，甚至应该采用更高限值要求与标准，尤其王某作为某科技公司厂区相邻关系人，在某科技公司建设生产车间之前即在此居住，结合双方当事人委托鉴定结果以及法院调取的行政机关调查时委托检测结果，可以认定某科技公司因生产行为产生的噪声给王某正常生活造成一定的困扰，侵害了王某的安宁权益。

关于争议焦点二。按照相关法律规定，可能产生环境污染的工业企业新建、改建及扩建项目，必须在建设前申请相关行政机关进行环境影响审批，否则不得建设并投入生产。本案中，某科技公司在进行环境影响行政审批时，王某作为相邻关系人，应该对某科技公司的生产行为是否存在环境污染进行监督，但王某在获得某科技公司 20000 元现金后，在行政机关审批时并未提出异议。相邻当事人之间一方正当行使权利时，另一方负有一定程度的容忍义务，但该容忍限度不能超过一般人可容忍的限度。按照环境侵权责任纠纷举证责任分配规则，王某仍应对被告侵权行为给自己造成损失的范围及大小负有举证责任。王某主张某科技公司每年赔偿损失 20000 元，其依据主要是王某同意某科技公司获得环境影响行政审批被告给予 20000 元的事实，而对于是否系每年给予赔偿 20000 元证据不足，且本案是侵权责任纠纷，王某要求某科技公司承担的是环境侵权责任，而不是违约责任。环境污染责任适用无过错责任原则。综合某科技公司在获得环境影响批复文件时王某签字同意，王某现居住的原本是养殖区而非宅基地上房屋等事实和因素，本着衡平双方利益，促进相邻关系和睦的基本原则，酌情认定某科技公司每年给予王某一定精神损害赔偿金从 2022 年开始，于每年 12 月 31 日前支付王某当年度精神损害赔偿金 3600 元，直至某科技公司停止当前生产行为或者改进生产工艺，重新获得行政机关环境影响批复文件为止。

山东省莒南县人民法院依照《中华人民共和国民法典》第九条、第一千一百六十六条、第一千二百二十九条、第一千二百三十条，《中华人民共和国噪声污染防治法》第二条、第九条、第三十四条，《最高人民法院关于审理环境侵权责任纠纷案件适用法律若干问题的解释》第一条、第六条、第七条、第八条、第十条，《中华人民共和国民事诉讼法》第六十七条规定，判决如下：

一、被告某科技公司于本判决生效后三日内支付原告王某 2022 年度精神损害赔偿金 3600 元；

二、被告某科技公司于本判决生效后，从 2023 年始至被告停止当前生产行为或者改进生产工艺，重新获得行政机关环境影响批复文件止，于每年 12 月 31 日前支付原告王某当年度精神损害赔偿金 3600 元；

三、驳回原告王某的其他诉讼请求。

王某不服一审判决，提起上诉。

山东省临沂市中级人民法院经审理认为：同意一审法院裁判意见。判决：

驳回上诉，维持原判。

【法官后语】

随着我国经济社会的快速发展，社会声环境状况也发生了很大变化，大量工业企业入驻农村地区，其生产行为产生的噪声等污染，可能对农村居民正常生活产生一定困扰，由此产生的纠纷逐年增多。对于此类案件的审理，应从以下几个方面进行考虑。

一、噪声污染侵权责任及其司法认定

根据《中华人民共和国噪声污染防治法》第二条、第三十四条的规定，环境噪声污染是指产生的环境噪声超过国家规定的环境噪声排放标准，并干扰他人正常生活、工作和学习的现象。噪声污染责任是指责任人因工业活动或其他人为的原因，排放噪声造成污染，使他人人身财产受到损害，或者其他公共环境、公共财产遭受损害，或者有造成损害的危险时，依法应当承担的侵权责任。噪声污染责任属于特殊的侵权责任，其有三个构成要件：

一是存在违法行为。依据《社会生活环境噪声排放标准》及《声环境质量标准》对声环境功能区的划分，一类区为居民住宅等为主要功能，需要保持安静的区域，噪声排放限值为昼间（6：00 至 22：00 的时段）55 分贝，夜间（22：00 至次日 6：00 的时段）45 分贝。本案中，王某居住地属于农村地区的非集中居民区，但应参照居民区标准来认定，其居住区在昼间和夜间声音排放超过居民区标准上限，应该认定存在违法行为。

二是存在损害事实。主要损害事实是当事人的安宁权益受到侵犯。声音是否对原告的安宁权益构成侵扰，需要结合一般人的容忍度等因素来认定。当噪声超过一定的标准时，一般会对人体产生不可逆的伤害，造成被侵害人听觉系统、神经系统损害等损害事实。本案中，王某主张被告的生产行为导致其不能正常睡眠，影响正常居住等损害后果，故存在损害事实。

三是违法行为与损害事实之间具有因果关系。被侵害人受到损害与企业生产排放的噪声之间具有关联性。被告企业生产活动产生的噪声超过居民区上限值，王某作为一般人，超出其容忍度之外的噪声污染，与王某安宁权益受到损害之间存在因果关系。

二、噪声污染损害赔偿责任纠纷的举证责任

噪声污染责任纠纷适用无过错责任原则，即不论行为人有无过错，均应承担侵权责任。被侵权人对于自己受到损害的事实以及与违法行为之间的关联性负有举证责任。本案中，王某需要对自己受到的损害的事实承担举证责任。但王某并未举证证明自己存在直接物质损失，如因噪声污染造成自己生病的住院费、医疗费，采取隔音措施支出等，但因被告的侵权行为确实存在，法院在不能直接要求侵权人停止生产行为的情形下，结合侵权人产生噪声的时间、双方距离的远近、噪声的大小，酌情确定被告赔偿被侵权人一定数额的精神抚慰金。而侵权人可以依据法律规定的不承担责任或者减轻责任的情形提出抗辩。如果噪声污染者能够证明其已经采取了合理的降噪措施，或者损害结果是由于受害人自身原因造成，应减轻或免除其侵权责任。被告以其已经得到行政机关的环境影响评价许可，属于合法排放噪声为由，主张并不存在侵权行为，该证据证明的事实并不属于依法不承担或减轻责任的情形。被告还提供自行委托鉴定的鉴定意见书，用于证明其没有超标排放，但是这些鉴定意见是按照工业企业排放标准限值来判断是否超标，而实际上应参照居民区标准限值来判断，故被告委托取得的鉴定意见书中存在其排放噪声超标的数值，不能据此免除其赔偿责任。

三、关于噪声污染责任具体承担方式

在噪声污染侵权责任承担方式上，需要考虑便于执行，同时体现“源头防控”与“损害担责”噪声污染防治的基本原则。本案中，基于以下两个因素的考量，酌情确定侵权人按照年度支付被侵权人的精神抚慰金。一是企业生产产生噪声污染侵权行为具有持续性，不能直接确定企业何时停止生产，无法彻底停止排放噪声的侵权行为。特别是被告作为生产企业，得到了行政机关的环境影响评价审批，其生产行为不应直接因存在民事纠纷而停止。二是企业噪声污染治理存在个人利益维护与公共利益保护的关系。企业的生存与发展涉及公共利益，而被侵权人享有安宁权属于其个人利益。在维护企业发展利益的同时，鼓励企业通过采取改进生产工艺、调整设备布局、安装消音设备等方式来减少或消除噪声的排放，彻底解决其生产行为带来的噪声污染问题，维护周围居民生活安宁。考虑到与原告安宁权益的兼顾保护，以被告支付原告一定数额的精神抚慰金为最佳方案，但同时对于被告生产活动产生噪声污染的行为需要作出否定性评价，并且督促与鼓励其增加改进生产工艺投入，消除噪声污染，维护环境公共利益。

环境噪声污染侵权作为一种新类型的环境污染责任纠纷案件，噪声超标往往具有瞬时性、变化性，危害后果具有潜在性。司法审判中还存在噪声认定标准、委托鉴定等方面的难题。人民法院在审理此类案件时，应当充分考虑其特殊性，综合考虑案件各种实际情况，依法维护人民群众宁静生活的权益，并警示和督促相关企业关注和消除噪声问题。综合被侵害利益的性质、受害者预先是否知情、不动产利用的先后关系、侵权人所从事行为的社会价值及必要性，以及国家关于企业排放标准和居民区排放标准等因素进行衡量，在企业承担的责任方式上，应以利益衡平、便于执行为原则。

编写人：山东省莒南县人民法院　赵凤强　周彦昕

26

噪声污染侵权主体的确认及噪声污染处理方式

——戴某某诉某物业公司、某实业公司噪声污染责任案

【案件基本信息】

1. 裁判书字号

广东省河源市源城区人民法院（2023）粤1602民初1872号民事判决书

2. 案由：噪声污染责任纠纷

3. 当事人

原告：戴某某

被告：某物业公司、某实业公司

【基本案情】

2011年，戴某某购买某实业公司开发小区的商品房，2019年年底装修入住。该小区水泵房建设在戴某某所购买居住的住宅楼102号房正下方，因该水泵房长期产生噪声，给戴某某生活造成影响。戴某某及其家属多次向当地住建部门投诉，住建部门告知戴某某其所居住房屋的水泵房扰民为开发商遗留问题，某物业公司无法改造或移走，同时要求某物业公司配合业主通过在水泵房内设有隔音棉等方式改善现状。但除此之外已无更好的防噪措施，要想完全避免噪声只有移走水泵房，但是此工程量极大且会影响业主的正常用水。

戴某某遂委托鉴定机构对其住宅下方的水泵房产生的噪声进行检测鉴定。经鉴定，戴某某居住的房屋卧室1、卧室2的水泵噪声夜间监测结果分别为37、38分贝，已超过《社会生活环境噪声排放标准》（GB 22337—2008）表2结构传播固定设备室内噪声排放限值（等级声级）A类房间2类夜间35分贝的标

准。戴某某为此支付鉴定费1500元。

某物业公司认为彻底解决噪声问题需将水泵房整体搬迁改造，工程量极大，会影响整个小区约130户业主的生活用水问题，而且在本小区内确实难以找到适合设置水泵房的地方，迁移改造水泵房设施的费用筹集也是一大难题。戴某某则认为，小区内有两台水泵机，交互搬迁不会影响业主用水，水泵房的选址初步已在相关部门组织下选定在水泵房的外面角落，该角落上方是停车场或其他公共区域，在此安装不影响任何业主，迁移改造的费用应当从维修基金中支出。

【案件焦点】

1. 如何确定本案噪声污染侵权的主体；2. 原告请求的精神损害抚慰金、鉴定费是否应得到支持。

【法院裁判要旨】

广东省河源市源城区人民法院经审理认为：关于焦点一。被告某实业公司作为案涉小区的开发商，对其开发建造的住宅建筑及配套设施负有保障责任，保证其所选定的水泵房位置不对业主产生噪声污染，并承担水泵房产生噪声污染后的隔音降噪义务，故某实业公司为噪声污染的侵权主体。而被告某物业公司作为物业管理人，仅负有对水泵房进行维护与管理的义务，对于水泵房产生的噪声在管理上无过错，并非噪声污染的侵权主体，无须承担相应法律责任。

关于焦点二。某实业公司作为噪声污染的侵权主体，应对原告戴某某房屋楼下的水泵设备进行整改，彻底结束噪声侵害。但案涉水泵房的搬迁存在客观困难，彻底结束噪声侵害存在现实不能，应采取隔声降噪措施将原告房屋的环境噪声降至《社会生活环境噪声排放标准》规定的标准限值35分贝以下。戴某某自2019年年底入住以来，案涉水泵房持续不断产生超过标准值的低频噪声，对戴某某的正常生活作息造成了持续性的干扰和影响，已严重影响戴某某的生活安宁的环境权益，造成戴某某精神痛苦。根据案涉噪声污染的实际情况，法院酌定由某实业公司赔偿戴某某精神损害抚慰金5000元。鉴定费1500元是戴某某为维护自身权益，对某实业公司建设的水泵房产生的噪声是否超过规定的排放限值进行鉴定而产生，应由某实业公司承担。

广东省河源市源城区人民法院依照《中华人民共和国民法典》第一百七十九条、第一千二百二十九条，《中华人民共和国环境噪声污染防治法》第六十一条，《中华人民共和国民事诉讼法》第一百四十七条规定，判决：

一、被告某实业公司于判决生效之日起三十日内将安装在原告戴某某居住的102号房屋楼下的水泵房采取隔声降噪措施，使原告戴某某居住的102号房屋的环境噪声降至《社会生活环境噪声排放标准》规定的标准限值35分贝以下；

二、被告某实业公司应于本判决生效后十日内向原告戴某某支付精神损害抚慰金5000元、鉴定费1500元；

三、驳回原告戴某某的其他诉讼请求。

宣判后，双方当事人均未上诉，一审判决生效。

【法官后语】

噪声污染，是指超过噪声排放标准或者未依法采取防控措施产生噪声，并干扰他人正常生活、工作、休息等。《中华人民共和国民法典》第一千二百二十九条明确规定，因污染环境、破坏生态造成他人损害的，侵权人应当承担侵权责任。与本案相关的《社会生活环境噪声排放标准》对居民居住环境噪声的标准有明确规定，但在实践中，个别开发商为追求利益最大化，在建设过程中忽视隔音措施的重要性，噪声超标时有发生，严重影响居民的日常生活及休息。本案开发商在建设商品房时，未对住宅建筑及配套设施尽到保障义务，导致在案涉位置建设水泵房对业主产生噪声污染，不仅影响居民的日常生活和身心健康，也暴露出城市建设中隔音措施的不足。本案以《中华人民共和国民法典》确定的“绿色原则”为指引，通过查明事实、标准适用、价值判断、结果检视矫正“四步法”，做好各方利益的平衡与保障，以法治守护绿色发展维护人民安宁。

本案法律适用的难点在于如何正确认定相关主体的责任及判定责任承担方

式。首先，在事实查明方面，通过司法鉴定结合日常生活经验法则，可认定案涉噪声已经足以影响业主的生活安宁。基于某实业公司是房产开发商及案涉水泵安装地点选定者的事实，可认定其对水泵的安装有采取隔音防噪措施的义务，且该义务系伴随水泵设置地点的选定而产生，不能简单通过房屋买卖合同、物业服务合同而转移给业主或物业公司。其次，在标准适用方面，基于目前缺乏住宅楼内水泵运行噪声评价标准的现实情况，本案判决参照适用《社会生活环境噪声排放标准》，认定案涉住宅楼内水泵运转声音干扰他人正常生活、工作和学习并超过国家规定的环境噪声排放标准，构成噪声污染，具有合理性。再次，在价值判断方面，涉及公共利益的行为必须合法，涉及私人利益的行为以合理为底线。对两种均合法但是却存在冲突的利益进行衡量时，既不能为了单纯保护私人利益而牺牲社会整体利益、公共利益，也不宜简单以“小区集体利益”否决业主个体利益。具体到本案，系因开发商过错导致噪声超标侵权，应独自承担侵权责任，不能以其案涉设施服务于小区整体利益而免责。最后，进行结果检视。在具体责任承担方式上，若采取移走水泵的方式会影响业主的正常用水，造成社会资源和利益的巨大浪费和严重损失。综上，本案采取“赔偿损失+整改”思路，判决开发商向原告支付精神损害抚慰金并承担鉴定费，同时要求开发商对水泵房采取隔声降噪措施，将环境噪声降至《社会生活环境噪声排放标准》规定的标准限值35分贝以下，

本案的裁判思路对于如何评判住宅楼内附属设施的噪声超标、小区公共设施侵权的责任认定与承担，具有一定的参考价值，对于维护人民群众宁静生活的权益，警示和督促开发商关注噪声和业主居住环境质量问题，自觉承担生态环境保护社会责任，具有较好的示范引导作用。

编写人：广东省河源市源城区人民法院　陈淑珍

广东省河源市中级人民法院　张遥

27

使用“震楼器”反击邻居系滥用私力救济

——熊某、黄某诉韦某噪声污染责任案

【案件基本信息】

1. 裁判书字号

广东省广州市海珠区人民法院（2023）粤0105民初3402号民事裁定书

2. 案由：噪声污染责任纠纷

3. 当事人

原告：熊某、黄某

被告：韦某

【基本案情】

熊某、黄某主张，其与韦某系上下楼邻居，位于楼下的韦某自2021年8月起故意使用震楼器在休息时间制造噪声，严重影响其正常生活。双方多次协商未果，熊某、黄某遂提起诉讼，要求韦某拆除震楼器，停止制造噪声，赔礼道歉，并赔偿精神抚慰金1万元。经现场勘查确认，韦某存在使用震楼器的行为。经法院调解，韦某停止使用震楼器制造噪声。熊某、黄某提交撤诉申请称，鉴于没有再发现难以忍受的震楼声，本着邻里团结、社会和谐的原则，撤回本案起诉，如震楼声再次发生，则另行起诉。

【案件焦点】

使用“震楼器”反击邻居是否属于滥用私力救济。

【法院裁判要旨】

广东省广州市海珠区人民法院经审理认为：原告熊某、黄某的撤诉申请符合法律规定，应予准许。依照《中华人民共和国民事诉讼法》第一百四十八条第一款、第一百五十七条第一款第五项规定，裁定如下：

准许原告熊某、黄某撤诉。

【法官后语】

人民群众享有宁静生活的权益，面对相邻侵扰，不采取法律途径解决，而是故意使用震楼器制造噪声予以反击，违反法律规定，违背公序良俗，属于滥用私力救济。噪音的影响范围不可控，可能殃及无辜，更应给予价值判断的否定性评价。因前述行为引发邻里冲突，甚至升级为刑事犯罪的情形屡见报端，说明该情况具有一定的普遍性，已成为影响和谐友善邻里关系构建的重要因素，应给予足够重视。

一、私力救济的性质和特征

我国法律中没有关于私力救济的直接表述。学理上认为，私力救济是指权利主体不借助于公力，单纯依靠私人的力量保护与实现权利的方式。[①] 从实体法层面来说，私力救济的性质可被解释为侵权抗辩事由或违法阻却事由；从诉讼法层面来说，作为纠纷解决机制之一，私力救济是与公力救济相对的概念，是指不依赖于法定或者相关的程序自行解决纠纷。

私力救济相较于公力救济，其最显著的特征之一是救济过程中没有保持中立的第三方的加入，是以自己的力量来解决争端，包括请求家人、朋友或委托、雇佣第三方协助解决，也属于私力救济，因为他们不属于中立第三方，而是加入一方在纠纷解决中占据对该方有利的地位。私力救济针对不同的对象可以分为针对人身和针对财产两类。比如扣留对方、搜查他人身体、恐吓等针对人身的行为，或是留置动产、毁损财物等针对财产的行为，前者往往给对方造成人身权损害，后者会给对方造成财产权损害。私力救济的手段也有较平和与较激

① 沃耘：《民事私力救济的边界及其制度重建》，载《中国法学》2013第5期，第178页。

烈的区分，前者如协商、和解，后者如强制甚至使用武力。有观点认为，私力救济的形式多种多样，我国民事法律认可的私力救济包括，如《中华人民共和国民法典》（以下简称《民法典》）第四百四十七条规定的留置权、《民法典》第六百七十三条规定的未按期偿还借款贷款人有权停止或提前收回借合同等，以及《民法典》第一千一百七十七条规定的自助行为。[①] 本案中，韦某在与邻居熊某、黄某的矛盾中依靠自身力量，故意使用震楼器制造噪声予以反击，就是在利用私力救济的方式解决矛盾。其具体采用的手段能否获得法律认可是本案要讨论的问题。

二、滥用私力救济的认定及法律后果

如果在私力救济的过程中使用不当甚至较激烈的手段，可能会造成侵权乃至构成犯罪不仅不能实现解决纠纷的目的，反而会使矛盾升级。《民法典》并未界定不正当私力救济，但是其第一千一百七十七条规定："合法权益受到侵害，情况紧迫且不能及时获得国家机关保护，不立即采取措施将使其合法权益受到难以弥补的损害的，受害人可以在保护自己合法权益的必要范围内采取扣留侵权人的财物等合理措施；但是，应当立即请求有关国家机关处理。受害人采取的措施不当造成他人损害的，应当承担侵权责任。"本条可以理解为私力救济的兜底条款，如果被认定为是合理的私力救济即可以被认为是自助行为，反之则可能构成侵权。

对于是否属于滥用私力救济，实践中，可根据《民法典》第一千一百七十七条规定的自助行为的认定规则进行把握，具体可以从以下几个角度进行衡量。一是是否具备前提条件，根据《民法典》第一千一百七十七条规定，自助行为的实施必须满足合法权益受到侵害，情况紧迫且不能及时获得国家机关保护的前提条件。如果这些前提条件不满足，使用私力救济缺乏合法性前提。二是手段是否相当，私力救济的手段应与不法侵害的程度相当，如果使用暴力手段或者方法不当，超出保护权益的必要性和合理性范围的，就可能给对方造成不必要的损害，该救济行为不具有合法性。三是是否违反公序良俗或存在重大过错，

① 苏璟：《民事私力救济研究》，兰州大学 2013 年硕士学位论文。

如果采取的手段虽然能起到制止法益受到侵害的作用，但是手段本身违反公序良俗原则或存在重大过错的，也不能被认为是合理的私力救济，如限制他人人身自由进行讨债，不能被认为是合理的私力救济。四是事后是否立即请求公力救济，私力救济不能取代公力救济，只能在合法合理的范围内发挥补充作用，在应当借助公权力时选择使用私力救济，或是在自助行为完成后没有及时转化为公力救济，那么就是对私力救济的滥用。

本案中，震楼器的噪音对熊某、黄某的私人生活安宁造成了侵害，侵害了熊某、黄某的隐私权，且震楼器造成的噪音影响是持续的，不能算作平和手段。就双方最初的噪音纠纷，双方本应协商解决或者诉诸公力救济，但是韦某选择用震楼器反击，属于滥用私力救济。滥用私力救济的法律后果需要针对具体情况进行判断，以本案为例，使用震楼器是一种违法行为，《中华人民共和国噪声污染防治法》（以下简称《噪声污染防治法》）第八十七条第一款规定，违反本法规定，产生社会生活噪声，经劝阻、调解和处理未能制止，持续干扰他人正常生活、工作和学习，或者有其他扰乱公共秩序、妨害社会管理等违反治安管理行为的，由公安机关依法给予治安管理处罚。《中华人民共和国治安管理处罚法》则具体规定了因此违反治安管理行为的认定标准和处罚标准。震楼器使用者本希望以此种反击化解矛盾，但因震楼器“对攻”往往是持续性的，不仅不能解决问题，反而会震坏自家天花板、空调排水管，还会因此被投诉、报警，使自己成为楼里的“公敌”，不仅侵害了他人的人格权益，甚至损害社会公共利益，导致害人害己。

三、滥用私力救济的社会原因分析及建议

本案在审理中发现，以本案为代表的邻里关系处理为例，滥用私力救济的发生有一定的社会原因。一是邻里纠纷易发。随着城市化的推进，高层建筑的邻里之间，常因噪声、漏水等发生纠纷，有时正常生活产生的声音也会影响邻居的安宁。二是维权渠道不畅可能激化矛盾。对于邻里纠纷，行政、司法干预的效果有限，认定难、取证难、执法难、维权成本高、违法成本低。在正常渠道走不通的情况下，有些邻居在不良商家的诱导下，选择使用震楼器反击。三是工具的不当使用可能导致矛盾复杂化。有的噪声纠纷系因一种蓝牙共振音箱引发，这种音箱本应用于欣赏音乐，但如果将其顶在房顶，楼上住户的地板就会变成“扩音器”，音箱也变为“震楼器”。从行为性质认定看，狭义“震楼器”仅具有“震楼”功能，使用即可推定违法，除非使用者举证证明其使用行为有正当目的。而前述音箱既有正当的用途，也有“震楼”作用，非正当使用将变为侵权的工具，如何合理划定正当使用的界限，给事实认定和法律适用提出了难题。

针对此类相邻纠纷的预防与化解：一是法律已有相关规定。《民法典》第二百八十八条明确了正确处理相邻关系的基本原则。具体到噪声纠纷，《噪声污染防治法》规定，家庭及其成员应当培养减少噪声产生的良好习惯，尽量避免产生噪声对周围人员造成干扰，互谅互让解决噪声纠纷，共同维护声环境质量。使用家用电器、乐器或者进行其他家庭场所活动，应当控制音量或者采取其他有效措施，防治噪声污染。公众在使用音箱时，应当控制音量，或采取其他有效措施，如尽量避开深夜等休息时间、关闭门窗等，避免干扰邻居正常生活。二是在司法实践中，应当基于正确处理相邻关系的基本原则，准确认定行为性质，兼顾保护各方相邻权益。比如，针对前述音箱，认定使用者是正当使用还是用于“震楼”，主要应从其主观意图考量，而主观意图又可外化为客观行为。一般来说，正常使用音箱的，会选择非休息时间，音量适中，摆放在电视柜等通常位置，播放的内容为歌曲、影视等使用者正在享受的视听作品。而将其用于“震楼”的，会选择休息时间使用、将音量调高、播放“机枪声”“猫叫声”等杂音，甚至选择自己不在场时播放，或将音箱紧贴相邻的墙壁，并配套隔音罩使用等。正常使用音箱的，偶尔也会影响邻居正常生活，但一般在邻居提醒后，会心存愧意，主动停止使用。反观将音箱用作“震楼器”的，其目的就是影响邻居的正常生活，对于邻居的提醒一般置之不理，对相关部门的规劝、执法，缺乏纠错的主动性。三是遭遇邻里纠纷的当事人可以自行协商，也可以请物业、居委会、街道办等居中调解，仍不能化解时可以寻求司法救济。同时要强化社会基层治理能力，形成针对噪声等邻里纠纷的沟通、调解、监管、处置机制，赋予基层执法者更灵活的权限，体现法律的威严公正。

本案是滥用私力救济，使用震楼器反击楼上引发诉讼的典型案例，入选“最高人民法院2023年度环境资源十大典型案例”。人民法院在化解纠纷的同时，探究其背后的成因，巧用调解手段，促使被告主动停止使用震楼器的行为，原告申请撤诉，使邻里关系重归和谐安宁。此外，人民法院针对审理中发现的商家通过电商平台销售震楼器的情况发出司法建议，促使电商平台采取下架、删除链接、屏蔽关键词等措施，斩断了震楼器的重要销售链条，为声环境保护贡献了司法力量，对于从源头上减少噪声污染纠纷具有重要意义。

编写人：广东省广州市海珠区人民法院　董广绪

最高人民法院司法案例研究院实习生　阿茹罕

28

阻断污水排放行为与其损害后果之间法律因果关系成立的原因力审查[①]

——张某某诉某环保公司等水污染责任案

【案件基本信息】

1. 裁判书字号

江苏省南京市中级人民法院（2023）苏01民终4521号民事判决书

2. 案由：水污染责任纠纷

3. 当事人

原告（上诉人）：张某某

① 入库案例，参见人民法院案例库2024-11-2-377-004。

被告（上诉人）：某环保公司

被告：某污水处理公司、A公司、B公司、C公司、D公司、E公司

【基本案情】

2012年7月，某污水处理公司开始接纳某经济开发区内的企业污水进行处理，尾水排入甲河。2013年5月，某污水处理公司的污水处理项目以特许经营的方式交给某环保公司经营管理。A公司、B公司、C公司、D公司、E公司等园区内企业在生产中所排放的废水经公司预处理后，均委托某环保公司净化处理。某环保公司的一期排污口设置于甲河，所排放的污水经甲河流入乙河，之后进入丙河，最后汇入丁河。

自2017年起，张某某在丁河某渡口段经营网箱养鱼，但未取得该河段的养殖许可。除张某某外，该河段另有他人经营水产养殖。某环保公司的排污口距张某某养鱼地点约20千米，丙河入丁河口距离张某某养鱼地点约3~4千米。

2019年9月10日4时左右，张某某发现其养殖的丁河内鱼虾大量死亡，后与区环保部门工作人员沿丁河向上游寻找污染源，直至在某环保公司附近找到排污口。9月12日，县环境监测站出具的《丁河水污染调查监测统计报告》显示：2019年9月10日丁河养殖户网箱处溶解氧为3.02毫克/升，化学需氧量为28毫克/升，水质类别Ⅳ类；丙河入丁河口处溶解氧为1.23毫克/升，化学需氧量为48毫克/升，水质类别劣Ⅴ类。9月25日，区环境保护局出具《关于肖某某反映某县污水处理厂污水导致鱼死亡信访事项办理情况的汇报》，载明9月10日经现场采样、检测，丙河入丁河口处高锰酸盐和总磷分别为9.4毫克/升、0.23毫克/升，水产养殖处高锰酸盐和总磷分别为5.8毫克/升，0.12毫克/升。11月5日，省水产协会出具《某区某镇丁河内网箱养殖鱼类死亡原因总体分析》，认为：2019年9月10日前后鱼死亡，应该是丁河水体受到污染在短时间内发生了剧烈的水质变化，河道水体溶氧严重不足，鱼类严重缺氧所致。

相关排污数据显示，某环保公司2019年9月8日至10日化学需氧量排放浓度均未超过30毫克/升。另县生态环境局复函表示，经查阅行政处罚记录，某环保公司2019年年未曾因废水超标排放违法行为被该局行政处罚。

【案件焦点】

1. 张某某养殖鱼死亡与某环保公司的排放行为是否具有关联性；2. 某环保公司的排放行为与张某某养殖鱼死亡之间是否存在法律上的因果关系，某环保公司是否应就其达标排放行为承担侵权责任。

【法院裁判要旨】

江苏省灌南县人民法院经审理认为：我国实行排污许可制度，即取得排污许可证的企业负有依法排污的义务，否则将承担法律责任。本案中，A公司、B公司、C公司、D公司、E公司属于污染物的直接产生者，某环保公司属于污染物的减量者。根据以上各公司与某环保公司的委托协议，某环保公司系最终排污方。张某某已初步举证证明其所遭受的损害以及损害与各被告公司的排污行为具有关联性。如若各被告公司不能举证证明其排放废水的行为与张某某的损害后果之间无因果关系，则应认定各被告构成环境侵权。本案中，某污水处理公司的污水处理项目已通过特许经营的方式交由某环保公司经营管理，A公司、B公司、C公司、D公司、E公司均以签订污水处理合同的方式将生产经营过程中产生的全部废水经预处理后交由某环保公司进行集中处理、统一排放，故某污水处理公司、A公司、B公司、C公司、D公司、E公司均非污染物的直接排放者，应由某环保公司进一步举证证明其接收上述公司产生污水经其处理后的排污行为与张某某的损害后果之间不存在因果关系。某环保公司提供的排污许可证、检测报告等证据，虽能证明其日常经营范围包括污水处理及其再生利用，具有合法的排污资质，并且以符合国家规定的标准排放废水，但尚不能充分证明在案发时其排污行为与张某某的损害后果之间无因果关系。在张某某养殖鱼已全部死亡、某环保公司存在排污行为的既定事实之下，某环保公司应承担举证不能的责任。张某某作为被侵权人应对其损失承担举证责任，但对损失认定的关键证据未能举证。鉴于存在大量鱼死亡的客观事实，考虑张某某作为被侵权自然人的举证能力，在无法准确计算相关损失的情况下，法院仅能根据案发时照片中鱼死亡的客观情况，结合相关证人证言，酌情认定张某某损失为255600元（成鱼300斤×市场批发价6元×142个网箱）。因张某某未取得养殖许可即在丁河开放水域进行网箱养殖，对损害的发生具有一定过错，根据过失相抵原则，应当减轻某环保公司的赔偿责任，故酌定某环保公司承担80%的赔偿责任，为204480元。

江苏省灌南县人民法院依照《中华人民共和国侵权责任法》第二十六条，第六十五条、第六十六条，《最高人民法院关于审理环境侵权责任纠纷案件适用法律若干问题的解释》第一条、第六条、第七条、第十三条、第十五条，《最高人民法院关于适用中华人民共和国民法典时间效力的若干规定》第一条、第二条，《中华人民共和国民事诉讼法》第一百四十四条规定，判决：

一、被告某环保公司赔偿原告张某某损失合计204480元；

二、驳回原告张某某的其他诉讼请求。

张某某、某环保公司均不服一审判决，提起上诉。

江苏省南京市中级人民法院经审理认为：

一、某污水处理公司、A公司、B公司、C公司、D公司、E公司并未直接向外环境排放污水，不应就张某某的损失承担侵权责任

某污水处理公司将其污水处理厂交由某环保公司经营管理，A公司、B公司、C公司、D公司、E公司将生产废水交由某环保公司统一集中处理。无证据证明除某环保公司外的其他公司在张某某养殖地上游设置了直接向外环境排污的排口，存在直接向外环境排放污水的行为。《最高人民法院关于审理生态环境侵权责任纠纷案件适用法律若干问题的解释》第十三条规定，排污单位将污染物交由第三方治理机构集中处置，第三方治理机构在合同履行过程中污染环境造成他人损害，被侵权人请求第三方治理机构承担侵权责任的，人民法院应予支持。排污单位在选任、指示第三方治理机构中有过错，被侵权人请求排污单位承担相应责任的，人民法院应予支持。本案中，张某某未举证证明A公司、B公司、C公司、D公司、E公司在选任、指示第三方治理机构时存在过错。一审法院驳回张某某要求A公司、B公司、C公司、D公司、E公司承担责任的请求，并无不当。

二、张某某的养殖鱼因缺氧而死亡，某环保公司排放尾水的行为与张某某养殖鱼死亡之间具有关联性

首先，某环保公司实施了排污行为。某环保公司某污水处理厂的一期排污口设置于甲河，所排放的污水经甲河最终汇入丁河。其次，张某某的养殖鱼因缺氧而死亡，其财产受到了损害。案涉养殖鱼系突然之间大批量死亡，死亡时间为凌晨4时许，该时间段河道内并没有新氧产生，鱼容易发生缺氧情况。江苏省水产协会在充分调研和研讨分析的基础上，认定鱼死亡为缺氧所致，符合客观实际，对该结论予以采信。最后，某环保公司排污行为与张某某养殖鱼死亡之间具有关联性。张某某于丁河某渡口经营网箱养鱼，某环保公司所排放的污水必然会流经张某某养殖区域，水体中的有机污染物必然会消耗水体中的氧，降低水体溶解氧含量。某环保公司的排放污水行为必将对河流水质造成不利影响，该行为与张某某养殖鱼的死亡存在一定程度的关联性。

三、某环保公司排污行为与张某某财产损害之间不存在法律上的因果关系，不应就张某某的损失承担侵权责任

首先，某环保公司正常达标排污行为不会导致张某某养殖鱼死亡。某环保公司提供的证据能够证明，在其达标排放的污水中鱼类可以正常存活。某环保公司排放口距张某某养鱼地点约20千米，其间水体的自净功能将使得所排放的有机物的量逐步减少，该公司正常达标排放的尾水不会造成张某某养殖鱼死亡。经调查核实，某环保公司在案涉事故发生前后不存在超标排污行为。自2017年张某某就在丁河从事网箱养鱼，某环保公司也一直在其上游进行排污，其间并未出现养殖鱼异常死亡情况，故某环保公司正常达标排污不会直接造成张某某养殖鱼死亡。

其次，水质急剧变差系导致案涉养殖鱼因缺氧而死亡的直接原因，正常排污与养殖鱼死亡之间无因果关系。造成水体溶解氧含量不足的原因系短期内水质剧烈变化，鱼缺氧致死；河道因外源排污有机物增多或水体搅动河底淤积物翻腾等情况均有可能引起短期内水质发生剧烈变化，从而导致水体溶解氧含量不足。虽然某环保公司所排污水含有有机污染物，但就排污数据看，案涉事故

发生前后，某环保公司排放污水的化学需氧量浓度均稳定在30毫克/升左右，未出现大幅波动，明显不足以导致鱼类缺氧死亡。而事发当天，经检测，在某环保公司排污口下游十几千米外的靠近张某某养殖地点的丙河入丁河口处，化学需氧量浓度高达48毫克/升。正常情况下，某环保公司所排污水中的有机物会随着河水流动逐步被稀释，如无其他因素影响，下游的化学需氧量浓度应低于上游。据此，能够认定张某某养殖地的水体溶解氧含量急剧下降并非某环保公司正常排污行为导致。

再次，合法合规排放污染物构成排放区域的环境背景，排污企业对其合法排污造成的他人养殖损失并不当然承担侵权责任。某环保公司甲河排污口系依法设置，其排放污水行为得到国家的行政许可，接纳达标排放的污水系甲河及其下游河流的功能之一，某环保公司正常排污后的河流水质系该河流正常情况下的水质。张某某在该河段从事网箱养殖晚于某污水处理厂一期污水处理项目运行时间，张某某养殖区域位于某环保公司排污口的下游为其开始从事养殖即面临的客观环境背景。张某某在丁河进行养殖应考虑水体水质对养殖产生的影响，防范企业合法排污行为对养殖造成不利影响的责任在于养殖人而非某环保公司。某环保公司合法排污即使导致了养殖损失，也是因为养殖者未尽到污染防护义务而引发。因自身过错而导致的损失，不能要求他人承担侵权责任。

最后，张某某在丁河从事网箱水产养殖并未取得养殖许可，不能因其非法养殖的需要阻止企业合法合规排污。张某某在丁河水域内从事网箱水产养殖并未取得养殖许可，其无权因其在下游从事养殖活动从而要求上游污水处理公司不再排污或改变排污方式。在某环保公司合法合规排污的前提下，张某某无权要求该公司对其非法养殖的损失承担赔偿责任。

综上，某环保公司的排放行为与张某某财产损害之间不存在法律上的因果关系，不应就张某某的损失承担侵权责任。

江苏省南京市中级人民法院依照《最高人民法院关于适用〈中华人民共和国民法典〉时间效力的若干规定》第一条第二款，《中华人民共和国侵权责任法》第六十五条、第六十六条，《中华人民共和国民事诉讼法》第六十七条、

第一百七十七条第一款第二项规定，作出如下判决：

一、撤销江苏省灌南县人民法院（2020）苏0724民初1734号民事判决；

二、驳回张某某的全部诉讼请求。

【法官后语】

本案系位于河流上游的企业排放污水行为引发下游养殖户养殖鱼损失的水污染责任纠纷典型案例。《中华人民共和国民法典》第一千二百三十条规定，因污染环境、破坏生态发生纠纷，行为人应当就法律规定的不承担责任或者减轻责任的情形及其行为与损害之间不存在因果关系承担举证责任。在环境污染责任纠纷案件中，在原告已初步举证证明被告污染行为与其损害事实之间存在关联性的前提下，被告主张不承担责任，应当举证证明其污染行为与损害后果之间不存在因果关系。本案中，人民法院在审查上游企业提交的证明其排放行为与养殖损失之间不具有因果关系的证据后，综合考量排污数据、客观环境背景、养殖鱼死亡原因等因素，判定企业合法合规排放行为与养殖鱼死亡之间不构成法律上的因果关系，并判决企业不承担赔偿责任，为环境侵权案件中因果关系的认定提供了较好的分析样本。

从理论上看，环境侵权案件中法律因果关系的认定，是对污染行为与损害后果之间是否存在法律构成要件上的引起与被引起关系的判断，亦是行为人是否承担损害赔偿责任的前提。环境侵权案件中，行为与损害后果之间存在事实关联时是否成立法律上因果关系，还需审查有无发生法律上因果关系的中断事由，即是否存在阻断法律上因果关系成立的介入原因力。结合本案，是否存在阻断法律上因果关系成立的介入原因力可从客观层面、主观层面、法律层面进行分析：

首先，审查是否存在减轻涉诉行为对损害后果作用力的客观原因。这一客观原因是指被告方提交的证据中是否存在减轻其行为作用力的客观的、确定的、直接的因素，就本案而言即导致养殖鱼死亡的直接原因。结合江苏省水产协会的分析以及某环保公司提交的排污数据可知，水质短期内急剧变化导致鱼因缺氧死亡，而某环保公司于案发前后并未超标排放，其正常达标的排放行为并不会造成养殖区域水质短期内发生急剧变化。故水质短期内急剧变化这一客观原因减轻某环保公司排放行为对案涉养殖鱼死亡的作用力，从客观事实层面削弱了该行为与损害后果因果关系成立的可能性。

其次，分析原告存在的可能导致损害后果发生的主观因素。这一主观因素主要指向的是原告的意思表示对损害后果发生方面的影响力。原告的意思表示存在过错，可能成为阻断法律上因果关系成立的主观因素。以本案为例，张某某着手网箱养鱼时，应当知晓养殖区域的客观环境背景，即处于企业排污口下游且已有企业在先排污，故其应在养殖时考虑水质对养殖作业的影响，这是养殖者对于养殖安全应当承担的注意义务。但张某某在养殖过程中并未履行防范企业合法排污行为对养殖造成不利影响的义务，其存在主观过错。该过错因素阻断了上游企业排放污水与下游养殖损失之间法律上因果关系成立，成为否定本案环境侵权因果关系成立的关键。

最后，判断是否存在导致损害后果发生的违法因素。简言之，即审查当事人是否存在违反法律规定的相关行为。若原告存在违法行为，则该违法因素亦能补强阻却被诉行为与损害后果之间法律因果关系的成立；相反，若被告存在违法行为，则该违法因素能补强证成被诉行为与损害后果之间的法律因果关系。从本案双方当事人的作业方式看，某环保公司合法合规达标排放污水，经调查亦不存在其他违法行为，而张某某未取得养殖许可即进行养殖作业，系非法养殖。这一非法养殖的违法性因素能够进一步确定上游企业达标排放污水与下游养殖损失之间法律上因果关系的中断，故非法养殖人无权要求合法排放的企业赔偿其养殖损失。

综上，生态环境侵权中，被侵权人是否达到关联性举证证明责任，应当综合侵权人的过错及其程度、污染物的性质、时间空间距离、损害后果的严重程度等多个因素判断。在侵权人系合法排污的情况下，被侵权人仅能提交相关报告说明其养殖鱼死亡系因缺氧所致，而水体缺氧可能存在多种原因，且人民法院已查明损害发生前后一段时期内上游排污口附近水体污染物显著低于下游损害发生地污染物浓度的情况下，尚不足以达到关联性证明标准，不能形成侵权人污染水流造成被侵权人养殖鱼缺氧死亡的因果关系推定。同时，被侵权人明知上游存在企业排污，却仍然在下游养殖鱼造成损害后果的，应当认定被侵权人对损害具有重大过错。侵权人合法排污的，不应就被侵权人的损失承担侵权责任。通过本案裁判，可形成环境侵权因果关系从“客观原因”削弱到“主观过错”否定到“违法行为”再否定的判断思路，跳出了一般的“排污即侵权”审理思维，具有一定的示范作用。

编写人：江苏省南京市中级人民法院　陈晓霞　朱瑞娜

29

相邻关系中邻里之间的容忍义务限度范围

——梁某甲诉梁某乙、陈某某相邻关系案

【案件基本信息】

1. 裁判书字号

广西壮族自治区玉林市中级人民法院（2023）桂09民终2486号民事判决书

2. 案由：相邻关系纠纷

3. 当事人

原告（上诉人）：梁某甲

被告（被上诉人）：梁某乙、陈某某

【基本案情】

梁某甲与梁某乙系叔侄关系，梁某乙与陈某某系夫妻关系，双方均系兴业县某镇某村某队的居民。梁某甲的住宅与梁某乙的一处闲置房屋相邻，该闲置房屋为一层平房，长度约为6米，分为前后两间，两房间以一堵未到顶的墙面分隔，该墙高度为房屋高度的三分之二。上述闲置房屋与梁某甲的住宅以一条宽约 2 米的巷道为间隔。

梁某乙、陈某某自 2020 年 11 月开始在该闲置房屋中靠近梁某甲一侧的前侧房间中养殖十几只鸡、鸭，为方便鸡、鸭活动，梁某乙、陈某某在该房间外的巷道上占用了部分巷道空间设置围栏。因梁某乙、陈某某在此处养殖鸡、鸭对梁某甲日常生活造成不利影响，梁某甲曾与梁某乙进行协商。村民委员会于 2021 年 2 月 18 日组织梁某甲与梁某乙进行调解，并作出如下处理意见：（1）梁某乙拆除设置于屋外的围栏，便于邻居生活出入；（2）梁某乙每天要勤搞鸡舍的卫生清洁。经过协商、调解后，梁某乙、陈某某改为在闲置房屋的后侧房间内养殖鸡、鸭，并用木板在该房间外增设了宽度为 1.5 米左右、长度为 5.8 米左右的鸡棚，鸡棚之上用竹木等遮盖，鸡、鸭可以在后侧房间以及增设的鸡棚中活动。

梁某甲认为梁某乙、陈某某饲养的家禽侵害了其人身健康权，遂提出如下诉讼请求：（1）判令梁某乙、陈某某停止侵权、排除妨碍、消除影响，并搬离梁某甲房后右侧、梁某乙房内产生噪声和污染物的鸡鸭，禁止在此养殖鸡鸭；（2）判令梁某乙、陈某某搬离堆放在位于梁某甲房后右侧、梁某乙房内的鸡鸭粪便等污染物；（3）判令梁某乙、陈某某赔偿经济损失 10000 元（包括为制止侵权行为所支付调查取证费等所有费用的合理支出）给梁某甲。

【案件焦点】

1. 梁某乙、陈某某饲养家禽的行为是否超过邻里之间容忍义务的合理限度；2. 如何确定梁某乙、陈某某的责任方式。

【法院裁判要旨】

广西壮族自治区兴业县人民法院经审理认为：关于焦点一，邻里关系是人际交往中的重要内容，村居环境亦直接影响居住者的生活幸福指数。经调查核实，双方共同居住的某镇某村某队的居民多有在家中圈养家禽的习惯，在农村地区，居民在合理限度内养殖家禽实属合理，梁某乙、陈某某在其享有权属的房屋内养殖家禽无可厚非，但其应注意养殖家禽的方式、数量，每天清理鸡舍的卫生，避免产生不必要的矛盾。圈养鸡鸭难免会产生粪便和一定的气味，梁某乙、陈某某起初在靠近梁某甲住宅一侧的房间内养殖家禽，占用了部分巷道，的确给梁某甲的生活带来不利影响，经过双方协商以及村民委员会调解后，梁某乙、陈某某现已改为在距离梁某甲住宅较远的后侧房间养殖鸡、鸭，并在其房间外增设的鸡棚上设置了遮盖物，在相当程度上减少了鸡鸭产生的噪声、气味对外界的影响。庭审中，梁某乙亦表示逐渐减少养殖数量。梁某甲主张梁某乙、陈某某将其养殖于闲置房屋中的鸡鸭转移，禁止在此养殖家禽的诉请无事实及法律依据，不予采纳。

关于焦点二。因养殖家禽产生的粪便如不及时处理，的确会产生难闻气味甚至影响周围居民的日常生活，庭审中梁某乙、陈某某亦表示愿意将其放置于闲置房屋前侧房间中的鸡鸭粪便予以清理，故对梁某甲请求梁某乙、陈某某清理鸡鸭粪便等污染物的诉请，予以支持。

广西壮族自治区兴业县人民法院依照《中华人民共和国民法典》第二百八十八条、第二百八十九条，《中华人民共和国民事诉讼法》第六十七条、第一百四十七条规定，判决如下：

一、梁某乙、陈某某于判决生效之日起十日内将位于兴业县某镇某村某队梁某甲房后、梁某乙房内的鸡鸭粪便等污染物清理干净；

二、驳回梁某甲的其他诉讼请求。

梁某甲不服一审判决，提起上诉。

广西壮族自治区玉林市中级人民法院经审理认为：梁某乙、陈某某作为普通农村居民，在周围也有其他村民散养或圈养家禽的情况下，小规模地圈养家禽供自家食用，完全符合农村居民的习惯，二人的饲养行为本身并无不当，且梁某乙、陈某某停止饲养叫声更大的鸭子，目前仅养殖母鸡，已经从饲养的家禽种类上尽量减少对梁某甲一方造成的影响。但双方产生矛盾的根源在于梁某乙、陈某某饲养家禽所产生的噪声和臭气，而南方天气炎热潮湿，常年需要开窗通风，梁某乙、陈某某的鸡舍又位于梁某甲家房屋后窗两米处，该鸡舍如不及时清理确实存在臭味，且易滋生蚊蝇，从饲养行为的性质和程度分析，在一定程度上确实影响到梁某甲的身体健康和正常居住生活，一审法院虽然判令梁某乙、陈某某清理，但未明确清理次数，二审法院根据本地区的气候、饲养数量等因素，确定由梁某乙、陈某某每日对鸡舍卫生进行清理，以便保证鸡舍卫生，尽量减少对梁某甲生活的影响。至于梁某甲主张的损失问题，双方当事人为诉讼所产生的打印复印费、误工费，均是诉讼成本，在对方并非恶意诉讼的情况下，应自行承担。

广西壮族自治区玉林市中级人民法院依照《中华人民共和国民法典》第二百八十八条、第二百八十九条，《中华人民共和国民事诉讼法》第一百七十七条第一款第二项规定，判决如下：

一、维持兴业县人民法院（2023）桂××××民初×××号民事判决第二项；

二、变更兴业县人民法院（2023）桂××××民初×××号民事判决第一项为：被上诉人梁某乙、陈某某在饲养家禽期间，每日需将位于兴业县某镇某村某队上诉人梁某甲房后、两被上诉人房内的家禽粪便清理干净。

【法官后语】

我国种养历史久远，农村居民饲养家禽家畜随处可见，日常饲养行为不可避免地会相伴产生噪声、臭气等“不可量污染物”，确实会对邻里的生活环境产生不利影响，继而引发矛盾纠纷。如何在传统的生活方式与良好的居住生活环境保护之间找寻平衡点，就相邻关系中的利益冲突进行权衡和取舍，是司法实践中值得探讨的问题。本案的难点在于如何协调环境公共利益和个人利益，保障人民群众在健康、舒适、优美环境中生存和发展的权利；核心在于，如何界定相邻主体之间的容忍义务限度。

容忍义务虽未直接出现在处理相邻关系的法律条款中，但长期以来无论是学术界还是司法审判实践中，均已认可该义务客观存在且必要合理。权利人在行使不动产权利时，有权要求他方提供必要的便利，即使给他方造成了侵害或妨碍，只要在正常合理的范围内，他方即负有容忍义务，即容忍义务实质上是对权利人既有权利的一种约束限制。在该原则下，并不是对所有的越界侵害均可主张赔偿请求权，只有在一方给相邻方造成的妨碍程度超过了一般人的忍受限度时，才属于法律上的禁止行为或限制权利行使。就本案而言，对容忍义务的考量需要结合绿色原则以及生态文明建设中农村居民对村居环境要求不断提高的背景下，畜禽养殖是否具有合理性和必要性，即目的是出于生产需要还是生活需要、养殖方式及数量是否妥当、有无替代方式等，确属必要合理的养殖也要尽量减少对环境和相邻方的侵害。具体应从以下几个方面判断：

一、养殖行为本身是否合法合理

《中华人民共和国民法典》对相邻关系中行为标准的规定分为两种情况：一是有国家标准的。明确对违反标准的行为予以禁止，如第二百九十三条前半句规定“建造建筑物，不得违反国家有关工程建设标准”，第二百九十四条规定“不动产权利人不得违反国家规定弃置固体废物，排放大气污染物、水污染物、土壤污染物、噪声、光辐射、电磁辐射等有害物质”等，如从事的行为属于该类条款中规定的禁止情形，因其行为本身的违法性，相邻方当然不负有容忍义务。二是没有国家标准的。通过原则性禁止或者指引的方式进行规定，前者一般表述为“不得妨碍”“不得危及”，后者一般表述为“应当”。前者如第二百九十三条后半句规定“建造建造物……不得妨碍相邻建筑物的通风、采光和日照”，后者如第二百九十条至第二百九十二条规定的“应当提供必要的便利”“应当尊重自然流向”等。此时，应适用第二百八十九条，即“法律、法规对处理相邻关系有规定的，依照其规定；法律、法规没有规定的，可以按照当地习惯”。适用当地习惯时，同时应当受第十条关于“适用习惯，但不得违背公序良俗”的限制。

饲养家禽家畜是乡村传统生活方式的重要组成部分。本案中，散养或圈养家禽供家庭生活之用是当地的习惯。梁某乙、陈某某作为普通农村居民，并未建立养殖场地专门从事规模化的养殖，而是在周围同时有其他村民散养或圈养家禽的情况下，小规模地圈养家禽供自家食用，该行为不违反法律规定，也符合当地农村居民的生活习惯。因此，二人的饲养行为并无不当。

二、环境状况有无明显变化

在一般污染责任纠纷中，被侵权人应当就侵权人存在污染行为、环境因此受到污染的关联性进行举证。在相邻污染责任纠纷中，权利人也应当承担这一初步举证责任，同时主张财产损害赔偿的，还应当对于已经发生的和可以推知必然发生的物的使用价值减损，或者不动产交换价值因此发生的减损进行举证。就是否存在环境污染的认定，可以考察相邻方的行为是否引发环境变化、是否已经达到明显的变化程度，该种明显变化可通过将原有的环境状况与权利人提出权利诉求时的环境状况进行比较得出结论。同时，法官通过现场直观的感受和体验，结合案涉行为实施前后情况的比对可作出定论。

本案争议表现为噪声和气味是否达到引发空气污染的程度，污染源属于不可量物，无法直观进行判断，且基于地域特点，南方地区常年需要开窗通风，梁某乙、陈某某饲养家禽的位置距离梁某甲住所距离较近，所产生的噪声和臭气，必然导致毗邻而居的梁某甲生活环境发生不利的变化，该种变化是否属于明显变化，不仅与个人的主观感受有关，也要考虑一般人可忍受的程度，难以直观进行客观评价和衡量。不容忽视的是，该种变化所引发的环境状况变化虽不至于造成实质健康损害，但确实会在精神层面造成相邻他方对环境的需求形成困扰。

三、不利影响所能达到的程度

相邻污染纠纷中，在认定存在污染后果的前提下，权利人主张行为人承担民事责任的，还要考察损害结果是否达到应当承担责任的程度。在行为人的行为本身没有可苛责之处的情况下，对于轻微的损害相邻他方则负有容忍义务，反之行为人则应承担责任，实践中就损害结果的程度是轻微还是严重，是认定的难点问题。在国家对于家禽养殖产生的噪声、臭气没有明确标准的情况下，应当根据当地的习惯，具体要按照所产生噪声、臭气是否超过当地一般人的容忍程度判断行为人的行为是否侵害了相邻方的权益、应否承担责任。只有污染的程度超过了一般人的忍受限度，该行为才属于法律上的禁止行为或限制行使权利，相邻他方可免除容忍义务。同时，对法律明确保护的人身、财产产生实质性侵害的，相邻他方也不负容忍义务。

本案中，经实地察看周边情况，梁某乙与陈某某家附近也无其他更合适的场地用于饲养，二人也在纠纷发生后通过减少养殖种类和数量尽量减轻对梁某甲居住环境的不利影响。故判决未禁止二人在案涉地点的养殖行为，但是考虑到村居环境建设的需要以及村民对于良好宜居环境的期待，判决要求二人通过定期打扫保持养殖环境的清洁，以此兼顾保护双方的权益和环境公益。反之，如饲养一方为生产需要从事规模化的养殖，又未采取积极措施妥善处理污染物，则明显存在降低相邻他方生活环境的妨害行为，且已达到严重影响相邻他方身体健康和正常居住生活的程度，超出了相邻方的容忍限度范围，此时应支持相邻他方排除妨害的主张。

编写人：广西壮族自治区玉林市中级人民法院　蒋慧

30

乡镇人民政府环境代履行行为合法性审查

——吴某某诉某镇人民政府行政强制执行及行政赔偿案

【案件基本信息】

1. 裁判书字号

江苏省南京市中级人民法院（2023）苏01行终216号行政判决书

2. 案由：行政强制执行及行政赔偿

3. 当事人

原告（被上诉人）：吴某某

被告（上诉人）：某镇人民政府

【基本案情】

2020年6月，某地违法违规“小化工”专项整治办公室要求某镇人民政府对吴某某位于某村房内存放的化工废料进行处置。2020年8月，某镇人民政府代为处理吴某某的化工废料。在处理过程中，因化工废料为有毒有害物质且部分墙基被污染，某镇人民政府对案涉厂房进行了拆除。2021 年 10 月，吴某某向某镇人民政府邮寄《行政申请书》，某镇人民政府于 2021 年 11 月 22 日作出《告知函》，告知了处置相关内容。后吴某某诉讼至法院，要求确认某镇人民政府作出的《告知函》违法，恢复违法强制毁灭的厂房 15 间、机械设备及其他贵重物品原状，并赔偿经济损失 48.35 万元。

【案件焦点】

1. 某镇人民政府代为处置案涉化工物料的行为是否合法；2. 某镇人民政府强制拆除案涉厂房行为是否合法；3. 某镇人民政府是否需要承担赔偿责任。

【法院裁判要旨】

江苏省东台市人民法院经审理认为：《中华人民共和国行政强制法》第四条规定，行政强制的设定和实施，应当依照法定的权限、范围、条件和程序。行政机关只能在法定职权范围内实施行政强制，不得超越本机关的职权范围，也不得实施其他行政机关的行政强制权。本案中，某镇人民政府代为处理吴某某厂房内的化工物料，但未能提供法律、法规证明其具有代履行的职权，也未按照《中华人民共和国行政强制法》关于行政强制执行的程序进行。故某镇人民政府实施的代为处置案涉化工物料的行为，属于违法行为。根据《中华人民共和国行政强制法》第三十四条、第三十五条、第三十六条、第三十七条、第三十八条、第四十四条的规定，行政机关作出行政决定后，当事人在期限内不履行义务的，行政机关须以书面形式履行催告程序，并将催告书送达给当事人，当事人收到催告书后有权进行陈述和申辩。本案中，某镇人民政府在法定期限内未能提供证据证实其实施强制拆除案涉厂房的行为程序合法，故某镇人民政府实施的强制拆除行为违法。《中华人民共和国国家赔偿法》第二条第一款规定，国家机关和国家机关工作人员行使职权，有本法规定的侵犯公民、法人和其他组织合法权益的情形，造成损害的，受害人有权依照本法取得国家赔偿的权利。据此，行政赔偿是对受损合法权益的弥补。本案中，案涉化工物料已经处置，厂房已被拆除，某镇人民政府应积极主动与吴某某就合法权益损失的赔偿问题进行协商，协商不成时，应当积极作出赔偿决定，履行赔偿义务。

综上，根据《最高人民法院关于审理行政赔偿案件若干问题的规定》第十三条第一款的规定，对于原告未经确认程序而直接提起行政赔偿诉讼的，人民法院在判决时应当对致害行为是否违法予以确认。本案被告某镇人民政府实施的代履行行为和强制拆除行为，程序违法。因被诉行政行为属于事实行为，没有可撤销内容，故依法应当确认违法，并责令某镇人民政府限期对吴某某的赔偿请求作出赔偿决定。被诉《告知函》主要证据不足，适用法律错误，应予撤销。

江苏省东台市人民法院依照《中华人民共和国行政诉讼法》第七十条第一项、第二项、第七十四条第二款第一项，《中华人民共和国国家赔偿法》第二条、第四条第四项，《最高人民法院关于审理行政赔偿案件若干问题的规定》第十三条第一款规定，判决如下：

一、确认被告某镇人民政府于2020年8月12日代为处置原告吴某某位于某镇某村厂房内的化工物料的行为以及强制拆除该厂房的行为违法；

二、撤销被告某镇人民政府于2021年11月22日作出的《告知函》；

三、责令被告某镇人民政府于本判决生效之日起60日内就其于2020年8月12日代为处置原告吴某某位于某镇某村厂房内的化工物料的行为及强制拆除该厂房行为给原告吴某某造成的财产损失依法作出赔偿决定。

某镇人民政府不服一审判决，提起上诉。

江苏省南京市中级人民法院经审理认为：某镇人民政府于2020年8月12日强制拆除吴某某的案涉厂房，并代处理吴某某厂房内的化工物料，某镇人民政府对此未能提供法律、法规证明其具有拆除房屋以及代履行的职权，某镇人民政府也未按照《中华人民共和国行政强制法》关于行政强制执行的程序进行。因某镇人民政府拆除厂房及代履行行为属于事实行为，没有可撤销的内容，故原审法院判决确认某镇人民政府于2020年8月12日代为处理吴某某案涉厂房内的化工物料行为以及强制拆除该厂房的行为违法结果正确。

根据《中华人民共和国国家赔偿法》第二条、第四条规定，行政行为违法并造成当事人的合法权益损害是当事人获得国家赔偿需同时具备的两个前提条件。本案中，某镇人民政府超越职权拆除吴某某的案涉厂房并代处置厂房内的化工物料，并且未履行法定程序，拆除及代履行行为违法，应当对吴某某为此遭受的合法权益损失进行赔偿。

《最高人民法院关于审理行政赔偿案件若干问题的规定》第十一条第一款规定，行政赔偿诉讼中，原告应当对行政行为造成的损害提供证据；因被告的原因导致原告无法举证的，由被告承担举证责任。本案中，吴某某仅提供了自行制作的被毁财产清单证明损失情况，据此难以对吴某某合法权益损失范围、金额等进行认定。某镇人民政府应积极履行赔偿义务，对吴某某的实际损失进行调查、评估，吴某某亦可向某镇人民政府提供造成损失的相应证据。

江苏省南京市中级人民法院依照《中华人民共和国行政诉讼法》第八十九条第一款第一项规定，判决如下：

驳回上诉，维持原判。

【法官后语】

本案系环境行政代履行案件。环境行政代履行是指相对人被拥有监督管理权的环境行政主体科以相应之行政义务，在其拒绝履行、不按要求履行或自身不具备履行能力等情况下，而此项义务又可以由他人代为履行达到同一行政目的或效果时，有执行权的机关可以亲自或指定有履行能力的单位代为履行，所需费用由相对人承担。《中华人民共和国行政强制法》第五十条至第五十二条对代履行的适用条件、主体、程序、方式以及立即代履行等作出了规定。人民法院在审理环境行政代履行案件时，应当对环境行政代履行行为的主体合法性、程序合法性等方面进行全面审查，依法作出相应的裁判。

一、环境行政代履行的价值功能

当前，生态环境保护问题已经成为全球各国高度关注与重视的问题，针对破坏生态环境的违法行为以及行政强制措施，各国都制定了相应的法律制度。《中华人民共和国行政强制法》第十二条规定了行政强制执行的六种主要方式，其中，加处罚款或者滞纳金和代履行属于间接强制。事实上，在《中华人民共和国行政强制法》设定统一的代履行制度之前，包括环境保护在内的许多具体行政领域已经确立了代履行制度，环境行政代履行亦先于《中华人民共和国行政强制法》出现。例如，《中华人民共和国水污染防治法》就规定了“逾期不采取治理措施”“不按要求采取治理措施”和“不具备治理能力”三种情形，可由“环境保护管理部门指定有治理能力的单位代为治理”。此外，《中华人民共和国固体废物污染环境防治法》《中华人民共和国森林法》《中华人民共和国草原法》等法律法规，以及相关地方性法规规章等，均对环境行政代履行有所涉及。在现实中，很多污染者不积极履行环境义务，在这一情势下，行政代履行制度被应用于环境执法领域，以破解环境义务履行不积极的困局。环境行政代履行系在当事人自己拒绝履行或不按要求履行环境污染防治领域的相关义务时，由行政机关或者行政机关委托他人代其履行，将当事人的作为义务转化为金钱给付义务，是一种轻微、缓和的行政执行方式，具有间接性。能够有效避免强制手段的使用，一定程度上可以有效弱化行政对抗性，进一步缓和行政关系，降低行政执法成本，对优化行政管理和提高行政效率有着一定的优势和必要性。此外，通过环境行政代履行更有助于及时恢复被破坏的生态环境和秩序，从而消除生态环境安全隐患。

二、环境行政代履行的主体合法性

在司法实践中，通常认为行政主体是指依法拥有国家行政职权，能以自己的名义独立实施行政活动及参加相关的行政活动，并独立承担由此产生的法律后果的机关或组织。行政职权法定是行政法的一项基本原则，行政职权主要来源于法律法规的设定和授予。《中华人民共和国行政强制法》第五十条、第五十一条和第五十二条对代履行制度作出了具体规定。从范围上来看，根据第五十条，适用代履行的范围包括交通安全、环境污染防治和自然资源保护行政管理领域。第五十二条作为特别规定条款，将立即代履行的适用范围明确为“需要立即清除道路、河道、航道或者公共场所的遗洒物、障碍物或者污染物，当事人不能清除的”，这一语义仍落在第五十条规定的“交通安全、环境污染防治和自然资源保护”之内，并未作出突破。从主体上来看，环境行政代履行的主体可以是行政机关，也可以是第三人。但环境行政代履行的决定必须由履行行政管理职责的行政机关或符合《中华人民共和国行政强制法》第十七条规定的行政机关，依照法律、法规的规定作出。《中华人民共和国环境保护法》第十条规定，国务院环境保护主管部门，对全国环境保护工作实施统一监督管理；县级以上地方人民政府环境保护主管部门，对本行政区域环境保护工作实施统一监督管理。本案中，虽然处置化工物料属于代履行的范围，但是生态环境主管部门没有委托某镇人民政府代为处置案涉化工物料，因此某镇人民政府实施的环境行政代履行的行为是越权行为，不具主体有合法性。

三、环境行政代履行的程序合法性

“程序是法治和肆意而治的分水岭”，这句法谚强调了程序合法性的重要性。程序正义是一种形式上的正义，却又是真正看得见的正义，尤其对于一项行政法律制度，程序合法与实体合法同样重要。根据《中华人民共和国行政强制法》第五十一条规定，代履行正常的程序和步骤是：第一步，代履行前送达决定书。代履行决定书应当载明当事人的姓名或者名称、地址，代履行的理由和依据、方式和时间、标的、费用预算以及代履行人。第二步，代履行三日前，催告当事人履行，当事人履行的，停止代履行。第三步，实施代履行。代履行时，作出决定的行政机关应当派员到场监督。第四步，代履行完毕，行政机关到场监督的工作人员、代履行人和当事人或者见证人应当在执行文书上签名或者盖章。第五十一条还规定，代履行的费用按照成本合理确定，由当事人承担。但是，法律另有规定的除外。代履行不得采用暴力、胁迫以及其他非法方式。置诸本案，某镇人民政府在实施环境行政代履行行为之前，并没有制作和送达代履行决定书，也未履行催告程序，其环境行政代履行行为的程序不具有合法性。

四、环境行政代履行制度的完善思考

环境行政代履行制度最大优势在于将义务人的行为义务置换为付费义务，从而减少义务人与环境行政机关之间的对抗与冲突。虽然该制度可以促进当事人积极履行环境保护义务、增强环境执法的实效性与环境执法的严肃性，但是《中华人民共和国环境保护法》并没有确立该制度。笔者认为，应当对《中华人民共和国行政强制法》以及环境单行法的相关条文进行细化和完善：第一，明确环境行政代履行的适用范围。按照行政效率的原则，我国环境行政代履行的适用范围应以《中华人民共和国行政强制法》的规定为准，环境行政机关应当综合考量环境污染的危害性、治理的紧迫性以及代履行的可行性，决定是否实施代履行。第二，统一环境行政代履行的主体。代履行主体作为环境治理的实际参与者，承担着技术含量高、专业性强的环境修复或治理任务，因而甄选标准尤为重要。环境行政代履行主体应专属于有环境治理能力的第三人等单位和部门。第三，完善环境行政代履行的程序和收费准则。为了保障个人私权，环境代履行的设定与实施应当受到法律的严格规范。环境代履行制度实施应当遵循严格的行政程序、明确收费标准等。

编写人：江苏省东台市人民法院　张计玉　曹蓉蓉

31

绿色原则在排除妨害纠纷案件中的适用

——韦某某诉黄某某排除妨害案

【案件基本信息】

1. 裁判书字号

广西壮族自治区百色市右江区人民法院（2023）桂 1002 民初 6112 号民事判决书

2. 案由：排除妨害纠纷

3. 当事人

原告：韦某某

被告：黄某某

【基本案情】

韦某某经申请和批准，使用原有宅基地改扩建房屋，新建房屋的西侧毗邻一条村屯公共道路。黄某某在该新建房屋西北侧与公共道路接壤的地方，以水泥砖等材料围成一个简易坑用于露天堆存畜禽粪污，占地面积约4.8平方米。双方认可该粪坑占用的土地属于村屯公共道路的范围。韦某某认为黄某某的前述行为妨碍其通行权利，请求人民法院判令黄某某将畜禽粪污、砖头等移走，清除粪坑，疏通道路。

【案件焦点】

韦某某请求黄某某清除相关物品以排除妨害的主张是否成立。

【法院裁判要旨】

广西壮族自治区百色市右江区人民法院经审理认为：不动产的相邻权利人应当按照有利生产、方便生活、团结互助、公平合理的原则，正确处理相邻关系。本案中，韦某某新建的房屋与村屯公共道路相邻，其要求畅通屋前自有空地与该公共道路的连接，以保障其必要的进出房屋的通行权利，是韦某某使用该公共道路的正当诉求，该诉求并未损害他人的合法权益。黄某某私自占用村屯公共道路，以水泥砖等围成简易坑后露天堆存畜禽粪污，形成了韦某某进入村屯公共道路的障碍，既损害了社会公共利益，又侵害了韦某某正常通行的权利。《中华人民共和国民法典》第八条规定："民事主体从事民事活动，不得违反法律，不得违背公序良俗。"第九条规定："民事主体从事民事活动，应当有利于节约资源、保护生态环境。"第一百三十二条规定："民事主体不得滥用民事权利损害国家利益、社会公共利益或者他人合法权益。"《广西壮族自治区乡村清洁条例》第十七条第一款第二项规定，单位和个人应当自觉维护乡村环境卫生，不得"在公共场所、公路、乡村道路堆存粪便"。黄某某将畜禽粪污露天堆存在村屯公共道路上和他人的房屋前，违反了前述法律规定，其行为应当予以纠正。《中华人民共和国民法典》第二百三十六条规定："妨害物权或者可能妨害物权的，权利人可以请求排除妨害或者消除危险。"黄某某只顾自己的利益而忽视了相邻人韦某某的合法权益，违法将砖块、畜禽粪污等堆存在韦某某进出房屋的必经通道上，妨害了韦某某行使房屋所有权、宅基地使用权等权利，其有权请求黄某某排除妨害，将所堆存的物品予以清除。

广西壮族自治区百色市右江区人民法院依照《中华人民共和国民法典》第二百三十六条的规定，判决如下：

黄某某应当在本判决生效后十日内将堆存在韦某某的案涉房屋旁的砖块、粪便等予以清除。

宣判后，双方当事人均未上诉，一审判决生效。

【法官后语】

《中华人民共和国民法典》第二百三十六条规定："妨害物权或者可能妨害物权的，权利人可以请求排除妨害或者消除危险。"本条规范为权利人排除妨害、恢复物权圆满状态创设了排除妨害请求权。该权利属于物权请求权，从民事法律关系的逻辑分析，排除妨害请求权的主体是物权人，当存在妨害事实导致物权人的所有权及其派生的权利不能正常行使且超出物权人合理容忍限度时，不论妨害人有无主观过错，只要妨害与其有事实上的牵连，物权人就可以对妨害人提出排除妨害请求。办理具体案件时，关键在于对权利主体的把握和对妨害事实及妨害违法性的认定。对此，在涉危害环境和生态利益的排除妨害纠纷案件中适用绿色原则，有助于廓清争议、消弭分歧。

一、排除妨害请求权主体的认定

排除妨害的权利并不仅局限于相邻关系，还可以适用于其他多种情形。同一妨害行为可能导致不同物权人的物权不圆满状态，受到妨害的各物权人均可以成为排除妨害请求权的主体。本案中，黄某某在村屯公共道路上露天堆存畜禽粪污，与韦某某的房屋临近，在韦某某进出房屋的必经通道上，该行为侵害了村屯公共道路管理人对道路的管理支配权和在该道路旁居住生活的韦某某正常使用房屋的必要通行权利及良好生活环境权益。黄某某作为妨害行为的直接实施者，村屯公共道路管理人和韦某某均可以对其行使排除妨害请求权。韦某某与村屯公共道路管理人为相邻关系，韦某某既可基于相邻关系要求村屯公共道路管理人履行道路养护职责清除粪污以保障其通行权利，亦可直接向妨害行为的实施者黄某某提出请求。黄某某以其与韦某某不是相邻关系、其占用的地块不属于韦某某、韦某某无权请求排除妨害等理由抗辩将不能成立。

二、妨害具有违法性的认定

妨害是否具有违法性，通说认为应该以权利人合理容忍限度作为判断标准。也就是说，只有确实对权利人的物权造成不利影响且超过一定容忍限度时，妨害才被认定为违法。如果权利人负有法定或者约定的容忍义务，且未超出该容忍限度，则即便构成妨碍，也不具有违法性，权利人也不得主张排除。具体到本案中，虽然黄某某堆存畜禽粪污还田利用有其合理性，但是其行为方式既妨碍了村屯公共道路的正常使用，影响韦某某的通行，又污染周围生态环境，不仅违反环境保护等公法规定，而且违反“民事主体从事民事活动，应当有利于节约资源、保护生态环境”的民法绿色原则，包括韦某某等在内的周围群众享用良好环境的权利受到侵害。将环境利益纳入双方利益衡量后，可强化黄某某的行为具有违法性的认定，其在本案中不具有应予保护的合法权益。韦某某使用房屋的必要通行利益和正当的环境权益应当得到保障。黄某某的妨害超出韦某某的容忍限度，造成韦某某不能正常行使其权利，黄某某的妨害具有违法性。

三、司法适用绿色原则促进乡村治理的实践

对绿色原则的贯彻，不应仅停留在对节约资源、保护生态环境的口号宣示上，更应该体现到个案审理的实践中。近年来，人民群众对宜居乡村、美丽乡村的需求越发强烈，国家大力实施乡村振兴战略及时回应了人民群众对良好生态环境的强烈愿望。人民法院在审理相关案件时，应当适用绿色原则加强释法说理，在该原则的指引下依据有关具体规则作出裁判，支持和保障农村人居环境整治提升持续推进。本案审理中，黄某某以未占用韦某某的土地权属、所实施的行为在农村普遍可见等为由，不同意清除其堆存的畜禽粪污。法官组织各方当事人到案涉现场，以绿色原则加强释法明理，向当事人展示《广西壮族自治区乡村清洁条例》等地方性法规的具体规定，指出黄某某行为的违法性。虽然因当事人双方的矛盾较深，在诉讼中未能调解成功，但是在宣判后，黄某某能出于维护公共利益服判息诉，主动排除妨害，修复邻里关系。本案审理不局限于宣示型、解释型适用绿色原则，而是实质发挥该原则厘定权利义务关系、明确行为规则的指引作用，结合地方性法规的阐释，确认妨碍行为存在，进而判决行为人排除妨害，有效促进了纠纷的实质性化解。

编写人：广西壮族自治区百色市右江区人民法院　周发平

（二）生态环境保护民事公益诉讼

32

适用劳务代偿的司法审查

——县人民检察院诉陈某生态环境保护民事公益诉讼案

【案件基本信息】

1. 裁判书字号

安徽省固镇县人民法院（2023）皖 0323 民初 4188 号民事判决书

2. 案由：生态环境保护民事公益诉讼

3. 当事人

公益诉讼起诉人：县人民检察院

被告：陈某

【基本案情】

2022 年 2 月至 4 月，陈某明知蟾蜍是野生动物，仍在固镇县某村庄附近的野沟内，采用网捕方式非法捕猎蟾蜍 34 斤，并分批次以每斤 20 元的价格售卖给孙某某经营的水产店。涉案蟾蜍被认定为中华蟾蜍，已被列入《有重要生态、科学、社会价值的陆生野生动物名录》。2023年2月14日，县人民法院作出（2023）皖××××刑初3号刑事判决：（1）被告人陈某犯非法狩猎罪，判处拘役四个月，宣告缓刑八个月，并处罚金人民币3000元；（2）被告人陈某退缴的违法所得680元，依法予以没收，上缴国库。县人民检察院提出抗诉认为，主刑与罚金刑并用，不符合法律规定。蚌埠市中级人民法院于2023年4月19日作出（2023）皖03刑终×××号刑事判决，撤销对陈某关于并处罚金的刑罚，对原判其他内容予以维持。2022年11月12日，县人民检察院对陈某造成的生态环境损害价值委托鉴定机构进行鉴定，经安徽某某大学野生动植物种及其产品鉴定中心鉴定，案涉34斤中华蟾蜍的生态环境损害价值为42000元。县人民检察院支付鉴定费用800元。

公益诉讼起诉人蚌埠市人民检察院与被告陈某生态环境保护民事公益诉讼一案，蚌埠市人民检察院商请蚌埠市中级人民法院指定由固镇县人民法院管辖，蚌埠市中级人民法院经审查认为，该案侵权行为地主要在固镇县，裁定由固镇县人民法院审理。

经查，陈某本人患有肢体三级残疾无法外出务工，其持有三级残疾证，但仍有一定劳动能力。家中有土地七亩左右，因靠近浍河地势低洼收成较低，陈某赔付42000元的生态环境损害赔偿金较为困难。2024年4月23日，县人民法院和县人民检察院、县林业局针对陈某提出的以提供与环境资源相关的公益劳动赔偿破坏生态行为所造成损失的可行性进行了论证，并制订了《关于陈某公益劳务代偿的方案》，明确了陈某以公益劳务代偿的方式换算、监督、审核、通过等事项。经与陈某所在的某某村民委员会商洽，该村民委员会同意对陈某以公益劳务代偿进行监督。

【案件焦点】

陈某能否以劳务代偿的方式支付生态损害赔偿金。

【法院裁判要旨】

安徽省固镇县人民法院经审理认为：野生动物是地球生命和自然生态体系

的重要组成部分，野生动物的生存状况同人类可持续发展息息相关，依法保护野生动物不仅有利于维护生物的多样性和生态平衡，也有利于保护生态系统的完整性。因生态利益的普惠性，县人民检察院在履行职责中发现破坏生态环境等损害社会公共利益的行为，在没有法律规定的机关和组织提起诉讼的情况下，可以向人民法院提起诉讼。本案中，陈某使用禁猎工具人为乱捕滥猎中华蟾蜍的行为不仅造成野生动物资源数量的直接下降，同时给栖息地生态系统的完整性和平衡性带来实质损害，侵害了社会公共利益。关于陈某造成的生态环境损害价值金额问题，经审查，《安徽某某大学野生动植物种及其产品鉴定中心评估报告书》的评估结果并无不当，法院予以采信。本案中，由于陈某仅有务农收入而且收入较低，其赔付对生态环境造成损失的能力相对欠缺，公益劳务代偿既符合“谁损害、谁赔偿”的环境立法宗旨，又可达到生态环境替代性补偿的目的，同时兼顾了生态资源保护与被告生存发展权利之间的平衡，相对于简单的“一罚了之”，更能体现环境公益诉讼制度设计的初衷。为此，县人民法院与县人民检察院、县林业局经论证后共同制定了《关于陈某公益劳务代偿的方案》，陈某可依该方案确定的内容履行生态环境赔偿费用。

综上所述，安徽省固镇县人民法院判决如下：

一、被告陈某于本判决生效之日起十日内在省级以上新闻媒体向社会公众公开赔礼道歉；

二、被告陈某于本判决生效之日起十日内支付生态损害赔偿金42000元，采用公益劳务代偿的方式履行本项判决内容，即于本判决生效之日起二十四个月完成公益劳动，由固镇县某某村民委员会监督实施，由法院予以审核；经审核通过后，由法院下发执行终结裁定书；若未通过审核，则在审核之日起十日内裁定对生态损害赔偿金进行强制执行；

三、被告陈某于本判决生效之日起十日内支付给公益诉讼起诉人县人民检察院鉴定费800元。

宣判后，各方当事人均未提起上诉、抗诉，判决已经生效。

【法官后语】

一、劳务代偿的性质及其适用依据

劳务代偿是生态环境民事公益诉讼中一种替代性修复的责任承担方式，是指侵权责任人通过承担一定的劳动来代替金钱赔偿。具体是由侵权人进行补植复绿、参加公益劳动和环保法治宣传等劳务代偿方式，让生态环境“破坏者”变为“守护者”。《最高人民法院关于审理环境民事公益诉讼案件适用法律若干问题的解释》第二十条第一款规定：“原告请求修复生态环境的，人民法院可以依法判决被告将生态环境修复到损害发生之前的状态和功能，无法完全修复的，可以准许采用替代性修复方式。”据此，审理环境民事公益诉讼案件中可以准许采用替代性修复方式。审理环境公益诉讼案件适用劳务代偿的责任方式具有法律依据，丰富了生态环境修复责任履行体系也是践行恢复性生态环境司法理念的生动实践。

二、适用劳务代偿的司法审查与履行

相较于金钱赔偿，劳务代偿的适用要求更高，在具体案件中应坚持严格审查标准。一是要严格审查劳务代偿的合理性。劳务代偿的适用前提必须是侵权人具有劳动能力，但家庭经济条件困难，无法通过金钱赔偿的方式来修复被损害的生态环境资源。二是侵权人愿意通过劳务代偿的方式承担生态损害赔偿责任。三是具有明确的劳务代偿履行方案和协助执行单位。应当对照金钱赔偿的数额，按照一定的计算标准（如上一年度本市社会职工年平均工资）确定劳务代偿的方式、工时、期限等，并在判决前确定协助执行的单位，如村、居委会、环保部门、司法局等。四是对劳务代偿履行过程进行监督和确认。法院应全程跟踪侵权人履行劳务代偿的情况，及时评估确认是否达到生态环境替代性补偿的目的。

三、对于劳务代偿的理性评价

劳务代偿具备其独特优势。一方面，劳务代偿符合“谁损害、谁赔偿”的环境立法宗旨，同时兼顾了生态资源保护与侵权人生存发展权利之间的平衡，解决侵权人无力支付赔偿金额的问题，减轻了侵权人的经济压力，进而提升侵权人履行赔偿责任的积极性；另一方面，劳务代偿往往由相关专业单位协助执行，侵权人配合度高，执行效果较好。相较于简单的“一罚了之”，侵权人以现身说法形式生动宣传环保法治意识，传递出生态环境保护的强烈信号，警示教育意义重大，效果显著。

但劳务代偿绝不是优先选项。一方面，劳务代偿责任承担方式存在执行成本高、监管难、耗时耗力、程序繁琐等问题，另一方面，环境修复具有相应的专业性。根据陈某某、杨某某非法捕捞水产品刑事附带民事公益诉讼案①的裁判要旨，水生态系统的人工修复较为专业，且不得对生态环境造成二次伤害，不宜由实施非法捕捞水产品的侵权人自行修复的，可由其承担生态修复资金，交由具有专业知识和技能的人制定生态修复方案、具体实施修复。所以，在司法实践中不宜将劳务代偿作为承担生态环境损害责任方式的优先选项，应严格审查劳务代偿的适用条件，特别是在人工修复较为专业的情况下，要审查侵权人的专业能力，避免对生态环境造成二次伤害，不宜滥用劳务代偿取代经济赔偿，否则，不仅无法实现环境修复目的，还会影响司法公正。

编写人：安徽省固镇县人民法院　徐从奎

33

基于邮寄动物盲盒行为提起的诉讼不属于生态环境保护民事公益诉讼

——某环境研究所诉某货运公司生态环境保护民事公益诉讼案

【案件基本信息】

1. 裁判书字号

郑州铁路运输中级法院（2022）豫71民初7号民事裁定书

2. 案由：生态环境保护民事公益诉讼

① 参见人民法院案例库案例，载https：//rmfyalk. court. gov. cn/view/content. html？ id=JN8ym0%252BTmOcN6QvxUFdpi2zqSqps7CE6BXF5WQiZFTE%253D&lib=ck，2025年3月18日访问。

3. 当事人

原告：某环境研究所

被告：某货运公司

【基本案情】

某货运公司2021年至今一直在违法承运活体动物，其集中运输的物流点在郑州某某物流园内。2022年2月，志愿者在郑州某某物流园截获约66个活体动物快递，其中有8只鸵鸟，36只鸽子，16只山鸡，6只野鸟。志愿者发现时，8只鸵鸟已经全部死亡。2022年5月，志愿者再次在某某物流园发现某货运公司违规邮寄活体动物的违法事实，该批快递从山东省临沂市发出，途经郑州被志愿者发现，活体动物数量在500只左右，发现时已经死亡80%。检查发现邮寄盒中无检验检疫等安全证明。某货运公司在揽收动物盲盒后的快递服务过程中，因多方面的原因导致不少在途动物死亡，这些缺乏检疫的动物无论死活，都会因为传播病毒细菌等高度风险，对公共卫生安全构成严重威胁。某环境研究所请求某货运公司承担违法承运活体动物损害社会公共利益的法律责任。

某环境研究所向郑州铁路运输中级法院提起诉讼，请求判令某货运公司立即停止以揽收动物盲盒等方式违法承运活体动物损害环境公益的行为，就其揽收动物盲盒的公益损害行为在全国主流媒体上向社会公众赔礼道歉，彻底消除动物盲盒快递给公共利益造成的危害风险，并承担本案全部诉讼费用、评估鉴定费用及某环境研究所的调研费、差旅费、合理的律师费等费用。

某货运公司辩称，案涉事件并未造成某环境研究所述称的危害，也缺乏客观依据证明存在相应的危害风险，该案件不属于环境民事公益诉讼的范围，请求驳回某环境研究所的诉讼请求。

【案件焦点】

对邮寄动物盲盒的行为能否提起生态环境保护民事公益诉讼。

【法院裁判要旨】

郑州铁路运输中级法院经审理认为：根据《中华人民共和国民事诉讼法》第五十八条第一款以及《最高人民法院关于审理环境民事公益诉讼案件适用法律若干问题的解释》第一条之规定，对于污染环境、破坏生态，损害社会公共利益的行为，属于人民法院受理环境民事公益诉讼范围。《中华人民共和国环境保护法》第二条规定："本法所称环境，是指影响人类生存和发展的各种天然的和经过人工改造的自然因素的总体，包括大气、水、海洋、土地、矿藏、森林、草原、湿地、野生生物、自然遗迹、人文遗迹、自然保护区、风景名胜区、城市和乡村等。"本案中，现有证据不足以证明案涉违规寄运一定数量活体鸟、鸡等普通动物的行为损害了环境公共利益。因此，某环境研究所以某货运公司违法承运普通动物盲盒损害环境公共利益为由提起环境民事公益诉讼，不属于人民法院受理民事诉讼的范围。根据《中华人民共和国民事诉讼法》第一百二十二条第四项"起诉必须符合下列条件：……（四）属于人民法院受理民事诉讼的范围……"的规定，某环境研究所提起本案诉讼不符合起诉条件，应当依法驳回起诉。

郑州铁路运输中级法院依照《中华人民共和国民事诉讼法》第一百二十二条第四项、第一百五十七条第一款第三项，《最高人民法院关于适用〈中华人民共和国民事诉讼法〉的解释》第二百零八条第三款规定，裁定：

驳回原告某环境研究所的起诉。

宣判后，双方当事人均未上诉，一审裁定生效。

【法官后语】

一、环境民事公益诉讼制度的功能及适用范围

"有损害即有救济"是一条重要的司法原则，环境公共利益受到损害可以诉诸司法救济也是法治的应有之义。自2012年修改《中华人民共和国民事诉讼法》首次明确环境公益诉讼相关法律程序以来，环境民事公益诉讼制度不断发展完善，为生态环境保护提供了必要的司法途径。实践中，一些公益组织积极

参与，不断探索拓展制度边界，是值得肯定的，但其适用应当符合法律规定的范围。

环境民事公益诉讼是法律规定的机关和有关组织依据相关法律规定，对已经损害社会公共利益或者具有损害社会公共利益重大风险的污染环境、破坏生态的行为提起的诉讼。相较于一般的私益诉讼而言，环境民事公益诉讼的目的在于保护生态环境公共利益，只有在污染环境、破坏生态的行为已经损害生态环境公共利益或具有重大风险时，才能适用环境民事公益诉讼制度。

二、环境民事公益诉讼起诉的司法审查

对环境民事公益诉讼起诉条件的司法审查，难点在于“污染环境、破坏生态的行为已经损害社会公共利益或者具有重大风险”的判断。实践中，可从以下两个方面进行审查：

（一）侵权行为：“违反国家规定”污染环境、破坏生态

生态环境侵权行为包括污染环境和破坏生态的行为。《中华人民共和国民法典》第一千二百三十四条、第一千二百三十五条分别规定了“违反国家规定造成生态环境损害”情况下的生态环境修复责任和公益诉讼赔偿范围，这同时也明确了环境公益侵权行为的判断标准——“违反国家规定”污染环境、破坏生态的行为。一般环境侵权纠纷中，不论侵权人行为是否违反国家规定，只要被侵权人的人身、财产受到损害，就可以起诉主张侵权责任；而环境民事公益诉讼则不同，不仅要求被告有污染环境、破坏生态的行为，还要求该行为违反国家规定。

因此，不违反国家规定的行为，就不能纳入环境公益侵权的法律事实，不应被提起环境民事公益诉讼。在环境民事公益诉讼中，应当注意审查原告提供的被告违反国家规定实施污染环境、破坏生态行为方面的证据。如证据充分，应及时向有关机关移送证据、通报情况，因为此时被告的行为往往应受到相应的处罚或制裁。反之，原告的起诉就会因证据不足而被驳回起诉或诉讼请求。

（二）损害后果：已经损害生态环境公共利益或者具有重大风险

现行立法中，尚无对生态环境公共利益的明确界定，一般而言，公共利益是指社会不特定多数人的利益。《生态环境损害鉴定评估技术指南》（GB/T

39791.1—2020）“总纲和关键环节第 1 部分”第 3.2 节将生态环境损害界定为“因污染环境、破坏生态造成环境空气、地表水、沉积物、土壤、地下水、海水等环境要素和植物、动物、微生物等生物要素的不利改变，及上述要素构成的生态系统的功能退化和服务减少”。

在参照上述定义判断侵权行为是否已经损害生态环境公共利益或者具有重大风险时，还应关注“损害”或“风险”的程度，以判断生态环境民事公益诉讼保护的现实必要性。环境保护途径是多维度的，不仅包括审判，还可通过行政管理等手段实现，环境保护也应当与经济发展相互统一、兼顾协调。只有对环境的破坏是直接的、明显的或者具有损害社会公共利益重大风险才适宜纳入生态环境民事公益诉讼；间接、轻微的或者不属于损害社会公共利益重大风险的行为不应纳入。

三、对邮寄动物盲盒能否提起环境民事公益诉讼的认定

本案中，首先应判断邮寄动物盲盒是否构成环境公益侵权行为，再判断该行为是否损害了生态环境公共利益。原告在本案中提出“邮寄盒中无检验检疫等安全证明”“不少在途动物死亡”等事实主张，但在案证据无法证明邮寄动物盲盒行为直接造成“生态环境的不利改变及相应生态系统功能的退化”，或具有相应重大风险，即不能证明被告的行为损害了生态环境公共利益，因此不能纳入环境民事公益诉讼范围，法院应当裁定驳回起诉。

随着“盲盒热”现象的持续，邮寄动物盲盒情况屡有发生，其表现形态多样。对邮寄动物盲盒能否提起环境民事公益诉讼的判断，本案的审查思路可提供参考，个案中还应结合具体案情和证据作出判断。

编写人：郑州铁路运输中级法院　孙燕丽

34

生态环境损害赔偿数额可参照行政处罚罚款数额酌定

——某环境研究所诉某公司环境污染民事公益诉讼案

【案件基本信息】

1. 裁判书字号

江苏省高级人民法院（2023）苏民终 1178 号民事判决书

2. 案由：环境污染民事公益诉讼

3. 当事人

原告（被上诉人）：某环境研究所

被告（上诉人）：某公司

【基本案情】

某环境研究所为民办非企业单位，成立于 2015 年 2 月，其业务范围包含环境公益法律援助方法探索、公众环境观察、公益诉讼的研究和探索等。该研究所章程载明，其单位设立的目的是通过举办环保科普活动、进行环保科学研究，推动公众对环境科学的认知。

某公司成立于 2001 年 8 月，经营范围为纱、线、坯布染整；秸秆收购；房屋租赁。2017 年 4 月至 2020 年 10 月，环保机关以超标排放废水为由对该公司作出六次行政处罚。行政处罚决定书未明确所涉超标为瞬间值超标还是持续超标。

2020 年 3 月 27 日，市生态环境局以某公司通过不正常运行废气污染防治设施的方式排放大气污染物为由，对该公司作出罚款 22 万元、责令立即改正违法行为的行政处罚。2020 年 10 月 20 日，市生态环境局以某公司通过雨水排口逃避监管的方式排放水污染物为由，对该公司作出罚款28万元、责令立即改正违法行为的行政处罚。

经函询市生态环境局，得知：某公司共计8次被行政处罚，共有131万元罚款未能缴纳到位，该公司正在分期缴纳罚款中；自2022年8月以来，共对某公司开展6次执法检查，未发现环境违法行为；目前某公司的污染处理设施均在正常运行，调阅历史监控数据未发现不正常情况。

【案件焦点】

在社会组织已举证证明被告排污行为确实存在生态环境损害，但损害价值难以量化时，生态环境损害赔偿数额如何确定。

【法院裁判要旨】

江苏省南京市中级人民法院经审理认为：某环境研究所提交的部分证据能够证明某公司违反国家规定偷排污染物，造成生态环境损害，某公司应当承担生态环境损害赔偿责任。某公司对于其偷排污染物的名称、浓度、总量等未提供证据予以证明，导致损害费用难以确定，法院参照行政处罚罚款数额，结合某公司的主观过错程度、违规排放频次、对其所受到行政处罚的履行情况、改正情况、当前防治污染设施的建设和运行情况等，酌定生态环境损害赔偿数额。某公司故意实施排污行为，损害了社会公共利益，依法应当公开赔礼道歉。因现有证据未能证明某公司正在实施环境侵权行为或具有现实的污染环境风险，对某环境研究所提出的停止侵害、消除危险的请求，不予支持。某公司应在合理范围内承担某环境研究所支出的律师费及差旅费。具体理由分述如下：

首先，某公司实施了环境违法行为，其中部分行为导致环境损害后果，构成环境侵权。某环境研究所举证的行政处罚信息公示、行政处罚决定书等证据可以证实某公司违反国家规定超标排放废水、通过不正常运行废气污染防治设施的方式排放大气污染物、通过雨水排口逃避监管的方式排放水污染物等环境侵权行为，其部分侵权行为导致环境损害后果。其中，部分证据仅能证明某公司违反国家规定超标排放废水，但不能证明上述超标排放行为系持续实施，且排放行为已实际对生态环境造成了损害。某公司采取逃避监管的方式将未经处理的废水、废气排放至外环境，主观上存在过错，客观上未经处理的废水、废气被持续排放至外环境，必将造成生态环境损害后果。该公司上述行为构成环境侵权。但对于某公司违反国家规定超标排放废水的行为，因现有证据不能证明上述超标排放行为系持续实施，且对生态环境造成了实际损害，对某环境研究所以行政处罚决定书为据要求某公司承担环境侵权责任的请求，不予支持。

其次，某公司应承担赔偿损失、赔礼道歉的环境侵权责任。某公司对其已造成的环境损害后果，应承担生态环境损害赔偿责任，某公司存在主观过错，应对其损害公共利益的行为赔礼道歉。本案参照行政处罚罚款数额酌定生态环境损害赔偿数额。因某公司系偷排，某环境研究所客观上不具备条件对偷排开始时间以及偷排量等进行取证，导致无法对生态环境损害程度、后果进行举证。而某公司作为生产者、偷排行为的实施者完全有能力对其污染物的生成量、浓度、依法合规处置量等事实进行举证，因此应当由某公司对其偷排量承担举证责任认定案涉污染行为所导致的损害后果，法院释明应由某公司对上述事实提供证据，若未按要求举证，法院将参照行政处罚罚款的数额酌定赔偿数额，而某公司逾期未举证。根据《最高人民法院关于审理环境民事公益诉讼案件适用法律若干问题的解释》第二十三条规定，生态环境修复费用难以确定或者确定具体数额所需鉴定费用明显过高的，人民法院可以结合污染环境、破坏生态的范围和程度，生态环境的稀缺性，生态环境恢复的难易程度，防治污染设备的运行成本，被告因侵害行为所获得的利益以及过错程度等因素，并可以参考负有环境资源保护监督管理职责的部门的意见、专家意见等，予以合理确定。本案双方当事人均未对污染物排放量进行有效举证，导致环境修复费用难以确定。但鉴于损害后果实际存在，法院参照对该违法行为的行政处罚罚款数额酌定生态环境损害赔偿数额。某公司因案涉两项违法行为共计被处罚款 50 万元。法院参照该行政处罚罚款数额，并综合考量某公司的主观过错程度、对其所受到行政处罚的履行情况、改正情况、当前污染处理设施的运行情况等，以 50 万元罚款数额为基数，以 1 倍为系数，酌定某公司应承担生态环境损害赔偿费用 50 万元。某公司应就其损害环境行为在媒体上赔礼道歉。某公司违法排放大气污染物、水污染物，存在主观过错，客观上对环境造成了损害，其行为在破坏自然环境本身的同时，也侵犯了公众精神性环境权益。应就其违法排放侵害环境的行为赔礼道歉。赔礼道歉责任的承担不仅可以弥补对公众精神性环境权益的损害，还可以保障公众环境知情权、参与权，提高公众环保意识。综合考虑某公司的过错程度，其环境侵权行为的影响范围、后果等，法院判令该公司就其上述行为在省级媒体上赔礼道歉。

再次，现有证据不能证明某公司正在实施环境侵权行为或存在环境侵权的风险。停止侵害、消除危险的责任承担方式着眼于损害的进一步扩大或者发生，适用于侵权行为正在进行当中，或存在环境污染损害之虞的情形。经向市生态环境局了解，未发现某公司近期存在环境违法行为，当前其污染处理设施均在正常运行。故对某环境研究所主张某公司停止侵害、消除危险的诉讼请求，不予支持。

最后，某公司应在合理范围内承担某环境研究所支出的律师费及差旅费。本案为公益组织作为原告提起的民事公益诉讼，某环境研究所主张某公司承担律师费、为诉讼支出的其他费用等，根据《最高人民法院关于审理环境民事公益诉讼案件适用法律若干问题的解释》第二十二条规定，考虑公益组织在保护公共环境、公民环境权益等方面作出的积极贡献、律师费支出的合理性，结合本案证据情况以及某环境研究所诉讼代理人在本案中的实际工作量等因素，法院酌定某公司应给付某环境研究所律师费、差旅费 5 万元。

江苏省南京市中级人民法院依照《中华人民共和国环境保护法》第五十八条、第六十四条，《中华人民共和国侵权责任法》第六十五条、第六十六条，《最高人民法院关于审理环境侵权责任纠纷案件适用法律若干问题的解释》第六条，《最高人民法院关于审理环境民事公益诉讼案件适用法律若干问题的解释》第三条、第十三条、第十八条、第二十二条、第二十三条，《中华人民共和国民事诉讼法》第五十八条、第六十七条、第一百五十一条之规定，判决如下：

一、某公司于判决生效之日起十五日内向法院缴纳生态环境损害赔偿款50万元；

二、某公司于判决生效之日起十五日内就其违法排放损害环境的行为在省级媒体上赔礼道歉；

三、某公司于判决生效之日起十五日内向某环境研究所支付律师费及差旅费共计5万元；

四、驳回某环境研究所的其他诉讼请求。

某公司不服一审判决，提起上诉。

江苏省高级人民法院经审理同意一审法院裁判意见，依照《中华人民共和国民事诉讼法》第一百七十七条第一款第一项规定，判决如下：

驳回上诉，维持原判。

【法官后语】

本案是人民法院参照环境违法行为对应的行政处罚罚款数额进行生态环境损害赔偿数额酌定的典型案例。《最高人民法院关于审理环境民事公益诉讼案件适用法律若干问题的解释》第二十三条规定，生态环境修复费用难以确定时，人民法院可以予以合理确定。根据上述规定，在社会公益组织提起的环境民事公益诉讼案件中，损害后果因举证不能或者鉴定不能等客观原因难以量化时，人民法院可以参照一定的标准对生态损害赔偿数额进行司法酌定。该酌定规则的适用不仅符合诉讼经济原则，有助于解决环境公益诉讼案件中存在的“取证难”问题，而且符合环境正义原则，有益于提高社会组织参与环境保护的积极性，促进多方形成参与环境保护合力。需要注意的是，类案并非均可酌定。环境民事公益诉讼案件中参照行政处罚罚款数额酌定生态损害赔偿数额的关键在于既要符合特定的酌定前提，又要规范适用酌定的方法。

一方面，酌定前应审查该案是否同时满足损害事实、技术瓶颈、程序要求这三大酌定前提。前提一为存在损害的基本事实，即被告存在环境违法行为，且已实际造成生态环境损害的后果。这一后果表现为有证据证明存在由污染环境、破坏生态行为造成的生态环境恶化、生态功能退化等不良损害。从本案看，在案证据能证明被告存在采取逃避监管的方式排放未经处理的废水、废气的行为且实际造成生态环境损害的后果，但对被告存在的超标排放废水的行为，因未有证据证明该行为系持续实施，进而无法证明该排放行为对生态环境实际造成了损害，故法院未支持原告要求被告就该超标排放行为承担责任的诉讼主张。概言之，现有证据不能证明损害后果存在的环境违法行为不能纳入酌定赔偿的范畴。前提二为损害后果难以量化的技术瓶颈，即在原告已穷尽其举证责任的前提下，现有证据仍无法量化生态环境损害价值，亦难以通过鉴定、评估的方式确定。实践中，对于偷排等隐蔽性较强的环境污染行为，原告不具备对污染时间、污染量等进行举证的客观条件，加之偷排废水、废气污染后果显现的滞后性，客观上亦不具备进行鉴定、评估的可能。以上双重因素导致案涉生态环境损害的后果难以准确量化，这亦成为人民法院行使自由裁量权进行酌定的正当理由，只有在综合考虑相关因素进行损害价值酌定，才能公正实现生态环境权益的司法保障。前提三为向被告释明举证责任的程序要求，即人民法院应当向被告及时释明其应当在一定期限内举证证明与环境损害后果相关的事实，否则损害价值将参考行政处罚罚款数额进行酌定。以本案为例，某公司经法院释明仍未能提供其违法排放污染物的种类、浓度及数量等能够证明其损害后果低于相应行政处罚罚款数额的证据，那么依法应当承担举证不能的不利后果。

另一方面，酌定时应结合酌定生态环境损害赔偿数额确定的“基数”与“系数”两大要素，两要素相乘得出生态环境损害赔偿的具体数额。第一要素是酌定基数，即以环境违法行为对应的行政处罚罚款数额作为酌定生态环境损害赔偿数额的基数。行政法的过罚相当原则要求行政处罚应与违法行为的性质、情节及危害程度相适应，鉴于环境行政违法行为与环境民事侵权行为的同一性，行政处罚结果与违法行为的性质、情节及危害程度的匹配性，以行政处罚结果作为酌定生态环境损害赔偿数额的基数不仅能够实现生态环境损害的损失填平原则，还能在一定程度上发挥对环境污染行为的惩戒功能。第二要素是酌定系数，即人民法院应当综合考虑被告的主观过错程度、环境违法频次、对其所受到行政处罚的履行情况、改正情况、防治污染设施的建设和运行情况等因素，以系数1为基准在0.5—2之间确定系数。[①] 酌定系数的确定，划定了生态环境侵权责任的具体幅度，旨在保障人民法院审理不同案件时能够根据个案特征充分而规范地发挥自由裁量权。若被告的主观过错较轻、对环境损害的影响较小，则可在系数1之下就低确认，反之则应在系数1之上就高确认，具体应当结合不同案件的侵权因素综合考虑。以本案为例，被告的行政处罚情况以及生态环境局对被告经营现状的回函可以证明，被告现行的污染处理设备正常运行，近期未发现环境违法行为，故在被告总体对生态环境影响不大，但也未实施对环境有益行为的情况下，可确定本案酌定系数为1，结合已经确定的50万元罚款的酌定基数，本案生态环境损害赔偿数额依法酌定为50万元。本案确定的参照行政处罚罚款数额酌定生态环境损害赔偿数额的裁判规则，一方面彰显了人民法院护佑生态环境，打击污染、破坏生态环境行为的"双严"决心，另一方面体现了环资审判"三合一"的特色，实现了司法与行政、惩戒与修复的衔接，对生态环境治理起到有效促进作用，对类案裁判具有参考意义。

编写人：江苏省南京市中级人民法院　陈晓霞　朱瑞娜

---

① 《最高人民法院关于审理生态环境侵权纠纷案件适用惩罚性赔偿的解释》第十条规定："人民法院确定惩罚性赔偿金数额，应当综合考虑侵权人的恶意程度、侵权后果的严重程度、侵权人因污染环境、破坏生态行为所获得的利益或者侵权人所采取的修复措施及其效果等因素，但一般不超过人身损害赔偿金、财产损失数额的二倍。因同一污染环境、破坏生态行为已经被行政机关给予罚款或者被人民法院判处罚金，侵权人主张免除惩罚性赔偿责任的，人民法院不予支持，但在确定惩罚性赔偿金数额时可以综合考虑。"

35

碳汇价值认购替代森林生态环境损害赔偿的适用及认定

——区检察院诉刘某某生态破坏民事公益诉讼案

【案件基本信息】

1. 裁判书字号

四川省广元市昭化区人民法院（2023）川0811民初159号民事判决书

2. 案由：生态破坏民事公益诉讼

3. 当事人

公益诉讼起诉人：区检察院

被告：刘某某

【基本案情】

被告刘某某从事贩卖木材生意。2021年12月底至2022年1月，案外人王某甲欲向刘某某出售树木，刘某某在明知王某某未办理采伐地“某坟林”（位于某区某镇某村某组）的采伐许可证的情况下，雇请工人在“某坟林”采伐柏树44株、松树1株，其间，又在未办理林木采伐许可证的情况下，刘某某购买并采伐王某乙自留山“某坟林”柏树34株、王某丙自留山“某坟林”柏树4株及同位于某镇某村某组龙某某承包土地“长某田”“落某田”田边地角非林地上的柏树5株，所采伐树木断料悉数销售至某木业加工厂，销售金额总计19510元。

2022年7月，区检察院委托某科技公司对刘某某滥伐林木对生态环境造成的损害制定《刘某某案生态修复方案》，林业主管部门广元市某区林业局批复同意该方案。该方案确认刘某某滥伐林木造成生态环境损害所需生态修复费用为1368元，该方案编制费用500元由区检察院垫付。2022年9月，区检察院委托广元市林业和草原局高级工程师、碳排放管理师（高级）赵某出具《关于刘某某滥伐某坟林等处林木碳汇价值测算报告》，测算出刘某某滥伐林木行为造成所伐88株林木生长期储固碳量损失128.91吨，依据案发时全国碳市场（CEA）挂牌成交价格58元/吨计算，刘某某造成林木生长期碳汇价值损失7477.27元。

针对刘某某的上述违法行为，因其情节轻微、具有自首情节且自愿认罪认罚，区检察院于2022年6月13日作出不予起诉的决定。对于违法所得款项应另行追缴，本案中不宜处理。

因刘某某滥伐林木的行为损害了社会公共利益，区检察院起诉要求判决刘某某承担生态修复费1368元、碳汇价值损失7477.27元、《生态修复方案》编制费用500元。

【案件焦点】

碳汇价值认购替代森林生态环境损害修复赔偿能否支持。

【法院裁判要旨】

四川省广元市昭化区人民法院经审理认为：公益诉讼起诉人区检察院在提起本案公益诉讼前进行了公告，公告期满后，没有符合提起环境民事公益诉讼条件的机关或有关组织提起诉讼，区检察院提起本案诉讼主体适格，程序合法。

森林是人类赖以生存和发展的环境资源，保护森林资源，是每一个公民应尽的责任。目前，我国林木的所有权、使用权和采伐权相分离，自留山（地）所有权归集体所有，只交由村民使用、管理和收益。《中华人民共和国森林法》第五十六条规定，采伐林地上的林木应当申请采伐许可证，并按照采伐许可证的规定进行采伐。《中华人民共和国森林法实施条例》第三十四条规定，木材收购单位和个人不得收购没有林木采伐许可证或者其他合法来源证明的木材。林木资源是国家森林资源的一部分，具有生态、社会和财产的多重属性和价值。本案中，被告刘某某长期从事木材收购生意，应当知晓收购木材所必须具备的条件，却在明知需收购的林木没有采伐许可证的情况下仍然进行收购，并且雇佣工人无证砍伐较大数量林木，造成植被毁损，森林固碳能力减弱，破坏了生态环境，损害了环境公共利益，依法应当承担相应的民事责任。公益诉讼起诉人委托某科技公司出具了《刘某某案生态修复方案》，载明刘某某采取支付实施新造林1.2亩并完成抚育管理项目相关费用的方式承担生态修复责任。据此，刘某某承担责任的方式为生态修复责任的替代性修复方式，刘某某亦当庭表示愿意按照该方案支付生态修复费用，故对公益诉讼起诉人要求刘某某按照《刘某某案生态修复方案》支付生态修复费用1368元并承担该方案编制费500元的诉讼请求，予以支持。

《中华人民共和国民法典》第一千二百三十五条规定："违反国家规定造成生态环境损害的，国家规定的机关或者法律规定的组织有权请求侵权人赔偿下列损失和费用：（一）生态环境受到损害至修复完成期间服务功能丧失导致的损失……"《最高人民法院关于审理森林资源民事纠纷案件适用法律若干问题的解释》第十九条规定："人民法院依据民法典第一千二百三十五条的规定确定侵权人承担的森林生态环境损害赔偿金额，应当综合考虑受损森林资源在调节气候、固碳增汇、保护生物多样性、涵养水源、保持水土、防风固沙等方面的生态环境服务功能，予以合理认定。""森林碳汇"是指森林植物吸收大气中的二氧化碳并将其固定在植被或土壤中，从而减少该气体在大气中的浓度。毁损的林木生长需要时间，生态修复也需要过程，在此期间必然造成森林储固碳量的损失，对公益诉讼起诉人要求刘某某按照碳汇价值测算报告承担碳汇价值损失7477.27元的诉讼请求，予以支持。

四川省广元市昭化区人民法院依照《中华人民共和国民法典》第一百七十六条、第一百七十九条、第一千二百三十四条、第一千二百三十五条，《中华人民共和国森林法》第十四条、第五十六条、第五十七条，《最高人民法院关于审理森林资源民事纠纷案件适用法律若干问题的解释》第十八条、第十九条，《最高人民法院关于审理环境民事公益诉讼案件适用法律若干问题的解释》第二十条、第二十一条、第二十三条，《中华人民共和国森林法实施条例》第三十四条第二款，《中华人民共和国民事诉讼法》第六十七条、第一百四十五条规定，判决：

一、被告刘某某在本判决生效之日起 10 日内，赔偿生态修复费 1368.00 元、碳汇价值损失 7477.27 元，共计 8845.27 元；

二、被告刘某某在本判决生效之日起 10 日内，向公益诉讼起诉人区检察院支付《生态修复方案》编制费 500 元。

宣判后，各方当事人均未提起上诉、抗诉，判决已经生效。

【法官后语】

碳汇，是指通过植树造林、森林管理、植被恢复等措施，利用植物光合作用吸收大气中的二氧化碳，并将其固定在植被和土壤中，从而减少温室气体在大气中浓度的过程、活动或机制。认购碳汇作为生态环境损害替代性修复责任承担方式，是对直接修复方式的一种有益补充。

司法实践中，认购碳汇替代履行侵权人生态环境损害赔偿责任，具有以下特点：一是受侵害的环境要素为森林、林木、林地等森林资源，侵害行为主要是滥伐林木等，这决定了修复方式主要是植树造林。二是生态环境原地修复存在困难或者没有必要，故采取认购林业碳汇方式进行异地造林修复。三是侵权人承担修复责任的同时，除对其依据《中华人民共和国民法典》第一千二百三十五条应当承担的生态服务功能期间损失外，还可以采取认购林业碳汇的方式进行折抵。四是在刑事案件中被告人认购林业碳汇的行为会被认定为具有悔罪表现、积极修复生态环境的情节，可获得从宽处理。五是认购林业碳汇主要通过当地碳交易机构进行，部分地区可通过公共交易平台操作。

本案的被侵害的环境要素为林木，生态环境原地修复存在周期长，幼树固碳能力弱等困难，被告通过认购碳汇价值损失用于当地生态公益林建设，以更加科学有效的方式弥补因树木被非法砍伐导致生态环境受到损害至修复完成期间的损失，达到了替代性修复生态环境的目的。被告主动认购林业碳汇的行为在刑事诉讼中被检察机关认定为具有认罪认罚表现，检察机关遂作出不予起诉决定。

本案难点在于若确定被损害林木碳汇价值启动司法鉴定，势必会出现鉴定成本远高于诉请金额的尴尬处境，综合实际情况，公益诉讼起诉人就涉案林木采取由技术专家提供专家意见的方式确定环境损害数额，并申请出具涉案林木碳汇价值测算报告的专家就案件所涉的专业性问题出庭作证，鉴于环境资源案件的专业性和复杂性，须专家意见可靠性进行判断。法院就涉案林木碳汇价值测算报告向专家库中广元市林业局林业及碳汇方面的专家进行了书面咨询，专家的意见为：参考正在修订和完善的碳汇方法学等标准进行林木碳汇测算，可为林木碳汇价值测算提供参考。本案经综合评判，认为技术专家测算意见中所用的测算方法是我国目前在林业碳汇测算方面较为权威的碳汇测算方法，具有科学性和合法性，该测算意见可以作为确定本案碳汇价值损失的依据，因此，对公益诉讼起诉人要求被告按照碳汇价值测算报告承担碳汇价值损失7477.27元的诉讼请求，法院予以支持。

当前，实现“碳达峰、碳中和”是国家应对气候变化的重大战略部署，“以碳代偿”弥补了生态环境受到损害至修复完成期间的损失，可达到替代性修复生态环境的目的。本案为广元市首次尝试让当事人支付碳汇认购金用于种植碳汇林，将碳汇价值损失赔偿费用用于当地的公益生态林建设，破解了传统修复手段“补植复绿”的局限性，丰富了多元化修复性环境司法的实践样本，切实将民法典生态环境损害赔偿制度落实见效。

编写人：四川省广元市昭化区人民法院　焦熙

36

刑事案件中为查明固体废物危险特性进行鉴别产生的鉴定费用，不应当在生态环境损害赔偿案件中由赔偿义务人承担①

——市生态环境局诉陈某某生态环境损害赔偿案

【案件基本信息】

1. 裁判书字号

广东省汕头市中级人民法院（2023）粤05民初167号民事判决书

2. 案由：生态环境损害赔偿纠纷

3. 当事人

原告：市生态环境局

被告：陈某某

【基本案情】

陈某某系某河某渡口渡船经营者。2021年4月17日23时许，陈某某对该渡口周边和渡口下游十几米的堤坝进行冲洗，导致某河堤上黑色废油渣的油污流入某河，造成饮用水水源保护区水体污染。市生态环境局某分局联合多部门前往某河某渡口查找污染源，并对陈某某进行调查询问。同月19日10时许，陈某某明知市生态环境局某分局工作人员已对某河饮用水水源保护区水体污染进行调查，仍将更换渡船发动机的废机油约6升倾倒在某渡口上游约5米处的堤顶处，废弃机油桶则丢弃在附近的垃圾桶中。同日11时许，汕头市公安局某

① 入库案例，参见人民法院案例库2024-11-2-466-015。

分局根据市生态环境局某分局通报到上述渡口找陈某某调查时，发现堤顶处有倾倒的废机油，即将陈某某传唤到案。

陈某某因涉嫌犯污染环境罪于2021年4月19日被羁押，2021年4月20日被刑事拘留，2021年4月28日被逮捕。2021年7月1日，法院作出（2021）粤××××刑初×××号刑事判决，认定陈某某构成污染环境罪，判处有期徒刑一年，并处罚金人民币5000元。该刑事判决已经发生法律效力。

2021年4月21日，市生态环境局某分局组织执法人员到现场调查取证。经调查，现场发现的黑色废油渣符合废机油的外观和气味特征，属于《国家危险废物名录（2021年版）》废物类别“HW08废矿物油与含矿物油废物”中代码为“900-249-08”的危险废物。4月30日，市生态环境局某分局委托生态环境部某环境科学研究所对案涉非法倾倒固废危险特性进行鉴定。2021年5月，该研究所出具《某区某河水源保护区某渡口涉嫌非法倾倒固废案固废危险特性鉴别》报告，鉴别结论为：案涉两处涉嫌非法倾倒固废及清理收集的沾有倾倒固废的土壤混合物为危险废物，废物代码为：900-000-08，危险特性：“T”。市生态环境局某分局向该研究所支付委托业务费合共100000元。2022年8月19日，市生态环境局某分局委托某司法鉴定中心对案涉非法倾倒固废案环境损害（地表水环境损害鉴定、固体废物处置费用）进行鉴定。该鉴定中心于2022年10月20日出具《司法鉴定意见书》，鉴定意见为：……本次鉴定计入的生态环境损害价值量化内容包括固体废物处置费用和事务性费用，合计134000元，其中固体废物处置费用4000元，固体废物危险特性鉴别费用100000元，本次司法鉴定服务费30000元。2023年1月，市人民政府指定市生态环境局代表市政府启动生态环境损害赔偿磋商工作，如磋商不能达成协议，则依法向人民法院提起诉讼。2月17日，市生态环境局指定市生态环境局某分局与陈某某就其案涉倾倒危险废物造成的生态环境损害赔偿事项进行磋商，经磋商未能达成一致意见。故市生态环境局向法院提起民事诉讼，请求判令陈某某赔偿上述费用。

【案件焦点】

陈某某是否应承担固体废物处置费用、固体废物危险特性鉴别费用及环境损害鉴定服务费。

【法院裁判要旨】

广东省汕头市中级人民法院经审理认为：市生态环境局提起本案生态环境损害赔偿诉讼，符合《最高人民法院关于审理生态环境损害赔偿案件的若干规定（试行）》第一条规定的提起诉讼的条件和程序，诉讼主体适格。

关于市生态环境局请求陈某某赔偿固体废物处置费用4000元及环境损害司法鉴定服务费30000元的问题。陈某某在经营渡船过程中，将更换渡船发动机的废机油倾倒在某区某河饮用水水源保护区某渡口的堤顶处，造成土壤环境受到严重污染，经生态环境部某环境科学研究所鉴定，沾有倾倒固废的土壤混合物为危险废物，根据《中华人民共和国固体废物污染环境防治法》第七十九条、《中华人民共和国民法典》第一千二百二十九条的规定，陈某某应承担污染环境的侵权责任。经某司法鉴定中心鉴定，某河某渡口受污染土壤的固体废物处置费用4000元，司法鉴定服务费30000元，上述费用属于清除污染及为生态环境损害赔偿磋商和诉讼支出的鉴定费用。根据《中华人民共和国民法典》第一千二百三十五条，《最高人民法院关于审理生态环境损害赔偿案件的若干规定（试行）》第十一条、第十四条的规定，市生态环境局请求判令陈某某承担该费用，具有事实和法律依据，依法予以支持。

关于市生态环境局请求陈某某赔偿固体废物危险特性鉴别费用100000元的问题。陈某某因涉嫌犯污染环境罪被逮捕后，市生态环境局某分局于2021年4月30日委托生态环境部某环境科学研究所对案涉非法倾倒固废危险特性进行鉴定，属于公安机关在办理陈某某涉嫌污染环境犯罪案件时，为查明生态环境损害程度和损害事实，委托相关机构出具的鉴定意见。市生态环境局请求判令陈某某承担固体废物危险特性鉴别费用100000元，缺乏法律依据，依法不予支持。

关于陈某某辩称其已受到刑事处罚，也缴纳了罚金，现在还要求其支付赔偿款不合理的意见。根据《中华人民共和国民法典》第一百八十七条的规定，陈某某已经承担刑事责任并不影响其承担本案侵害生态环境行为的民事责任，故该辩解意见缺乏法律依据，不予采纳。

广东省汕头市中级人民法院依照《中华人民共和国固体废物污染环境防治法》第七十九条，《中华人民共和国民法典》第一百八十七条、第一千二百二十九条、第一千二百三十五条，《最高人民法院关于审理生态环境损害赔偿案件的若干规定（试行）》第一条、第十一条、第十四条规定，判决如下：

一、被告陈某某赔偿固体废物处置费用4000元和司法鉴定服务费30000元；

二、驳回原告市生态环境局的其他诉讼请求。

宣判后，双方当事人均未上诉，一审判决生效。

【法官后语】

《中华人民共和国民法典》第一千二百三十五条规定，侵权人应承担生态环境损害调查、鉴定评估等费用。但对于生态环境损害行为构成犯罪已经被追究刑事责任的，公安机关为指控犯罪在侦查阶段委托鉴定机构进行鉴定所产生的鉴定评估等费用，依法由公安机关承担，政府指定的部门、机构提起生态环境损害赔偿诉讼，主张由侵权人承担该笔鉴定评估费用缺乏法律依据，人民法院不予支持。

首先，《生态环境损害赔偿管理规定》第十九条第二款规定："公安机关在办理涉嫌破坏环境资源保护犯罪案件时，为查明生态环境损害程度和损害事实，委托相关机构或者专家出具的鉴定意见、鉴定评估报告、专家意见等，可以用于生态环境损害调查。"根据该规定，公安机关在办理污染环境刑事案件过程中，委托相关机构出具的鉴定意见可以用于生态环境损害调查。本案中，公安机关为了追究陈某某犯污染环境罪委托鉴定机构对案涉固体废物危险特性进行鉴别，市生态环境局在提起本案生态环境损害民事诉讼中，可将该固体废物危险特性鉴别结论作为主张陈某某存在损害生态环境侵权事实的证据。

其次，先行刑事案件为确定犯罪事实进行的鉴定所产生的鉴定费用不应由侵权人承担。《中华人民共和国刑事诉讼法》第五十一条规定："公诉案件中被告人有罪的举证责任由人民检察院承担……"第五十二条规定："审判人员、检察人员、侦查人员必须依照法定程序，收集能够证实犯罪嫌疑人、被告人有罪或者无罪、犯罪情节轻重的各种证据……不得强迫任何人证实自己有罪……"根据上述规定，在刑事案件中，证实被告人有罪的举证责任应由公诉机关承担，审判人员、检察人员、侦查人员不能要求被告人举证证实自己有罪。本案中，公安机关因陈某某涉嫌污染环境犯罪对其立案侦查，为查明生态环境损害程度和损害事实，委托鉴定机构对陈某某非法倾倒的废机油进行固废危险特性鉴定，确定陈某某的犯罪事实和追究陈某某的刑事责任。该鉴定结论属于公安机关在办理陈某某涉嫌污染环境犯罪案件时证明被告人有罪的证据，举证责任由公安机关承担，鉴定费用依法应由公安机关承担。据此，本案中公安机关为查明案情，在侦查阶段委托相关机构对案涉固体废物危险特性进行鉴别，并成为证实陈某某有罪的定案依据，由此产生的鉴定费用依法应由公安机关承担，市生态环境局主张由陈某某承担缺乏法律依据。

综上，在办理被告人涉嫌污染环境犯罪刑事案件过程中，为查明生态环境损害程度和损害事实，委托相关机构或者专家出具的鉴定意见、鉴定评估报告、专家意见，并作为刑事诉讼证据使用，由此产生的费用依法应在刑事案件中处理。省级、市地级政府及其指定的部门、机构提起生态环境损害赔偿诉讼主张由赔偿义务人支付该笔费用的，人民法院不予支持。

编写人：广东省汕头市中级人民法院　陈壮丽　周司琪

37

生态环境损害赔偿纠纷中原告行使请求权是否超过诉讼时效的认定

——某市水利局诉方某某等生态环境损害赔偿案

【案件基本信息】

1. 裁判书字号

广东省高级人民法院（2023）粤民终5908号民事裁定书

2. 案由：生态环境损害赔偿纠纷

3. 当事人

原告（被上诉人）：某市水利局

被告（上诉人）：方某某、梁某某、列某某

【基本案情】

方某某系A公司和B公司的实际控制人，梁某某、列某某共同协助方某某管理该两家公司。2011年至2012年，方某某获悉某大桥附属航槽改线疏浚工程由C公司负责疏浚和拍卖疏浚物后，分别以B公司、A公司的名义与C公司签订疏浚物的《资产交易合同》《某大桥项目航槽改线疏浚首期工程合同》，取得以6244.07万元的价格向C公司购买177.14万立方米疏浚物的受让权利和疏浚施工的承包权，承包共8.6千米的疏浚工程，挖掘疏浚物为177.14万立方米。为了多采河砂而牟取更大的非法经济利益，方某某纠合梁某某、列某某在2011年6月至2014年5月利用C公司监管不严的漏洞，在超过批准的疏浚工程槽底高程的河道及超过批准的疏浚工程量进行采砂作业。其间，不顾C公司、水务局水利水政监察支队等部门巡查发现查处的通报，仍继续违规作业。

同时不按“疏浚物的交付及监管”的合同要求如实申报交易河砂量，弄虚作假，超量销售非法开采的河砂，逃避政府相关部门对疏浚工程中所采河砂总量的如实统计。卖砂的现款由方某某或伙同梁某某、列某某存入某银行账户，用于购买股票。

2016年8月5日，广东省水利厅认定A公司在超过批准的疏浚工程槽底高程的河道及超过批准的疏浚工程量进行采砂作业，未依法办理河道采砂许可手续，属于无河道采砂许可证的非法采砂行为，造成矿产资源破坏价值46674.525万元。

2019年1月31日，法院作出（2017）粤××××刑初×××号刑事判决，认定梁某某犯非法采矿罪，判处有期徒刑二年三个月，并处罚金人民币10万元；列某某犯非法采矿罪，判处有期徒刑二年三个月，并处罚金人民币10万元。2022年11月4日，法院作出（2020）粤××刑终×××号刑事判决，认定方某某犯非法采矿罪，判处有期徒刑三年六个月，并处罚金人民币20万元；本案冻结的方某某、同案人梁某某、列某某等人账内的存款及股票予以没收，上述存款与股票变卖款不足人民币46674.52万元的部分，予以继续追缴，上缴国库。

2022年10月17日，某市水利局委托生态环境部某环境科学研究所负责案涉非法采砂案导致生态环境损害的评估工作。同年12月，该研究所出具评估报告，认定A公司在案涉非法采砂造成的生态环境损害数额汇总为58873.25万元，其中非法采砂行为导致生态系统破坏的修复费用（恢复生态系统）共46674.525万元，非法采砂行为导致的生物被破坏价值量化共12198.725万元。某市水利局向生态环境部某环境科学研究所支付技术咨询报酬总额为35万元。

某市检察院于2022年9月14日将案涉非法采矿罪线索移送某市水利局，某市水利局经与方某某、梁某某、列某某磋商生态环境损害赔偿事宜无果后提起本案诉讼。

某市水利局委托某律师事务所代其进行本案生态环境损害赔偿的磋商、诉讼等工作，为此支出律师费30万元。

【案件焦点】

1. 某市水利局提起本案诉讼是否已超过诉讼时效；2. 本案的赔偿数额应如何认定；3. 本案的赔偿责任应如何承担。

【法院裁判要旨】

广东省肇庆市中级人民法院经审理认为：关于诉讼时效的问题。被告方某某、梁某某、列某某非法开采行为造成矿产资源破坏，被破坏的生态系统尚未进行修复，即侵权事实尚在持续。《中华人民共和国民法典》第一百八十八条规定的向人民法院请求保护民事权利的诉讼时效期间为三年。诉讼时效期间自权利人知道或者应当知道权利受到损害以及义务人之日起计算。虽然公安机关在刑事案件侦查过程中曾向某市水利局调取过相关资料，但该水利局提交的材料没有具体明确的侵权行为人及具体侵权事实，无法证实该局此时已知道侵权主体。某市水利局于2022年9月14日收到案件线索后，于同年12月15日即开始就生态环境损害赔偿与三被告进行磋商，其行为符合《生态环境损害赔偿管理规定》第十七条的规定。《最高人民法院关于审理生态环境损害赔偿案件的若干规定（试行）》第五条明确磋商是提起诉讼的前置程序。据此，当某市水利局与造成生态环境损害的主体经磋商未达成一致或者无法进行磋商时，方可提起生态环境损害赔偿诉讼。某市水利局与三被告进行磋商时即发生诉讼时效的中断，故其于2023年1月12日向法院提起诉讼时，本案未超过法定三年诉讼时效。

关于赔偿数额认定的问题。根据《最高人民法院关于审理生态环境损害赔偿案件的若干规定（试行）》第十条及第十二条的规定，某市水利局委托的生态环境部某环境科学研究所具备相应的鉴定资质，其出具的生态环境损害评估报告程序合法，内容符合法定证据标准，该报告中作为认定生态环境修复费用依据的《关于非法开采某大桥河段建筑用砂造成矿产资源破坏价值的鉴定结论》在已发生法律效力的刑事判决中作为定案证据，故法院对该评估报告予以采信。三被告虽对该评估报告有异议，但其未能提供充分有效的证据推翻该评估报告结论，应由其承担举证不能的不利后果。三被告非法采砂的行为造成生态环境受到损害，因此产生的修复费用及导致生物被破坏的损失588732500元，应由三被告承担。

关于律师费及评估鉴定费用的问题。根据《最高人民法院关于审理环境民事公益诉讼案件适用法律若干问题的解释》第二十二条和《广东省物价局、司法厅律师服务收费管理实施办法》的相关规定，本案委托代理合同就本案磋商、诉讼事宜约定律师代理费为30万元在合理范围内，应予支持。某市水利局委托生态环境部某环境科学研究所负责案涉非法采砂导致生态环境损害的评估工作，为此支出技术咨询报酬总额为35万元。该费用属于鉴定评估费用，且标准在合理范围内，某市水利局向三被告主张该鉴定评估费用，予以支持。

关于赔偿责任承担的问题。虽然三被告已因案涉非法采矿行为被判处有期徒刑、罚金及没收非法所得，但根据《中华人民共和国民法典》第一百八十七条规定，侵权人承担了刑事责任的，并不影响其承担民事责任。因此，三被告除承担刑事责任外，还应该就非法采砂行为造成涉案河段生态环境损害承担民事赔偿责任。三被告为牟取非法经济利益，在疏浚工程中进行非法采砂的行为共同造成生态环境损害，应对本案损失承担赔偿责任。根据《中华人民共和国民法典》第一千一百六十八条和《最高人民法院关于审理环境侵权责任纠纷案件适用法律若干问题的解释》第二条规定，三被告均实施了侵权行为，且难以区分各人的侵权行为对造成环境污染的具体份额或比例，其各自的过错相互结合后造成了同一损害，三被告的过错表现和损害后果均具有同一性，构成共同侵权，三被告应连带赔偿某市水利局生态环境损害赔偿款588732500元、鉴定评估费用35万元及律师费30万元。某市水利局要求三被告对本案损失承担连带赔偿责任的诉讼请求，理据充分，法院予以支持。

广东省肇庆市中级人民法院依照《最高人民法院关于适用〈中华人民共和国民法典〉时间效力的若干规定》第一条，《最高人民法院关于审理生态环境损害赔偿案件的若干规定（试行）》第十条、第十一条、第十二条，《最高人民法院关于审理环境侵权责任纠纷案件适用法律若干问题的解释》第二条，《最高人民法院关于审理环境民事公益诉讼案件适用法律若干问题的解释》第二十二条规定，判决如下：

一、被告方某某、梁某某、列某某应于本判决发生法律效力之日起十五日内连带赔偿原告某市水利局环境修复费用588732500元、评估鉴定费用35万元及律师费30万元；

二、驳回原告某市水利局的其他诉讼请求。

方某某、梁某某、列某某不服，提起上诉。广东省高级人民法院因上诉人在规定的期限内没有缴纳二审案件受理费，裁定：

按自动撤回上诉处理。

【法官后语】

生态文明建设是关乎社会经济可持续发展的根本大计，良好的生态环境是普惠大众的民生福祉。《中华人民共和国民法典》将绿色原则确立为基本原则，并在侵权责任编的第七章“环境污染和生态破坏责任”第一千二百三十二条新增生态环境损害赔偿制度，有力地回应了社会发展面临的环境问题，具有鲜明的中国特色、实践意义、时代特征。本案正是生态环境损害赔偿制度的实践应用，正确认定本案中原告行使请求权是否超过诉讼时效，对于细化落实生态环境损害赔偿制度的适用规则、及时有效修复受损环境具有重要意义。

一、关于生态环境损害赔偿纠纷诉讼时效的法律适用

根据《最高人民法院关于适用〈中华人民共和国民法典〉时间效力的若干规定》第一条规定，生态环境损害的侵权行为发生在民法典施行前，该侵权行为导致生态环境损害的法律事实持续至民法典施行后，所引起的生态环境损害赔偿纠纷案件，应适用民法典的规定。本案被告方某某、梁某某、列某某非法开采建筑用砂量1324.10万立方米，造成矿产资源破坏，因其非法采砂行为而被破坏的生态系统尚未修复，三被告的侵权损害事实持续至民法典施行后，因此本案生态环境损害赔偿纠纷的诉讼时效问题，应适用民法典中关于诉讼时效的规定。

二、关于生态环境损害赔偿纠纷诉讼时效起算时间的认定

《中华人民共和国民法典》第一百八十八条规定，向人民法院请求保护民

事权利的诉讼时效期间为三年。法律另有规定的，依照其规定。诉讼时效期间自权利人知道或者应当知道权利受到损害以及义务人之日起计算。生态环境损害赔偿纠纷的诉讼时效应当自权利人知道或者应当知道其权利受到损害和有确定的义务人时起算。在无证据证实权利人已经知道或者应当知道侵权主体的情况下，不应认定诉讼时效开始计算。本案中，虽然公安局于2016年8月19日在侦查该案过程中曾向某市水利局调取过案涉工程的有关资料，但某市水利局向公安局提交的材料并未有具体明确的侵权行为人及具体侵权事实，无法证实某市水利局此时已知道侵权主体。2022年9月14日，某市水利局接到人民检察院移送的本案线索，可认定某市水利局于当日获悉侵权主体为本案被告，其请求被告承担生态环境损害赔偿责任的诉讼时效起算时间应为2022年9月14日。

三、关于生态环境损害赔偿纠纷诉讼时效中断的认定

根据《最高人民法院关于审理生态环境损害赔偿案件的若干规定（试行）》第一条规定，发生本条规定的生态环境损害事件或后果后，有关行政机关与造成生态环境损害的侵权主体应当进行磋商。磋商是提起生态环境损害赔偿诉讼的前置程序，是赔偿权利人与赔偿义务人之间就生态环境损害赔偿的范围、数额、修复方式等问题进行协商，以达成一致意见的过程。磋商的目的是尽快确定赔偿责任和修复措施，恢复受损的生态环境，保护国家利益和社会公共利益。根据《中华人民共和国民法典》第一百九十五条规定，权利人向义务人主张权利时发生诉讼时效中断。本案中，某市水利局接到案件线索后，于2022年12月15日开始就生态环境损害赔偿与三被告进行磋商，即发生诉讼时效中断，故其于2023年1月12日向法院提起诉讼时并未超过法定的三年诉讼时效。

生态环境损害赔偿制度为惩治生态环境侵权行为，推动生态文明建设，回应人民美好环境需求进一步提供了制度保障，有利于以法治方式推进环境治理体系和治理能力现代化。本案是某市近年来因破坏生态环境判决赔偿环境修复费用最高的案件，既是坚持用最严格的制度、最严密的法治保护生态环境的缩

影，也是人与自然和谐共生的生动写照。正确认定生态环境损害赔偿纠纷的诉讼时效，促使权利人及时在诉讼时效期间内寻求法律救济，保障生态环境权益，同时避免环境损害风险长期存在，促进受损环境的修复和整治，强化赔偿义务人“环境有价，损害担责”的责任意识，有助于保障生态环境损害赔偿到位、修复及时有效，做深做实“绿水青山就是金山银山”的发展理念。

编写人：广东省肇庆市中级人民法院　彭卓腾　梁晓敏

38

环境资源类刑事附带民事公益诉讼调解协议的效力认定

——李某某等非法捕捞水产品刑事附带民事公益诉讼调解确认案

【案件基本信息】

1. 裁判书字号

广东省珠海市斗门区人民法院（2023）粤0403诉前调确1298号民事裁定书

2. 案由：非法捕捞水产品罪附带民事公益诉讼调解确认

3. 当事人

申请人（公诉机关暨附带民事公益诉讼起诉人）：区检察院

申请人（被告人暨附带民事公益诉讼被告）：李某某、梁某某、叶某

【基本案情】

申请人区检察院就李某某、梁某某、叶某涉嫌非法捕捞水产品罪一案向法院提起公诉，案号为（2023）粤××××刑初×××号。案件审理过程中，公诉机关暨附带民事公益诉讼起诉人区检察院提起民事公益，请求判令：（1）李某某、梁某某和叶某赔偿因非法捕捞的环境侵权行为造成的渔业资源损失人民币

75150元以及本案的鉴定费人民币2500元、价格评估费人民币2000元，合计人民币79650元；（2）李某某、梁某某和叶某在市级以上媒体就其实施非法捕捞造成渔业资源与水域内生态环境破坏的行为公开赔礼道歉。

珠海市斗门区人民法院收到公益诉讼起诉人的刑事附带民事公益起诉状后，引导双方就刑事附带民事公益诉讼部分进行诉前调解，后经珠海市律师协会调解员主持调解，双方就附带民事公益诉讼部分的诉请达成调解协议并申请法院进行司法确认。

双方的调解协议如下：

一、申请人区检察院同意由申请人李某某、梁某某和叶某赔偿因非法捕捞的环境侵权行为造成的渔业资源损失人民币75150元以及本案的鉴定费人民币2500元、价格评估费人民币2000元，合计人民币79650元（申请人李某某已经缴纳人民币79650元至申请人区检察院账户，由区检察院支付至市级财政账户）；

二、申请人李某某、梁某某和叶某在《××晚报》就其实施非法捕捞造成渔业资源与水域内生态环境破坏的行为公开赔礼道歉（已履行）。

【案件焦点】

1. 环境刑事附带民事公益诉讼是否适用调解；2. 如何认定环境刑事附带民事公益诉讼调解协议的效力。

【法院裁判要旨】

广东省珠海市斗门区人民法院经审查认为：为保障公众知情权及参与权，法院于2023年11月9日对调解协议进行了公告，11月10日将调解协议内容书面告知珠海市农业农村局，该局对调解协议内容未提出不同意见，且公告期内未收到任何异议。斗门区人民法院认为，申请人的申请符合司法确认调解协议的法定条件。

广东省珠海市斗门区人民法院依照《中华人民共和国民事诉讼法》第二百零二条规定，裁定如下：

申请人区检察院与申请人李某某、梁某某和叶某于2023年10月26日经珠海市律师协会主持调解达成的调解协议有效。

当事人应当按照调解协议的约定自觉履行义务。一方当事人拒绝履行或者未全部履行的，对方当事人可以向人民法院申请执行。

【法官后语】

在环境资源类刑事案件中，被告人的犯罪行为通常会造成资源损失、生态环境服务功能损失或永久性损害后果，构成环境侵权行为。检察机关提起公诉后，若法律规定的其他机关和有关组织未提起民事公益诉讼，则其在很多情况下会就生态环境损害后果向作为环境侵权人的被告人提起附带民事公益诉讼。对此种环境资源类刑事附带民事公益诉讼的处理，针对本案的争议焦点，应在把握以下四个方面特殊属性的基础上进行综合考量。

第一，从本质上说，环境资源类刑事附带民事公益诉讼解决的是因行为人污染环境、破坏资源等环境侵权行为引发的财产性损失的赔偿问题，本质上是平等主体间（检察机关、法律规定的其他机关及有关组织被法律拟制为平等主体的一方）因侵权损害赔偿纠纷所引发的一种民事诉讼，故其当然可根据自愿、合法原则进行调解并适用《中华人民共和国民事诉讼法》第二百零五条、第二百零六条的规定，通过“诉前调解+司法确认”的非诉程序进行处理。

第二，从程序上看，《最高人民法院、最高人民检察院关于检察公益诉讼案件适用法律若干问题的解释》第二十条第一款规定：“人民检察院对破坏生态环境和资源保护，食品药品安全领域侵害众多消费者合法权益，侵害英雄烈士等的姓名、肖像、名誉、荣誉等损害社会公共利益的犯罪行为提起刑事公诉时，可以向人民法院一并提起附带民事公益诉讼，由人民法院同一审判组织审理。”据此，环境资源类刑事附带民事公益诉讼本身是一种附带民事诉讼，在程序上需依附于刑事诉讼而存在。但根据《中华人民共和国刑事诉讼法》第一百零三条、《最高人民法院关于适用〈中华人民共和国刑事诉讼法〉的解释》第一百九十条之规定，人民法院审理附带民事诉讼案件，可以根据自愿、合法的原则进行调解，则环境资源类刑事附带民事公益诉讼亦不例外。

第三，从其所涉及的法益范围来看，环境资源类刑事附带民事公益诉讼调解协议效力认定。环境资源类刑事附带民事公益诉讼解决的是因污染环境、破坏资源等行为造成的国家利益、社会公共利益的损害赔偿问题，具有公益属性，不同于调整平等主体间私益关系的一般附带民事诉讼，故此类诉讼中双方当事人达成调解协议的，对调解协议的内容和效力应当从严把握。根据最高人民法院、民政部、原环境保护部《关于贯彻实施环境民事公益诉讼制度的通知》第五条及《最高人民法院关于审理环境民事公益诉讼案件适用法律若干问题的解释》第二十五条之规定，环境民事公益诉讼当事人达成调解协议或者自行达成和解协议的，人民法院应当将协议内容告知负有监督管理职责的环境保护主管部门并将协议内容公告，公告期间不少于三十日。此为程序上的严格把控，防止公益诉讼的双方当事人随意约定协议内容损害社会公共利益。此外，依上述司法解释之规定，调解协议的内容应不损害社会公共利益，否则法院将不予出具调解书，此为实体上的严格把控。本案中，法院依法履行了告知及公告义务，符合相关程序性规定。从调解协议的内容上看，三被告的非法捕捞行为造成了渔业资源的损失，而渔业资源系归属于国家所有，由各地政府及有关行政主管机关代为行使管理权。三被告同意赔偿渔业资源损失以及由行政机关先期垫付的鉴定费、价格评估费等款项，并由公益诉讼起诉人支付至国库，从本质上说系填平其侵权行为给国家财产造成的损失，在履行告知及公告程序后也未收到相关异议，故调解协议不存在损害社会公共利益的情形，可依法确认其合法有效。

第四，从社会效果出发。通过“诉前调解+司法确认”的方式，处理环境资源类刑事附带民事公益诉讼，一方面有利于督促被告人主动承担生态环境损害赔偿责任，推动生态环境损害赔偿费用尽快落实，对受损的生态环境及时进行修复；另一方面也有利于节约司法资源，促进定分止争，是新时代“枫桥经验”在环境资源审判领域的生动实践。

编写人：广东省珠海市斗门区人民法院　温和凤　唐润州　徐梓俊

（三）行政公益诉讼

39

环境行政公益诉讼中行政机关依法履职的行为和效果双重标准的司法审查

——县人民检察院诉县某局不履行古柳树保护和管理职责公益诉讼案

【案件基本信息】

1. 裁判书字号

浙江省云和县人民法院（2023）浙1125行初23号行政裁定书

2. 案由：不履行古柳树保护和管理职责公益诉讼

3. 当事人

公益诉讼起诉人：县人民检察院

被告：县某局

【基本案情】

案涉两株树龄410年的柳杉是浙江省登记在册的二级保护古树。早年，出于为当地某村村民提供休憩场所考虑，村民对两株柳杉周围的地面使用混凝土进行了硬化，并搭建了一座凉棚，严重影响了土壤的透水性、透气性，导致柳杉根系吸水、透气困难，进入生长衰弱期，若不及时整改保护，随时可能枯萎死亡。

2023年4月11日，县人民检察院向县某局发出诉前检察建议，督促其依法履行保护和管理职责。6月9日，县某局函复县人民检察院，表示其已提出整改意见，要求某村于9月底前完成整改。10月19日，县人民检察院经回访发现，两株柳杉树干周围地面硬化及构建凉棚等问题未得到整改，遂提起行政公益诉讼，要求县某局切实履行古柳树保护和管理职责。

法院审理过程中，县某局组织清理、拆除了柳杉周围的硬化地面和凉棚，新铺设了透水砖，对坏死的树根进行清理、土壤进行养护，设置保护设施，并通过了县人民检察院的验收。因公益诉讼起诉人的诉讼请求已全部实现，县人民检察院决定撤回起诉。

【案件焦点】

县人民检察院撤诉申请是否应当得到支持。

【法院裁判要旨】

浙江省云和县人民法院经审理认为：被告县某局已对影响案涉两株柳杉生长的硬化地面及相关建筑物进行了拆除，设置了必要的保护设施等，并通过了县人民检察院验收，已依法履行职责，公益诉讼起诉人的诉讼请求已全部实现，其撤回起诉符合法律规定，应予以准许。

浙江省云和县人民法院依照《中华人民共和国行政诉讼法》第六十二条、《最高人民法院、最高人民检察院关于检察公益诉讼案件适用法律若干问题的解释》第二十四条规定，裁定如下：

准许公益诉讼起诉人县人民检察院撤回起诉。

被告人未上诉，裁定生效。

【法官后语】

环境行政公益诉讼制度是我国为解决环境资源侵害问题而设计的一项创新性法律制度，对于贯彻恢复性司法理念、保护环境资源意义重大。在环境行政公益诉讼中，人民法院如何认定行政机关依法履职是保障该项制度有效运行的关键环节。基于此，明确生态环境资源保护案件中行政机关依法履职的认定标准即行为和效果双重标准，为人民法院审查公益诉讼起诉人的诉讼请求是否全部实现提供了路径遵循。

一、认定依法履职的行为标准

行为标准的理论基础来源于现代行政法的职权法定原则和公法领域的规范主义理念。行为标准对是否属于依法履职的认定是以行政机关的行为是否完全履行法律规定的职责来判断的，要求司法机关严格按照法律规定审查行政机关的履职行为。这是因为，职权法定原则要求行政机关行使职权必须由法律规定或授予，行政权只能在法律的范围内行使，故人民法院要从行政机关是否享有法定职权以及是否按照法定措施手段、法定条件、法定程序等履职来判断其是否依法履行职责。因此，在环境行政公益诉讼中，行为标准体现为按照法律规范审查行政机关履行环境监管和保护的法定职责时，是否已穷尽法律规定的履职手段全面运用于解决环境侵害问题。

二、认定依法履职的效果标准

效果标准的理论基础来源于客观诉讼理论和功能主义理念。效果标准将关注点放在行政机关履行职责的最终结果上。其一，客观诉讼理论强调以保护公共利益为固有目的，这是与主观诉讼最根本的区别。因此，在环境行政公益诉讼中以效果标准认定行政机关是否依法履职，要求行政机关履行环境监管和保护职责必须真正实现维护环境公益的实际效果与客观诉讼的目的具有一致性。其二，功能主义理念要求从目的解释的角度去理解生态环境监管和保护职责，认为履行监管职责不是简单、机械地执行法律。特别是基于环境侵害对象更广泛，侵害结果具有持续性、潜伏性，修复周期长，治理主体具有多元性等特点，履行监管职责应该结合实际情况有针对性、灵活地执行法律规范。因此，在环境行政公益诉讼中，效果标准的核心是审查行政机关的履职行为最终能否把已受损的环境公益恢复到未受损的原始状态，是否真正实现了有效维护环境公共利益的目标。

三、本案对行政机关依法履职行为标准和效果标准的审查

《浙江省古树名木保护办法》第六条规定，县级以上林业、城市园林绿化

行政主管部门依照职责分工，负责本行政区域内古树名木的保护和管理工作。本案中，县某局发现存在损害古树健康生长的情形时，除提出整改意见外，还要继续履行职责，组织拆除影响两株柳杉生长的硬化地面及相关建筑物，设置必要的保护设施等。县某局提出整改意见后怠于履行上述法定职责，导致古树健康生长面临困难，损害国家利益和社会公共利益。检察机关依法提起行政公益诉讼后，人民法院依法审判，督促行政机关及时转变观念，全面履行保护和管理古树名木职责，穷尽履职手段全面解决整改古树生长受侵害问题，使得古树受损的状态得以修复和保护。在柳杉生长的安全隐患消除后，公益诉讼起诉人的诉讼请求得以实现，最终法院对于公益诉讼起诉人的撤诉申请予以准许。

如前所述，人民法院在认定行政机关依法履行生态环境保护管理职责时，不仅要审查行政机关是否实施了生态环境保护管理行为，还要审查该行为的实际生态效果。除受损生态环境不具可修复性等特殊情况外，需满足实施了行政行为，并且生态环境得以修复和保护双重条件，才可认定行政机关已经依法履职。

编写人：浙江省云和县人民法院　石佳佳

40

林业部门是否履行查处野外用火行为职责的司法认定

——县人民检察院诉县林业局不履行森林防火监督管理职责公益诉讼案

【案件基本信息】

1. 裁判书字号

重庆市涪陵区人民法院（2023）渝 0102 行初 146 号行政判决书

2. 案由：不履行森林防火监督管理职责公益诉讼

3. 当事人

公益诉讼起诉人：县人民检察院

被告：县林业局

【基本案情】

某街道某社区有一座群众自发修建的“土地庙”，修建时间不详，至今未取得宗教场所合法手续。该“土地庙”紧邻某森林公园千余亩连片森林，处于山垭口，属于森林防火区，周围可燃物载量大，环境敏感。县人民检察院在履职中发现县林业局对该处存在的野外用火违法行为履职不到位，于2022年2月22日向县林业局发出检察建议，建议全面履行森林防火监督管理职责。4月20日，县林业局复函称已经采取包括对某街道下达安全隐患整改通知书，督促某街道清理香、纸和烟花爆竹燃烧遗留物、修建围墙、张贴警示标语、加强巡查等措施，有效防范了森林火灾发生。

2023年3月至5月，县人民检察院多次到案涉“土地庙”进行跟进调查，发现该处仍存在焚香烧纸、燃放烟花爆竹等野外用火行为。其间，县人民检察院组织专家到现场开展调查，形成专家组意见，认为：“土地庙”虽有围墙、标语等防护措施，但该处森林防火措施仍然不完善，此处进行野外用火极易引发森林火灾，进而损害森林资源，存在发生森林火灾的潜在危险性。县人民检察院认为，县林业局采取的措施不能有效制止“土地庙”处野外用火行为，未彻底消除森林防火安全隐患，致使社会公共利益持续处于受侵害状态，遂于2023年7月12日向法院提起行政公益诉讼，请求县林业局全面履行森林防火监督管理职责，依法查处案涉“土地庙”处野外用火违法行为，切实消除森林防火安全隐患。

诉讼中，县林业局督促某街道采取包括搭建钢结构天棚、修建烧纸及燃放鞭炮香房、封闭南边上山入口等进一步整改措施。2023年8月15日，重庆市林业司法鉴定中心对案涉“土地庙”整改情况进行现场勘察，随后出具司法鉴定意见书，认为：相关单位森林火灾安全隐患整改措施到位。9月15日，法院与公益诉讼起诉人、县林业局共同查勘现场，发现该“土地庙”处仍存在燃烧的爆竹、烧香、烧纸遗留物。

【案件焦点】

县林业局是否已经全面履行森林防火监督管理职责。

【法院裁判要旨】

重庆市涪陵区人民法院经审理认为：根据《中华人民共和国森林法》第六十六条及《森林防火条例》第五条第三款的规定，县林业局作为林业主管部门，具有对本行政区域森林资源保护及森林防火的监督、检查和管理职责，对未经批准擅自在森林防火区内野外用火等破坏森林资源的违法行为依照《森林防火条例》第五十条规定依法应当查处。

本案中，公益诉讼起诉人县人民检察院在向县林业局发送检察建议后，虽然县林业局督促某街道采取措施整改，并且委托重庆市林业司法鉴定中心出具"森林火灾安全隐患整改措施到位"的《司法鉴定意见书》，但是，无论是诉前还是诉中，县人民检察院与法院经多次现场勘查，均发现案涉"土地庙"仍存在焚香烧纸、燃放烟花爆竹等野外用火行为，存在发生森林火灾的潜在危险性，森林火灾安全隐患并未切实消除。故依法支持公益诉讼起诉人的诉讼请求。

重庆市涪陵区人民法院依照《中华人民共和国行政诉讼法》第二十五条第四款、第七十二条，《最高人民法院、最高人民检察院关于检察公益诉讼案件适用法律若干问题的解释》第二十一条、第二十五条第一款第三项规定，判决如下：

县林业局于本判决生效后立即全面履行森林防火监督管理职责，依法查处案涉"土地庙"处野外用火违法行为，切实消除森林防火安全隐患。

宣判后，各方当事人均未提起上诉、抗诉，判决已经生效。

【法官后语】

本案涉及针对选址建在森林防火区的民间信仰活动场所，林业部门如何全面履行森林防火监督管理职责的问题。检察机关以林业部门未全面履行森林防火监督管理职责提起行政公益诉讼，法院在审查林业部门是否全面履行了监督管理职责时，应当从制止野外用火行为的情况、消除森林防火隐患的效果、林业部门是否严格执法来进行综合判断。

首先，从制止野外用火行为情况看。“土地庙”是我国民间信仰文化的重要空间载体，“土地庙”文化深植于我国乡土社会，是中华民族精神遗产和文化传统的组成部分。信众会在特定时间在“土地庙”祭拜供奉的人物或神明，祭拜方式通常有烧香、放鞭炮等，目的是消除灾祸、祈求好运、保佑平安等。随着国家治理的现代化、法治化，国家积极引导民间信仰与国家治理规范相适应，民间信仰活动应当在法律法规规定的范围内开展。《森林防火条例》第二十五条规定，森林防火期内，禁止在森林防火区野外用火。本案中，案涉“土地庙”修建在森林防火区内，全年禁火，林业部门虽然采取了搭建钢结构天棚、修建烧纸及燃放鞭炮香房、封闭上山入口等一系列的整改措施，但是从制止野外用火行为情况看，并不能有效制止群众在“土地庙”烧香、放鞭炮等野外用火行为林业部门应当采取更加严格的措施，切实消除森林防火安全隐患。

其次，从消除森林防火隐患的效果看。森林防火区建设应当坚守预防为主，安全第一的底线。森林防火区建设，需要编制科学的森林消防规划，森林消防规划不仅包含与国土空间规划的协调，森林防火预警监测系统、通信与指挥系统、森林火灾阻隔系统等的建设，还包含救援队伍的培养、预防火灾宣传教育等。年代久远的“土地庙”等民间信仰场所在当地群众心中具有一定影响力，对于群众在此类场所祭拜过程中产生的用火行为应当采取严格措施牢牢加以控制，采取的整改措施要保证场所的“全封闭+专职巡护”，保证人离火灭，严禁火源进入“野外”；进入该区域人员的“全登记+24小时监控”，林业部门的林火视频监控系统24小时值守，杜绝森林防火隐患的出现，防患于未然。

最后，从林业部门是否严格执法看。林业部门在履行森林资源保护及森林防火的监督、检查和管理职责时，应当严格遵守《森林防火条例》的规定，借助先进的林火视频监控系统，保证该条例的有效落实，违反该条例的行为都应当追究和纠正。同时在重要节日节点加强森林防火的督查和宣传力度，保障严格的整改措施执行到位。本案中，县林业局作为行政执法部门，虽然采取了一系列整改措施，但是无论诉前还是诉中的现场查看情况，均反映出案涉“土地庙”焚香、燃放爆竹等野外用火行为仍存在，案涉土地区域的火灾隐患并未根本消除，故县林业局应当全面履行森林防火监督管理职责，严格落实《森林防火条例》禁止野外用火的规定，彻底消除该区域的火灾隐患，守护森林防火区的安全。

在本案执行阶段，县林业局作为行政执法部门，采取了一系列整改措施，其中包括加强监管和督查、林火视频监控系统24小时值守和加强查处等，使案涉场所形成“全封闭+有人监管”的状态。该整改措施得到县人民检察院的认可。因该整改措施的全面落实是一个持续性的过程，故法院与检察院建立了定期会商制度来确保本案执行效果，对于类似案件的判决执行可提供一定参考。

编写人：重庆市第三中级人民法院　杨丽彦

41

行政机关未依法全面履行相关法定监管职责的认定

——县人民检察院诉县农业农村局不履行河道阻塞违法行为监督管理职责公益诉讼案

【案件基本信息】

1. 裁判书字号

湖北省来凤县人民法院（2023）鄂2827行初60号行政判决书

2. 案由：不履行河道阻塞违法行为监督管理职责公益诉讼

3. 当事人

公益诉讼起诉人：县人民检察院

被告：县农业农村局

【基本案情】

2023年7月14日，县河湖长制办公室分别向县农业农村局下属的某执法大队和县人民检察院送达《关于某高速某互通处违法线索的移交函》。移交函载明，湖北某管理有限公司建于某村3组干河沟的项目段，存在侵占河道、堆放施工弃渣弃土等违法行为，严重影响河道行洪，危害周边群众生命财产安全。县农业农村局相继向湖北某管理有限公司下达《责令停止违法行为通知书》《关于责令限期拆除非法构筑物及清除倾倒渣土的通知》《关于违反水事违法行为催告通知书》。2023年8月3日，县人民检察院向县农业农村局作出《检察建议书》，检察建议该单位依法履行监督管理职责。县农业农村局未予以书面回复。10月8日，县人民检察院现场勘验发现河面被阻塞情况仍然存在，遂向法院提起行政公益诉讼，请求判令县农业农村局对某村干河沟河道被阻塞问题依法履行职责。

【案件焦点】

县农业农村局是否对某村干河沟河道被阻塞问题依法履行了法定职责。

【法院裁判要旨】

湖北省来凤县人民法院经审理认为：湖北某管理有限公司在项目施工过程中存在侵占河道、堆放渣石废土、涵管堆积等违反法律规定的行为。对此，《中华人民共和国防洪法》《中华人民共和国水法》《中华人民共和国长江保护法》均规定有明确的行政处理方式。某村干河沟河道被阻塞，县农业农村局仅以作出三份通知书为由便认为其履行了法定职责，不符合法律规定。县农业农村局在收到公益诉讼起诉人县人民检察院的《检察建议书》后，未在规定的时间内予以书面回复，同时尚未对涉案主体进行调查并作出行政处罚，致使违法状态依然持续，国家和社会公共利益受到侵害。故县农业农村局存在明显怠于履职的情况。

综上，法院依法确认县农业农村局对于某村干河沟河道被阻塞问题，存在未按《中华人民共和国防洪法》第五十五条规定全面履行法定职责的情形。鉴于县农业农村局已向涉案行政相对人下发了《责令停止违法行为通知书》《关于责令限期拆除非法构筑物及清除倾倒渣土的通知》《关于违反水事违法行为催告通知书》，履行了部分行政职责，但是由于违法状态依然存在，国家和社会公共利益仍处于受侵害状态，故判决责令县农业农村局对某村干河沟河道被阻塞问题继续履行监督管理职责。

湖北省来凤县人民法院依照《中华人民共和国防洪法》第八条第三款、第二十一条第二款、第二十二条第二款、第五十五条，《中华人民共和国长江保护法》第二十五条，《中华人民共和国行政诉讼法》第二十五条第四款、第七十二条，《最高人民法院、最高人民检察院关于检察公益诉讼案件适用法律若干问题的解释》第二十一条、第二十二条、第二十五条第一款第三项规定，判决如下：

责令县农业农村局对某村干河沟河道被阻塞问题继续履行监督管理职责。

宣判后，各方当事人均未提起上诉、抗诉，判决已经生效。

【法官后语】

检察建议是检察机关行使法律监督职权的一种方式。在生态环境和资源保护等领域，提起行政公益诉讼的前提是检察机关提出检察建议。行政机关收到检察建议后，除应按期依法履行法定职责外，还负有书面回复检察建议、及时向检察机关反馈履职和整改情况的义务。本案系因高速公路施工建设涉及河道保护的行政公益诉讼案件，争议焦点是县农业农村局是否对案涉河道被阻塞问题依法、全面履行了法定职责。对于该问题，本案从以下几个方面进行了考量。

一、行政公益诉讼中行政机关不依法履行职责的情形

行政机关具有特定的法定职责是判定不依法履行职责的前提。实践中，检察机关起诉行政机关不依法履行职责的情形主要有两类：一是认为行政机关对相对人的违法行为没有履行法定监管职责，没有及时作出行政处理决定；二是认为行政机关对相对人作出处理决定后，没有依法督促履行、依法强制执行或者申请法院强制执行。

本案中，县农业农村局对辖区内水利设施、水域及岸线的管理、保护等负有监督管理的法定职责，其先后向案涉建设施工单位下达三份要求整改通知书后，虽案涉河道暂时疏通、河道内混凝土结构的蓄水池已被拆除，但堆放在河道及岸线上的渣土、渣石仍未完全清除，河道内废弃涵管亦未拆除，河面被阻塞的情况仍然存在。该状况应属县农业农村局对相对人作出处理决定后，没有

依法督促履行的情形。

二、行政机关收到检察建议后未依法履职是提起行政公益诉讼的前提

行政公益诉讼的目的是督促行政机关依法履行职责，检察建议是检察机关行使法律监督的一种手段与方式。《最高人民法院、最高人民检察院关于检察公益诉讼案件适用法律若干问题的解释》第二十一条明确规定，针对生态环境和资源保护等领域，检察机关应当向不依法履行监管职责的行政机关提起检察建议，并且规定了收到检察建议书的行政机关的履职时限和书面回复要求等。行政机关纠正了违法和不作为行为的，检察建议的效果得以实现。对于仍然不依法履职的，检察机关可以向人民法院提起诉讼。根据上述规定可以看出，诉前检察建议与行政公益诉讼既相互衔接又相对分离。提出检察建议是提起行政公益诉讼之前的必经程序，但在实现效果上，提出检察建议后，问题得到了实质性解决就不是必须以诉讼为终结。可见行政公益诉讼中，检察建议兼具程序价值和自身独立的法律监督性。①

本案中，县农业农村局在收到县人民检察院的《检察建议书》后，未在规定的时间内予以书面回复，同时未对涉案主体进行调查并作出行政处罚，致使违法状态依然持续，国家和社会公共利益受到侵害。故县人民检察院在确认县农业农村局存在明显怠于履职的情况后，及时向人民法院提出行政公益诉讼符合法律规定。

三、行政机关未及时回复检察建议的违法性

根据《中华人民共和国行政诉讼法》第二十五条第四款的规定，检察机关监督的是“不”依法履职行为，即针对的是行政机关完全不履职，或者未按照规定完全、充分履职。除行政机关自身根据行政法律法规规定的应履行的职责外，及时回复检察建议也是行政机关应当履行的法定职责。故法院在审理行政公益诉讼案件中，既要注意法律法规针对不同类型的行政处理决定所作的程序性规定，也要注意行政机关对检察建议的回复期限。

本案中，法院综合考虑案涉河道被阻塞的事实、被告履职的具体形式、收到

① 封蔚然：《行政公益诉讼检察建议的制度完善》，载《江西社会科学》2020年第8期。

检察建议后回复的时间、从事处置的流程等多方面因素，认定县农业农村局的处置行为不符合《最高人民法院、最高人民检察院关于检察公益诉讼案件适用法律若干问题的解释》规定的时限及法定义务，最终认定被告履职尚未到位，确认其未及时履行监管职责的行为违法。故而判决责令其继续履行监督管理职责。

为确保判决结果落到实处，在判决生效后，法院运用“河湖长+法官”联动协作工作机制，协同河湖长制办公室各成员单位，全流程监督，共同督促行政机关全面履职尽责，实现了案涉河流水清河畅。

编写人：湖北省来凤县人民法院 杨静波

42

环境行政公益诉讼过程中行政机关“已履职”的可以裁定终结诉讼

——区人民检察院诉区生态环境局不履行环境污染防治监督管理职责公益诉讼案

【案件基本信息】

1. 裁判书字号

重庆市第三中级人民法院（2022）渝03行初26号行政裁定书

2. 案由：不履行环境污染防治监督管理职责公益诉讼

3. 当事人

公益诉讼起诉人：区人民检察院

被告：区生态环境局

【基本案情】

区人民检察院在履行职责中发现，区生态环境局怠于履行对本辖区内环境保护、固体废物污染环境防治工作实施统一监督管理的职责，致使某镇甲村和乙村堆放了大量煤矸石、煤渣等固体废物，对周边环境造成污染，导致国家和社会公共利益受到侵害。2021年6月4日，区人民检察院向区生态环境局发送检察建议。区生态环境局虽然组织环保专家现场踏勘，制定《某镇部分煤矸石、煤渣堆场露天堆放问题整改工作方案》，作出两次书面回复，但经区人民检察院多次跟进调查，受损生态环境并未得到有效改善。2022年5月24日，经区人民检察院委托，某大学教授出具的《关于某镇煤渣堆体对周边生态环境影响的专家意见》称：案涉固体废物堆场会造成区域土地破坏、土壤污染、水体污染和大气污染并有潜在滑坡风险。

区人民检察院于2022年8月5日向重庆市涪陵区人民法院提起本案行政公益诉讼，鉴于案件社会影响较大，重庆市第三中级人民法院依法提级管辖。在本案诉讼中，重庆市第三中级人民法院依法组织区人民检察院、区生态环境局对案涉场地进行现场勘验，勘验结果为案涉煤矸石、煤渣堆场已整改完成。2022年10月25日，区生态环境局向重庆市第三中级人民法院提交《终结案件申请书》，详细说明了在本案诉讼中所采取的有力措施及下一步的工作内容，并请求对本案作出终结案件决定。区人民检察院对区生态环境局的终结案件申请无异议。

【案件焦点】

行政机关主动作为且履职完毕，检察机关未主动申请撤回起诉的，法院如何处理。

【法院裁判要旨】

重庆市第三中级人民法院经审理认为：《最高人民法院、最高人民检察院关于检察公益诉讼案件适用法律若干问题的解释》第二条规定：“人民法院、人民检察院办理公益诉讼案件主要任务是充分发挥司法审判、法律监督职能作用，维护宪法法律权威，维护社会公平正义，维护国家利益和社会公共利益，督促适格主体依法行使公益诉权，促进依法行政、严格执法。”通过本案诉讼，区生态环境局采取有力措施，对案涉堆放煤矸石、煤渣污染环境的行为进行了有效整改，并通过加强日常监管、建立长效机制等措施来防止整改到位后再次出现反弹，且行政公益诉讼起诉书上的违法事实得到了有效整改，社会公共利益得到了有效的保护，发挥了司法审判、法律监督职能，促进了依法行政，行政公益诉讼的目的已经实现。故本案已无继续审理之必要。

重庆市第三中级人民法院依照《最高人民法院关于适用〈中华人民共和国行政诉讼法〉的解释》第一百零一条第一款第四项规定，作出如下裁定：

本案终结诉讼。

【法官后语】

自2017年《中华人民共和国行政诉讼法》正式确立环境行政公益诉讼制度以来，该制度在司法实践中始终发挥着规范行政监管权力、救济受损环境公益的重要作用，兼具修复具体法益和维护秩序公益的双重功能。环境行政公益诉讼制度的实施逻辑在于，若行政机关在实施行政监管权过程中偏离或背离了法律的规范意旨致使公益受损，检察机关以检察建议的形式初次介入未果后诉至司法机关，由司法机关评价行政行为的合法性，从而实现救济和保护公益的目的。然而，尽管该类诉讼在全国范围内普遍增加，也积累了一定数量的案例，但对于诉讼中行政机关已履职，检察机关未主动申请撤回起诉的，法院该如何处理，现行法律及司法解释并无明确规定，是司法实践面临的新问题。

一、行政机关已履职完毕和检察机关未主动申请撤回起诉是裁定终结诉讼的前提条件

司法实践中，行政公益诉讼的裁判方式通常包含裁定准许撤回起诉、判决确认违法或无效、撤销或部分撤销、一定期限内履行、变更明显不当的行政处罚、驳回诉讼请求六种。此外，特殊情况下法院也会裁定终结诉讼。终结诉讼是指在诉讼进行中，由于某种特定原因的出现，使诉讼继续进行已无必要或者成为不可能时，由法院裁定结束诉讼程序的制度。环境行政公益诉讼中，在行政机关自行纠正违法行为并履职完毕的情形下，法院采取的裁决方式主要有两种：一是检察机关主动申请撤回起诉，法院裁定准许撤回起诉；二是检察机关

不变更诉讼请求且不申请撤回起诉，法院裁定终结诉讼。两种裁决方式的差异在于程序主导权的归属不同，前者在于检察机关，而后者在于法院。

通常情况下，行政机关为了消解裁判文书上网公开带来的压力，会与检察机关提前协商，请求检察机关申请撤回起诉，这既能增强检察院在审理阶段的程序主导权，又有助于法院节约司法资源，实现多方共赢。但也不可避免地存在检察机关在诉讼目的实现后，未主动申请撤回起诉的客观情况，此时就需要考虑法院能否主动适用终结诉讼的裁判方式。

环境行政公益诉讼中，法院认定行政机关是否“已履职”，应从结果上评判，即是否有效恢复受损公益，对于行政机关形成“是否有职责—有哪些职责—是否履行—履职是否有效—应否继续履职”的闭环评价。若行政机关采取有力措施有效制止相对人的违法行为，对案涉受污染对象进行有效整改和综合治理，使受损生态环境得到恢复，同时，行政机关通过加强日常监管、建立长效机制等措施来防止同类问题再次出现，就足以认定行政机关“已履职”，这是法院终结诉讼的前提条件。

二、法院依法终结诉讼是彰显公益诉讼目标导向的理想结案方式

行政公益诉讼的目的不是胜诉，而是纠正错误和整改问题。在行政机关已及时履职弥补损失，按预期完成整改工作，公益目的已实现，且检察机关未主动申请撤回起诉的情况下，法院采用终结诉讼的方案是最优选择。事实上，与检察机关申请撤回起诉相比，法院依法终结诉讼更能体现行政公益诉讼协同之诉、督促之诉的制度特点，是彰显公益诉讼目标导向的理想结案方式。理由在于，若大量采用撤回起诉方式，可能会导致检察机关在审理过程中面临来自行政机关的压力，甚至会影响到法院的公正审理。因此为行政机关留出一个“宜疏不宜堵”的出口，是一个相对合理且有效的处理方式。且环境公益诉讼常常涉及历史遗留问题，行政机关的整改落实需要大量时间，往往需要临近审限才可实现全面整改目标，而撤回起诉需要检察院履行内部程序要求，也需要一定时间。因此，案件审理过程中，行政机关积极履职完毕，公益诉讼目的得到实现，案件已无继续审理的必要，采取终结诉讼的裁判方式，符合公益诉讼相关

法律的立法本意。实践中，检察机关或行政机关可以向法院提出终结诉讼的申请，法院对此应当严格审查，同时可以建议检察机关开展当地群众的满意度调查、召开听证会、借助社会专业力量组成第三方评估小组等，保证国家和社会公共利益得到真正的维护，最终裁定终结诉讼。

具体到本案，法院践行恢复性司法理念，实地调研、听取专家意见并与各方沟通协调，促使区生态环境局及时有效履职，环境公共利益得到有效保护，公益诉讼目的得到实现，故依法终结诉讼，为类案处理提供了司法样本。

编写人：重庆市第三中级人民法院　何玥婷　王悦倩

43

乡镇人民政府应积极履行农村土地经营权流转管理和土地保护监管职责

——区人民检察院诉某镇政府不履行农村土地经营权流转管理和土地保护监管职责公益诉讼案

【案件基本信息】

1. 裁判书字号

重庆市江津区人民法院（2023）渝0116行初232号行政判决书

2. 案由：不履行农村土地经营权流转管理和土地保护监管职责公益诉讼

3. 当事人

公益诉讼起诉人：区人民检察院

被告：某镇政府

【基本案情】

2016年，案外人张某先后两次与某村民小组签订土地租赁合同，共租赁该村民小组 12 余亩农用地用作木材经营加工、晾晒，并按每年每亩 800 元支付土地租金。2020 年 11 月，张某将前述土地经营权及地上设备设施转让给叶某某继续从事木材经营加工、晾晒。张某将前述土地经营权再流转给叶某某后，叶某某未与该村民小组重新签订土地流转合同。张某、叶某某将前述农用地用于木材经营加工、晾晒等非农建设均未依法办理用地审批手续。区人民检察院于 2022 年 7 月 19 日向某镇政府发出《检察建议书》，某镇政府于 2022 年 9 月 17 日书面复函。检察建议发出后，区人民检察院认为某镇政府仍怠于履行职责，未对某木材厂违法占地的行为进行有效监管，导致前述土地长期被违法占用，社会公共利益仍持续处于受侵害状态，遂向人民法院提起行政公益诉讼。

【案件焦点】

1. 某镇政府在土地保护和土地经营权流转管理方面有哪些具体的法定监管职责；2. 某镇政府是否全面履行法定监管职责，是否还需继续履行相应监管职责。

【法院裁判要旨】

重庆市江津区人民法院经审理认为：关于被告某镇政府在土地保护和土地经营权流转管理方面法定监管职责的具体内容。从本案所涉的土地保护法律、法规、规章及其他规范性文件的内容看，乡镇人民政府在土地保护方面的职责具有综合性职责的属性，体现为调整土地关系，合理组织利用土地，贯彻执行国家在土地开发、利用、保护等方面政策而产生的自上而下的综合性举措。相应地，土地保护领域涉及的法律规范层级和门类较多，上位法除明确政策导向、提出总领性要求外，授权下级行政机关根据辖区实际就特定领域制定出台规范性文件予以细化，经审查符合上位法精神，应作为相关行政主体作出行政行为的执行细则和直接依据。某镇政府认为，规范性文件不能作为认定其法定职责来源的观点缺乏法律依据，法院不予支持。

关于被告某镇政府是否全面履行法定监管职责，以及是否还需继续履行相应监管职责。本案中，在某镇政府管理区域内，某木材厂违法租用流转某村民小组的农用地长期用于木材加工、晾晒等非农建设，导致土地资源被破坏。某镇政府在收到《检察建议书》后督促某木材厂办理厂区用地手续、拆除晾晒设施等，做了大量工作，法院对此予以肯定。截至目前，案涉厂房用地手续尚未办理完成，木材晾晒区域土地的恢复尚未通过相关验收，社会公共利益受侵害的状态尚未完全结束，某镇政府尚未依法全面履行法定监管职责。下一步，某镇政府应继续履行土地管理保护及土地经营权流转管理职责，可综合采取监督巡查、动态监管、多部门联合等措施确保案涉问题整改到位，切实维护国家和社会公共利益。在此过程中，某镇政府还可根据相应工作规范，留存依法履职的相关资料。

重庆市江津区人民法院判决如下：

责令被告重庆市某镇人民政府依法对某木材加工厂违法流转农用地用于木材加工经营，造成土地被侵占、破坏的行为全面、有效履行农村土地经营权流转管理和土地保护监管职责。

宣判后，各方当事人均未提起上诉、抗诉，判决已经生效。

【法官后语】

根据《中华人民共和国行政诉讼法》第五十三条和第六十四条的规定，行政案件当事人在要求法院解决行政纠纷的同时，可以附带对行政行为依据或者行政机关制定的规范性文件合法性予以司法审查。本案中，对于规范性文件合法性的司法审查，涉及被告镇政府具体职责的认定，具有重要意义。此外，在明确被告行政机关法定职责的具体内容后，如何判断行政机关是否履职到位，也是实践中争议较大、值得深入探讨的问题。

第一，对规范性文件合法性进行司法审查应注意的问题。对规范性文件合法性进行司法审查，首先应判断上位法是否明确，判断路径大致分为两种：一是以对上位法的文义解释为起点。文义解释是法官判断规范性文件上位法明确与否的起点，若规范性文件对上位法的扩张或限缩解释均在上位法的文义范围内，则可视为上位法有明确规定；二是对上位法的立法宗旨作出延伸。若上位法条文在价值或政策选择层面已经有所倾向，此时规范性文件在上位法的立法宗旨基础上进行细化或释明，应视为上位法明确。《农村土地经营权流转管理办法》第三十二条规定了县级以上地方人民政府可以根据本办法，结合本行政区域实际，制定社会资本通过流转取得土地经营权的资格审查、项目审核和风险防控的实施细则。某区政府以规范性文件的形式对某镇政府的农村土地经营权流转管理职责进一步细化，属于在上位法的立法宗旨基础上进行细化或释明，应视为上位法明确。据此，某区政府以规范性文件的形式对某镇政府的农村土地经营权流转管理职责进一步细化，是某镇政府应当遵照的执行细则，亦是某镇政府履行土地经营权流转管理职责的直接依据。

第二，判断行政机关履职到位与否应采取的标准。理论层面，判断行政机关履职是否到位的标准有"行为标准"和"结果标准"以及"复合标准"三种。"行为标准"即人民法院在判断行政机关是否履职到位时，以其行为方式及行为内容是否合法作为判断标准。"结果标准"即人民法院在判断行政机关是否履职到位时，以国家利益和社会公共利益受侵害的状态是否消除、环境是否得到恢复作为判断标准。"复合标准"即人民法院综合"行为标准"和"结果标准"的判断模式，既要审查行政机关的行为方式和行为内容是否合法，也要审查国家利益和社会公共利益受侵害的状态是否已经消除、环境是否得到恢复，以此来综合判断行政机关是否履职到位。在判断标准的选择上，笔者更倾向于"复合标准"。原因在于复合标准综合了行为标准和结果标准的优势，能够全面、科学地评价行政机关的履职行为。本案中，虽然某镇政府在收到《检察建议书》后督促某木材厂办理厂区用地手续、拆除晾晒设施等，但案涉厂房用地手续尚未办理完成，木材晾晒区域土地的恢复尚未通过相关验收，社会公共利益受侵害的状态尚未完全消除。因此，某镇政府的履职行为未能完全满足"复合标准"的条件，人民法院据此综合判决被告某镇政府应依法全面、有效履行农村土地经营权流转管理和土地保护监管职责。

编写人：重庆市江津区人民法院　朱永祺　杨妮

44

行政机关将案件移送公安机关刑事侦查后亦应继续履行行政职责[①]

——某检察院诉某自然资源局不履行非法占用耕地监督管理职责公益诉讼案

【案件基本信息】

1. 裁判书字号

郑州铁路运输法院（2023）豫7101行初15号行政判决书

2. 案由：不履行非法占用耕地监督管理职责公益诉讼

3. 当事人

公益诉讼起诉人：某检察院

被告：某自然资源局

【基本案情】

某养殖专业合作社未办理用地审批手续，非法占用土地建设养鸡场总面积9.968亩，造成了8.879亩耕地（其中基本农田6.722亩，一般耕地2.157亩）的种植条件被严重毁坏，违法建筑面积4720.17平方米（7.08亩）。2022年1月18日，某自然资源局向某养殖专业合作社下达了《责令停止违法行为通知书》《责令改正违法行为通知书》，责令某养殖专业合作社在2022年2月17日前改正违法行为，恢复土地原貌，达到种植条件。2022年1月19日，县人民检察院在履行职责的过程中发现某自然资源局存在怠于履行监督管理职责的情

---

① 入库案例，参见人民法院案例库2024-11-3-022-005。

形，向某自然资源局发出检察建议，建议某自然资源局在收到检察建议两个月内依法履职，消除违法情形，切实保护耕地。2022 年 3 月 9 日，某自然资源局经委托鉴定后，认为该案已涉嫌刑事犯罪，遂将案件线索移交县公安局。县公安局立案后，某自然资源局对该案中止调查。2022 年 12 月 8 日，县人民检察院对某自然资源局履职情况进行了跟进监督，发现某养殖专业合作社在行政复议和行政诉讼法定期满后，未恢复土地原貌，未达到种植条件。某自然资源局未继续向人民法院申请强制拆除违法建筑，也未采取恢复土地种植条件措施，国家利益和社会公共利益仍然处于被侵害状态。2023 年 2 月 2 日，县人民检察院将该案移送某检察院审查起诉。某检察院提起行政公益诉讼，要求确认某自然资源局对某养殖专业合作社非法占用耕地行为未依法全面履行职责违法。诉讼过程中，某自然资源局根据“三区三线”划定成果，对某养殖专业合作社作出了相应的行政处罚，公益诉讼起诉人某检察院变更诉讼请求为确认原行政行为违法。

【案件焦点】

某自然资源局将案件移送公安机关刑事侦查后，是否依法全面履行了职责。

【法院裁判要旨】

郑州铁路运输法院经审理认为：根据《中华人民共和国土地管理法》第十七条、第三十一条、第三十二条和第三十七条的规定，某养殖专业合作社未经批准占用耕地建设养鸡场，造成种植条件被严重损坏。被告某自然资源局对该违法行为负有监督检查职责，应依法予以责令限期改正或者治理、限期拆除恢复土地原状，可以并处罚款。该案被移交公安机关时，违法事实已经查清，并不需要公安、检察、其他行政机关、组织的决定或者结论，作为后续作出行政处理决定的前提，不符合中止调查的条件，被告某自然资源局中止调查不当。该案被移交公安机关时，某养殖专业合作社非法占用耕地的违法状态并未消除，被告某自然资源局应当依法责令限期改正或者治理、限期拆除在非法占用的土地上新建的建筑物和其他设施并恢复土地原状，以尽快消除违法状态。2022 年

11 月 1 日自然资源部《自然资源违法行为立案查处工作规程（试行）》施行后，案涉地块的规划土地用途已经发生重大变更，但仍存在违法情形，被告某自然资源局未及时恢复案件调查。因此，被告某自然资源局存在未依法全面履行职责的情形。被告某自然资源局在收到公益诉讼起诉人的检察建议书后，两个月内未完全履行法定职责，公益诉讼起诉人向法院提起行政公益诉讼，符合法定起诉条件。在案件诉讼过程中，被告某自然资源局根据“三区三线”划定成果，对某养殖专业合作社作出了相应的行政处罚，公益诉讼起诉人将诉讼请求变更为确认原行政行为违法。郑州铁路运输法院判决：

确认被告某自然资源局未依法全面履行职责的行为违法。

被告某自然资源局未提起上诉，案件一审生效。

【法官后语】

本案是人民法院依法监督行政机关应当依法全面履行保护耕地职责的典型案例。珍惜、合理利用土地和切实保护耕地是我国的基本国策，各相关部门都要承担耕地保护的主体责任，坚持用最严格的制度与最严密的法治保护耕地、保护生态环境。

在环境资源领域，违法犯罪人所承担的责任可能涵盖行政、刑事、民事等多个方面，行政机关查处的环境资源违法案件因涉嫌构成刑事犯罪被移送公安机关后，行政机关如何继续依法、全面履职，是否可以完全中止调查，一直是行政执法中的常见问题，也是难点问题。一般情况下，行政机关在办案过程中发现涉嫌犯罪移送公安机关后，刑事处理尚无结论前，行政机关不得径行作出行政处罚，但并不表示行政机关可以完全中止调查，不采取任何措施。此时，行政机关应当采取的不是“完全中止”，而是“有限中止”。

在环境资源部门法中，存在着大量的要求违法行为人停止违法行为、限期拆除、恢复原状、补种树木等法律规定，因此环境资源行政主管部门将案件移送公安机关后，即便考虑到最终和刑事处罚的衔接暂不作出行政处罚决定，也应按照“保护优先、注重修复”的原则，依法作出限期拆除、限期治理等行政处理决定，以尽快制止违法行为，尽早修复被损害的环境资源，全面消除危害后果。

具体到本案，争议焦点在于被告某自然资源局是否依法全面履行了职责，即涉嫌犯罪的违法行为移送公安机关追究刑事责任后，在司法机关对违法犯罪行为作出最后处理之前，行政机关是否需要继续作出相应的行政行为。本案的裁判对该类案件的裁判规则和行政执法应遵循的原则予以了明确，即行政机关将涉嫌犯罪的案件移送公安机关后，如果违法情形仍在持续或违法后果仍未消除，行政机关应继续履职，依照法律规定要求违法犯罪行为人承担相应的行政责任。

《中华人民共和国土地管理法》第六十七条第一款规定了县级以上人民政府自然资源主管部门对违反土地管理法律、法规的行为进行监督检查的职责。本案中，某自然资源局发现某养殖专业合作社非法占用基本农田构成犯罪后，不仅要移送公安机关追究刑事责任，还要继续履行职责，向人民法院申请强制拆除基本农田上的违法建筑，督促违法当事人履行土地复耕义务，或者违法当事人拒不复垦的，责令其缴纳土地复垦费并代为组织复垦。某自然资源局将案件移送公安机关后怠于履行上述法定职责，导致土地未能复垦，损害了国家和公共利益。检察机关依法提起行政公益诉讼，人民法院判决确认某自然资源局未依法全面履行职责的行为违法，充分彰显了人民法院服务法治政府建设、依法监督行政机关全面履行守护耕地安全和粮食安全职能的责任担当。

编写人：郑州铁路运输法院　毛贝贝

（四）破坏环境资源保护罪

45

滥伐国家级自然保护区内的森林应从重处罚

——李某某滥伐林木案

【案件基本信息】

1. 裁判书字号

吉林省长春铁路运输中级法院（2024）吉71刑终5号刑事裁定书

2. 案由：滥伐林木罪

【基本案情】

2021年10月前后，被告人李某某在某乡某沟的其父亲承包、家庭共同经营的林地内，为了提高红松树松塔产量，未经林业部门审批，擅自砍伐林木共计1357棵。砍伐的林木均在吉林某国家级自然保护区实验区内。经鉴定，涉案林木立木蓄积量为179.4413立方米，原木材蓄积量为134.6191立方米，木材价值为94233.37元。案发后，李某某于2022年11月14日到公安机关投案自首。

【案件焦点】

滥伐国家级自然保护区内的森林如何量刑。

【法院裁判要旨】

延边铁路运输法院经审理认为：被告人李某某违反森林法规，滥伐林木，数量巨大，其行为已构成滥伐林木罪。李某某滥伐国家级自然保护区内的森林，应从重处罚。李某某自动投案并如实供述自己部分滥伐林木的犯罪事实，系自首，在本案审理过程中又如实供述其他滥伐林木的事实，系坦白，并自愿认罪认罚，可以从宽处罚。对辩护人关于李某某主观恶性相对较轻，其目的是清林让红松树长得更好，结更多的松塔卖更多的钱，李某某滥伐林木行为社会危害性相对较小；李某某没有前科劣迹，认罪态度好，已深刻认识到自己的犯罪行为的辩护意见予以采纳。

延边铁路运输法院依照《中华人民共和国刑法》第五十三条，第六十一条，第六十四条，第六十七条第一款、第三款，第三百四十五条第二款、第四款以及《中华人民共和国刑事诉讼法》第十五条之规定，作出如下判决：

一、被告人李某某犯滥伐林木罪，判处有期徒刑三年，并处罚金人民币5万元（刑期从判决执行之日起计算。判决执行以前先行羁押的，羁押一日折抵刑期一日，即自2023年12月26日起至2026年12月7日止；罚金于本判决生效后立即缴纳）；

二、扣押在案的作案工具绿色油锯一把予以没收，由扣押机关依法处理。

李某某不服一审判决，提起上诉。

吉林省长春铁路运输中级法院经审理认为：关于李某某的辩护人提出李某某砍伐的不是自己的树木，不构成滥伐林木罪的意见。经查，首先，李某某将涉案林木砍倒后并未转移或者出售，结合李某某的供述可以认定其并不具有非法占有的目的；其次，涉案林木虽然登记在李某某父亲名下，但结合李某某的供述及其父亲等人的证言，可以认定涉案林地实际为李某某与其父亲共同经营，并且共同享受经营林木所带来的收益，其砍伐的目的也是为了提高松籽的产量，在本质上与其自己具有林木所有权并无区别，原审判决认定李某某构成滥伐林木罪适用法律正确。

关于李某某上诉及其辩护人提出一审量刑过重的意见。经查，原审判决充分考虑了李某某具有的法定从重情节，以及自首、坦白、认罪认罚等法定从轻情节，对其判处有期徒刑三年，并处罚金人民币5万元，量刑适当。

综上，李某某违反森林法的规定，滥伐林木，数量巨大，其行为已构成滥伐林木罪。李某某的上诉理由不能成立，应予驳回。

吉林省长春铁路运输中级法院依照《中华人民共和国刑事诉讼法》第二百三十六条第一款第一项规定，裁定如下：

驳回上诉，维持原判。

【法官后语】

本案系滥伐林木引发的刑事案件，争议焦点在于李某某行为的定性和量刑。

一、李某某构成滥伐林木罪

盗伐林木罪与滥伐林木罪是破坏森林资源刑事案件中最常见的两种犯罪，二者都是未经批准擅自采伐，侵犯的法益都是国家森林资源管理制度和生态环境，但仍有明显区别。根据《中华人民共和国刑法》和《最高人民法院关于审理破坏森林资源刑事案件适用法律若干问题的解释》的相关规定，盗伐林木罪的主观方面必须是以非法占有为目的。李某某实际经营管理被砍伐的林地，砍伐林木的目的在于提高松籽的产量，并非以非法占有为目的，故不构成盗伐林木罪。案涉林地为李某某父亲承包，但李某某与其父亲共同经营管理，并实际享有收益，李某某未取得采伐许可证，仍然擅自采伐，故构成滥伐林木罪。

二、李某某量刑情节的考量

量刑应充分考虑被告人具有的法定从重情节，《最高人民法院关于审理破坏森林资源刑事案件适用法律若干问题的解释》第十二条第一款规定："实施破坏森林资源犯罪，具有下列情形之一的，从重处罚：……（三）非法采伐国家公园、国家级自然保护区内的林木的……"被告人李某某滥伐国家级自然保护区内的森林，应从重处罚。

案涉国家级自然保护区是我国第一个珍贵食用菌类自然保护区，属自然生态系统类型与野生生物类型，保护区内有松茸、红松等多种保护植物，保护物种具有鲜明的代表性、典型性和重要的科研价值。砍伐自然保护区内林木不仅会直接造成森林资源破坏，也会给保护区生态平衡带来无法补救的损失，严重威胁保护区生态安全，一味追求经济利益是保护区生态资源破坏的元凶。本案依法严厉打击滥伐林木犯罪，惩治环境资源犯罪，加大环境资源刑事司法保护力度，有效打击自然保护区内违法犯罪行为。

编写人：延边铁路运输法院　姜健辉　孙芳　刘玉凤

46

破坏森林生态环境的行为人认购碳汇恢复生态的可依法从轻处罚

——艾某滥伐林木案

【案件基本信息】

1. 裁判书字号

库尔勒铁路运输法院（2023）新 7102 刑初 104 号刑事判决书

2. 案由：滥伐林木罪

【基本案情】

2022 年 12 月 20 日，被告人艾某在未办理林木采伐许可证的情况下，在新疆某县某镇某村的林地范围内，雇佣他人非法砍伐 1290 株杨树。经某县林业和草原局认定，涉案砍伐树木的地类性质为林地；经新疆维吾尔自治区公安厅食药环司法鉴定中心鉴定，涉案 1290 株杨树立木蓄积量为 76.816 立方米。库尔勒铁路运输检察院以艾某涉嫌滥伐林木罪向库尔勒铁路运输法院提起公诉。被告人艾某对检察院起诉事实无异议，自愿认罪认罚，并已补种树木修复环境，自愿缴纳林业碳汇赔偿金 4000 元用于认购“碳汇”以弥补生态环境受到损害至修复完成期间服务功能丧失所导致的损失。

【案件焦点】

滥伐林木罪的被告人自愿认购“碳汇”弥补生态环境损害的，应当如何依法量刑。

【法院裁判要旨】

库尔勒铁路运输法院经审理认为：森林是我国的重要自然资源。国家对森林和其他林木实行特别的保护，对森林和其他林木的所有权、采伐作业、培育种植、分类经营管理活动和主管机关的职权，以及所有者和使用者的权利义务，都作出了明确的规定。《中华人民共和国森林法》和其他有关法律规定，对森林和其他林木只能合理采伐，凡采伐林木都必须申请许可，不准进行计划外采伐和无证采伐。违反《中华人民共和国森林法》的规定，未经有关部门批准并核发采伐许可证，或者虽持有采伐许可证，但违背许可证所规定的地点、数量、树种、方式任意采伐本单位所有或者管理的，以及本人自留山上或者其他林木，数量较大的，构成滥伐林木罪。被告人艾某违反森林法的规定，在未办理林木采伐许可证的情况下，擅自砍伐自有林木，立木蓄积量76.816立方米，数量较大，其行为已构成滥伐林木罪。艾某具有自首情节；犯罪时已经年满七十五周岁，依法可以从轻或减轻处罚；艾某自愿认罪认罚，依据《中华人民共和国刑事诉讼法》第十五条的规定，可以从宽处理；被告人已补种树木修复环境，自愿缴纳林业碳汇赔偿金。碳汇补偿机制是指通过一系列的措施来减少或抵消人类活动产生的碳排放，以达到减缓气候变化的目的。通过认购碳汇替代生态修复，既解决了补植复绿“执行难”，增加了替代生态修复新模式，又让“绿水青山”通过碳汇交易变成“金山银山”，实现“减排”和“增收”良性互动。本案中，艾某未经相关部门许可，任意采伐自有林木，数量较大，其行为已构成滥伐林木罪。但鉴于其具有自首情节，积极退赃，认罪认罚，并以认购“碳汇”的方式对受损的生态环境进行了替代性修复，可以依法予以从轻处罚。库尔勒铁路运输法院判决如下：

被告人艾某犯滥伐林木罪，单处罚金人民币3000元（罚金自本判决生效之日起十日内缴纳）。

宣判后，各方当事人均未提起上诉、抗诉，判决已经生效。

【法官后语】

森林作为陆地生态系统的主体，是全球最大的碳储库，是人类生活不可或缺的资源，对地球及人类生活都具有重要影响。《中华人民共和国刑法》通过第三百四十五条规定规制了破坏森林生态环境的行为，具体来说，盗伐、滥伐森林或者其他林木这两类破坏森林生态环境的行为达到一定危害程度的，可能被认定为盗伐林木罪或滥伐林木罪，需要承担相应的刑事责任。但是行为人是否积极履行生态环境相关责任，会影响刑事责任的认定。

行为人积极履行生态环境修复责任和生态损害赔偿责任，司法机关可对“法益恢复”行为作出酌定量刑情节考虑甚至予以出罪处理。犯罪行为人积极实施“法益恢复”的补救行为，是通过自主有效的行为，譬如补植复绿、增殖放流、劳务代偿以及认购“碳汇”等及时消除了危险，恢复了受损法益。因此，将“法益恢复”作为量刑情节，对行为人从宽处罚，不仅可以减轻犯罪所造成的法益损害，也符合《中华人民共和国刑法》宽严相济的规定。

本案是新疆首例涉碳汇生态损害赔偿案件。被告人艾某的行为已构成滥伐林木罪，但是鉴于其是年近80岁的高龄老人，不适宜承担传统的补植复绿的修复责任方式，为此，法院经走访调研、借鉴经验做法，创新性采用以“碳汇”价值计算该案植被恢复费用，引导被告人自愿缴纳林业碳汇赔偿金用于替代性修复，让“森林破坏者”转变为“森林生态修复者”，并将“环境法益恢复”纳入定罪量刑情节，综合考量被告人自首、认罪认罚等因素，依法对被告人从轻处罚（单处罚金），实现了惩治犯罪与环境修复的“双赢”。

新疆维吾尔自治区作为我国国土陆地面积最大的省级行政区，约占国土总面积的六分之一，占地166.49万平方千米，[①] 自古以来就长期处于风沙肆虐中，防风、固土、种树、修渠……使得沙地变绿洲、荒原变林海，是一代又一代人努力奉献取得的生态成果。法院在审理环境资源案件中坚持“两山”理念，不断探索形成具有本地特色的修复和保护生态环境资源的司法产品，具有

---

① 参见中国一带一路网，https：//www.yidaiyilu.gov.cn/p/09JKKJKH.html，2025年4月16日访问。

更加重要的意义。“碳汇补偿”在司法领域属于新事物，目前处于探索阶段。在环境资源刑事审判中引导被告人自愿认购“碳汇”，既对破坏森林资源的行为起到了震慑和教育作用，也通过认购碳汇替代生态修复，解决了补植复绿“执行难”，换种方式进行固碳减排，让“绿水青山”通过碳汇交易变成“金山银山”，实现“减排”和“增收”良性互动。

综上，采用购买林业碳汇进行生态修复的模式，在一定程度上弥补了传统生态修复方式周期长、修复成果不显著、无法保障等弊端，采用林业碳汇修复的模式不仅仅停留在受损区域，更多着眼于整个生态体系，与绿化造林、生态修复、乡村振兴等要素相结合，更契合全面生态文明建设的要求。

编写人：库尔勒铁路运输法院　王勇

47

非法采矿团伙实施软暴力的，能否认定为恶势力犯罪集团

——刘某等非法采矿、盗窃、危险驾驶案

【案件基本信息】

1. 裁判书字号

郑州铁路运输法院（2022）豫7101刑初110号刑事判决书

2. 案由：非法采矿罪、盗窃罪、危险驾驶罪

【基本案情】

2019年10月至2020年11月，被告人刘某分别纠集陈某某、王某某等人，以在某县租赁的某厂区为据点，为牟取非法利益，未取得采矿许可证，在某厂区等七个地点多次实施非法采砂犯罪。经鉴定，该团伙的非法采砂行为造成矿产资源破坏价值共计7632717.4元。

在非法采砂期间，刘某等人拉拢某厂区所在地村支书李某某及当地部分公职人员，为其非法采砂提供庇护，多次阻挠群众各种形式的举报，强迫群众撤回举报，逐渐形成以刘某为首，以陈某某、王某某等四人为骨干，李某某等人为成员的恶势力犯罪集团。在非法采砂期间，刘某在得知李某某因故需要资金，为使李某某继续对其在非法采砂时提供庇护，承诺为李某某提供资金帮助，伙同团伙成员王某某采取破坏手段盗窃所租赁厂区中的厂房设备，被盗物品被变卖 89685 元；在非法采砂期间，该犯罪集团组织人员在采砂现场周边放风，盘查过路人员，监视执法车辆，损毁他人财物，使用垃圾填埋砂坑，严重破坏生态环境，严重扰乱当地居民的生产生活秩序，在当地造成恶劣影响。

【案件焦点】

犯罪团伙实施的“软暴力”行为能否被认定为恶势力犯罪集团。

【法院裁判要旨】

郑州铁路运输法院经审理认为：本案以被告人刘某为首的犯罪团伙在实施违法犯罪活动中，虽然尚未形成黑社会性质组织，但黑社会性质组织罪的“四个特征”在该团伙身上已初步体现，应认定为恶势力犯罪集团；刘某作为组织、领导犯罪集团的首要分子，应当按照集团所犯的全部罪行处罚；被告人陈某某等四人在共同犯罪中起主要作用，系主犯；被告人李某某等人在共同犯罪中起次要或者帮助作用，系从犯；被告人牛某某、郑某某只参与了一个地点的非法采砂行为，且持续时间较短，在该起犯罪中属一般共同犯罪。

郑州铁路运输法院综合全案量刑情节，作出以下判决：

一、对犯罪集团首要分子刘某以非法采矿罪、盗窃罪数罪并罚，判处有期徒刑八年，并处罚金；

二、对主犯陈某某等四人分别以非法采矿罪、盗窃罪判处有期徒刑二年零六个月至三年，并处罚金；

三、对从犯李某某等人分别以非法采矿罪、危险驾驶罪判处有期徒刑一年至二年，并处罚金；

四、对牛某某、郑某某分别以非法采矿罪判处有期徒刑一年，并处罚金；

五、对赵某有以非法采矿罪，判处有期徒刑一年，缓刑一年零六个月，并处罚金。

宣判后，各方当事人均未提起上诉、抗诉，判决已经生效。

【法官后语】

本案的争议焦点为刘某等人在非法采砂犯罪中主要实施了“软暴力”行为，该团伙能否被认定为恶势力犯罪集团。

一、恶势力犯罪集团的主要特征

根据法律规定，恶势力犯罪集团是指经常纠集在一起，以暴力、威胁或者其他手段，在一定区域或者行业内多次实施违法犯罪活动，为非作恶，欺压百姓，扰乱经济、社会生活秩序，造成较为恶劣的社会影响，但尚未形成黑社会性质组织的违法犯罪组织。本案以被告人刘某为首的犯罪团伙实施的违法犯罪活动属于涉恶犯罪行为。

（一）组织特征

恶势力犯罪集团通常有三名以上的组织成员，内部呈金字塔形结构，具有多层分工，有明显的首要分子，重要成员较为固定，组织成员经常纠集在一起，有固定的盘踞场所，并且具备一定的组织性。本案中，刘某是团伙明确的组织者、领导者，陈某某等人为该团伙稳定的骨干成员，该团伙在实施犯罪过程中，层级鲜明，一切听从刘某指挥安排，由刘某具体指定团伙成员的职责分工，遇到阻碍时由刘某想办法或出资协调；李某某及当地被拉拢的公职人员利用各自身份和影响力为该团伙提供非法保护，当地群众屡次举报无果，“保护伞”已现雏形。

（二）经济特征

恶势力犯罪集团将获取经济利益作为重要目的。经济实力为该集团的形成和后续的发展提供了物质条件，也为组织巩固现有成员结构及拓展成员规模提供了有力支撑。本案中，以刘某为首的团伙通过非法采砂敛财，并使用违法所得支付日常的生活开销，支付组织成员工资，支付租赁器械费用，拉拢村干部和其他公职人员提供保护，通过盗卖他人厂房设备筹款，为拉拢“保护伞”使用赃款行贿，初步形成以不正当收益养保护黑伞的经济利益生态链。

（三）行为特征

恶势力犯罪集团以有组织的暴力或变相暴力性行为标志，往往是共同故意实施多次（实践中三次以上即为多次）恶势力惯常实施的犯罪活动或者其他犯罪活动，致使人民群众人身、财产等权利遭受重大损害。本案中，以刘某为首的团伙在非法采矿过程中，暴力砸毁他人厂锁、占用他人厂区、暴力毁坏厂区硬化路面采砂、派出探哨防止被查处以及威胁过路群众，利用“保护伞”威胁群众撤回举报，迫使当地群众不敢举报、举报无果，严重损害了当地群众财产权和安全感。

（四）危害性特征

危害性特征是恶势力犯罪集团的本质特征，恶势力犯罪集团通过实施违法犯罪行为对一定范围内的行业或群众形成非法威慑，长期性破坏一定范围内社会的合法秩序，以实现团伙的非法利益。本案中以刘某为首的团伙在长达一年时间内，在某县辖区内实施有组织的犯罪活动，形成与合法社会相对抗的力量，严重破坏当地经济、社会秩序。该团伙多次非法采砂、使用垃圾回填砂坑，政府因清运垃圾产生巨大的经济损失；拉砂货车引起的扬沙、噪声，对周边居民的人身权利形成威胁、造成损害；当地村基层组织、乡政府等多个职能部门，对刘某等人包庇纵容，村民多次反映均未依法打击处理，个别处理仅仅罚款了事，不仅使群众举报无门、不敢举报，还使部分群众认为举报无用，在当地造成极其恶劣的影响。

二、恶势力犯罪中“软暴力”行为的认定

最高人民法院、最高人民检察院、公安部、司法部于2018年印发的《关于办理黑恶势力犯罪案件若干问题的指导意见》第二部分第九条明确将非暴力性的违法犯罪活动归纳为“其他手段”，第四部分明确提出，对于利用软暴力手段实施的犯罪应按照《中华人民共和国刑法》以及相关司法解释的有关规定处理；于2019年印发的《关于办理实施“软暴力”的刑事案件若干问题的意见》第一条规定：“软暴力是指行为人为谋取不法利益或形成非法影响，对他人或者在有关场所进行滋扰、纠缠、哄闹、聚众造势等，足以使他人产生恐惧、恐慌进而形成心理强制，或者足以影响、限制人身自由、危及人身财产安全，影响正常生活、工作、生产、经营的违法犯罪手段。”本案中，以刘某为首团伙的“软暴力”行为可以从以下几个方面进行认定：

（一）行为主体

恶势力犯罪中实施“软暴力”行为的主体必须是恶势力集团的集体性行为，也即在恶势力集团的共同“软暴力”意志下的“软暴力”行为。集团中个人临时起意实施“软暴力”行为的，不属于恶势力犯罪中的实施“软暴力”行为，其个人应对该行为负责。本案中，以刘某为首的团伙实施的系列“软暴力”行为，均是在刘某指使、分工下为满足非法采砂利益最大化的集体行为，符合恶势力犯罪中的“软暴力”行为主体。

（二）主观目的

恶势力犯罪中“软暴力”行为应以“非法利益”为目的。“非法利益”是指刑事法律禁止获取或者通过不正当手段获取的利益。本案中，以刘某为首的团伙实施的“软暴力”，均是围绕非法采砂、制止举报、为“保护伞”提供资金谋求庇护等明确目的实施，最终目标是实现非法采砂行为的排他性、非法行为的持续性和非法利益的最大化。

（三）行为方式

恶势力犯罪中“软暴力”的行为包括但不限于所谓的“谈判”“协商”“调解”以及滋扰、纠缠、哄闹、聚众造势等间接或变相暴力方式。本案中，以刘某为首的团伙由于多次被附近村民及所租赁厂区的公司举报，对涉案村民及所租赁厂区的公司以所谓的“谈话”“协商”以及滋扰、聚众造势等手段威胁、阻止被害群体举报，并专门组织人员在采砂周边放风，盘查过路人员，变相影响当地村民的人身自由，属于实施“软暴力”的犯罪行为。

（四）认定标准

恶势力犯罪中“软暴力”行为的认定标准应为足以使他人产生恐惧、恐慌进而形成心理强制，或者足以影响、限制人身自由、危及人身财产安全，影响正常生活、工作、生产、经营。本案中，以刘某为首的团伙不仅变相剥夺了被害群体的举报权利，还通过放风、盘查、监视、驯养恶犬等行为，使当地人民群众因恐惧、恐慌而屈从，危及人民群众的人身财产安全，破坏了当地正常生活、工作、生产、经营秩序，严重影响人民群众的安全感，该集团的行为已达到认定为“软暴力”的标准。

三、被告人不足以认定为集团成员的，以普通共同犯罪认定

本案以刘某为首的犯罪组织符合恶势力犯罪集团的组成特征，应认定为恶势力犯罪集团。但是，根据《最高人民法院、最高人民检察院、公安部、司法部关于办理恶势力刑事案件若干问题的意见》第七条规定：“‘经常纠集在一起，以暴力、威胁或者其他手段，在一定区域或者行业内多次实施违法犯罪活动’，是指犯罪嫌疑人、被告人于2年之内，以暴力、威胁或者其他手段，在一定区域或者行业内多次实施违法犯罪活动，且包括纠集者在内，至少应有2名相同的成员多次参与实施违法犯罪活动。对于‘纠集在一起’时间明显较短，实施违法犯罪活动刚刚达到‘多次’标准，且尚不足以造成较为恶劣影响的，一般不应认定为恶势力。”本案中，被告人郑某某、牛某某二人只参与了七个地点中的一个地点的非法采砂，时间共计不满三个月，其二人没有参与该团伙在其他地点的非法采砂，没有帮助或从刘某犯罪团伙其他非法采砂活动中获取好处。该起犯罪两人只是提供自己承租或分配的土地供刘某等人非法采砂从而获取好处，与刘某非法采砂团伙的联系并不紧密，纠集在一起的时间明显较短，其二人尚不足以认定为恶势力犯罪集团成员，故对其二人以一般共同犯罪认定。

编写人：郑州铁路运输法院　李欣

48

受雇佣为非法采矿犯罪提供劳务的人员是否构成犯罪的认定

——莫某甲、张某某非法采矿案

【案件基本信息】

1. 裁判书字号

湖南省绥宁县人民法院（2022）湘0527刑初52号刑事判决书

2. 案由：非法采矿罪

【基本案情】

2017年11月28日，被告人莫某甲伙同莫某乙（莫某甲之子，另案处理）等人在甲县某镇成立某纸制品公司。该公司于2018年5月左右开始挖山并在平地建设厂房，于2018年10月21日办理了临时用地批复手续，于2018年10月31日办理了使用林地审核手续。2018年7月至2020年5月31日，该公司实际管理者莫某甲与莫某乙等人没有办理采矿许可证，擅自在黄泥坳陆续开挖山沙对外销售，先后销往乙县、丙县、丁县等地。2020年5月23日至31日，莫某甲等人在黄泥坳开挖山沙，销售至丁县等地，共计销售山沙价值25万余元。被告人张某某明知莫某甲等人未取得采矿许可证，仍然安排挖机在黄泥坳挖沙、装车。莫某甲按挖机工作时间340元每小时的标准付给张某某费用，张某某应当收取莫某甲48000元，但莫某甲仅付29500元。经城乡建设勘测院鉴定：黄泥坳非法露天开采范围累计采出建筑用风化花岗岩（山沙）矿石3.8万吨；按目前建筑用风化花岗岩（山沙）矿石市场坑口平均不含税售价估算，黄泥坳非法开采建筑用风化花岗岩（山沙）矿产资源评估价值为95万元。2021年3月25日，莫某甲、张某某分别向绥宁县公安局治安大队缴纳非法采矿的违法所得

10万元、3.75万元。

张某某曾因犯非法采矿罪，于2017年10月31日被法院判处有期徒刑一年，并处罚金人民币1万元，2018年4月14日刑满释放。

【案件焦点】

对受雇佣为非法采矿、破坏性采矿犯罪提供劳务的人员是否应当以犯罪论处。

【法院裁判要旨】

湖南省绥宁县人民法院经审理认为：被告人莫某甲违反《中华人民共和国矿产资源法》的规定，未取得采矿许可证擅自采矿，情节特别严重；被告人张某某明知莫某甲等人未取得采矿许可证，仍然受雇佣为莫某甲等人提供劳务，情节严重。莫某甲、张某某的行为均构成非法采矿罪。在共同犯罪中，莫某甲起主要作用，系主犯，张某某起次要作用，系从犯，依法应当对张某某从轻处罚。张某某曾因犯非法采矿罪被判处有期徒刑以上刑罚，刑罚执行完毕以后，在五年以内再犯应当判处有期徒刑以上刑罚之罪，系累犯，依法应当对张某某从重处罚。莫某甲、张某某均自愿认罪认罚，主动退缴违法所得，依法可对其从轻处罚。

湖南省绥宁县人民法院依据《中华人民共和国刑法》第二十六条第一款、第四款，第二十七条，第五十二条，第六十四条，第六十五条第一款，第六十七条第三款，第三百四十三条第一款；《最高人民法院、最高人民检察院关于办理非法采矿、破坏性采矿刑事案件适用法律若干问题的解释》第三条第一款第一项、第二款第一项，第十一条以及《中华人民共和国刑事诉讼法》第十五条规定，判决如下：

一、被告人莫某甲非法采矿罪，判处有期徒刑三年，并处罚金人民币15000元；

二、被告人张某某犯非法采矿罪，判处有期徒刑七个月，并处罚金人民币5000元；

三、被告人莫某甲退缴的违法所得100000元，被告人张某某退缴的违法所得37500元，均依法予以没收，上缴国库。

莫某甲不服一审判决，提起上诉。

湖南省邵阳市中级人民法院经审理认为：案涉非法开采的矿产资源经城乡建设勘测院作出的《价值评估报告书》认定价值为95万元，原审结合在案其他证据认定莫某甲非法开采的矿产资源价值为95万元并无不当。相关法律规定非法采矿价值达到50万元应认定为非法采矿罪的情节特别严重情形，原审特别考虑到其认罪认罚，从轻判处其有期徒刑三年已是最大限度从轻处罚。对莫某甲未适用缓刑符合本案情况和法律规定。

湖南省邵阳市中级人民法院裁定：

驳回上诉，维持原判。

【法官后语】

非法采矿罪，是指违反矿产资源法的规定，未取得采矿许可证而擅自采矿，擅自进入国家规划矿区、对国民经济具有重要价值的矿区和他人矿区范围采矿，或者擅自开采国家规定实行保护性开采的特定矿种，情节严重的行为。该罪的犯罪主体为一般主体，通常是指实施非法采矿犯罪的直接责任人员，即作出非法采矿决策的人和主要实施非法采矿的人。但本案的犯罪主体张某某具有一定的特殊性，其既不属于作出非法采矿决策的人，也不属于主要实施非法采矿的人，而属于受他人（莫某甲）雇佣为非法采矿犯罪提供劳务的人。本案对张某某认定为非法采矿罪的从犯，其仅对所参与的犯罪活动及犯罪数额承担刑事责任，具体原因分析如下：

在案证据显示，张某受莫某甲雇佣协助莫某甲非法开采山沙，其在安排挖机开采山沙的过程中并无自主管理权，且采矿时间、采矿地点等事项均由莫某甲统一安排，其在本案中仅负责安排一台挖机在涉案沙场挖沙、装车，并负责给挖机加油，且莫某甲是按挖机工作时间340元/小时的标准支付张某某报酬，本质上张某某属于按照约定向接受劳务方莫某甲提供挖机挖沙、装车的劳务，并领取普通薪酬的劳务者，应当认定为受雇佣为非法采矿犯罪提供劳务的人员。

根据2016年12月1日起施行的《最高人民法院、最高人民检察院关于办理非法采矿、破坏性采矿刑事案件适用法律若干问题的解释》第十一条之规定："对受雇佣为非法采矿、破坏性采矿犯罪提供劳务的人员，除参与利润分成或者领取高额固定工资的以外，一般不以犯罪论处，但曾因非法采矿、破坏性采矿受过处罚的除外。”可见通常情况下，受雇佣为非法采矿犯罪提供一般性劳务且领取普通薪酬的人员，不构成非法采矿罪。但是“一般不以犯罪论处”并非“一律不以犯罪论处”。近年来，随着矿产资源供需关系紧张和沙石价格的暴涨，导致非法采矿尤其是非法开采山沙的现象屡禁不止且愈演愈烈，为严厉打击非法采矿犯罪活动，加大对生态环境的保护力度，该条司法解释对受雇佣为非法采矿、破坏性采矿犯罪提供劳务的人员规定了三种例外情形：(1) 参与利润分成的；(2) 领取高额固定工资的；(3) 曾因非法采矿、破坏性采矿受过处罚的。

具体到本案中，张某某不存在参与莫某甲非法采矿利润分成或者从莫某甲处领取高额固定工资的情形，但张某某明知莫某甲等人未取得采矿许可证，仍然接受莫某甲的雇佣，且其曾因犯非法采矿罪被判处刑罚，根据前述司法解释之规定，应当对张某某以非法采矿罪追究其刑事责任。鉴于张某某仅为莫某甲非法采矿提供一般性劳务且领取普通薪酬，在本案非法采矿共同犯罪中仅起次要作用，对张某宜认定为从犯，依法对其从轻处罚。

编写人：湖南省绥宁县人民法院　杨倩如　陈新梅

49

达成共同犯意但各自携带工具实施电捕鱼行为应认定为共同犯罪

——陈某某等非法捕捞水产品刑事附带民事公益诉讼案

【案件基本信息】

1. 裁判书字号

重庆市江津区人民法院（2023）渝0116刑初828号刑事附带民事判决书

2. 案由：非法捕捞水产品罪附带民事公益诉讼

3. 当事人

公诉机关暨附带民事公益诉讼起诉人：区人民检察院

被告人暨附带民事公益诉讼被告：陈某某、张某甲、张某乙

【基本案情】

公诉机关区人民检察院诉称，2023 年 2 月 28 日晚，被告人张某乙邀约被告人张某甲、陈某某电捕鱼食用，三人在明知处于禁渔区、禁渔期的情况下，仍各自携带一套由电瓶、升压器、网兜组成的电捕鱼器来到重庆市永川区某河段进行捕鱼，三人共计捕获渔获物 18.74 千克。当晚陈某某、张某甲在回家途中被民警查获，2023 年 3 月 8 日张某乙主动到公安局投案，三人到案后均如实供述了上述事实。

三被告人暨附带民事公益诉讼被告陈某某、张某甲、张某乙及其辩护人辩称，对公诉机关指控的犯罪事实和罪名均无异议，对公益诉讼起诉人提出的诉讼请求没有意见，愿意共同承担民事责任。

2023 年 2 月 28 日下午，张某乙邀约张某甲晚上电捕鱼食用，张某甲表示同意。当日 22 时许，张某乙联系张某甲后又邀约陈某某电捕鱼。随后陈某某驾驶车辆先后接上张某甲和张某乙，一起来到重庆市永川区某河段，三人在明知该河段处于禁渔区、禁渔期的情况下，利用各自携带的一套由电瓶、升压器、网兜组成的电捕鱼器进行捕鱼，三人共计捕获渔获物 18.74 千克。其中，陈某某捕获物共计净重 9.55 千克，张某甲捕获物共计净重 8.69 千克，张某乙捕获物重约 0.5 千克。当晚陈某某、张某甲在回家途中被民警查获，2023 年 3 月 8 日张某乙主动到公安局投案。陈某某、张某甲、张某乙到案后均如实供述了上述事实、自愿签署了《认罪认罚具结书》，并签署了《长江生态保护法治志愿活动承诺书》，自愿参与长江生态保护法治志愿活动。

2023 年 10 月 16 日，中国水产科学研究院长江水产研究所作出涉案电捕导致生态损失的评估意见，估算当天电捕鱼导致成鱼损失量约为 74.96 千克，导致幼鱼直接损失量约为 4560 尾，幼鱼间接损失量为 36261 尾。本案当事人需在非法捕捞水域放流成鱼 74.96 千克，放流幼鱼 33570 尾。本案涉及品种均为当

地常见物种，根据相关规定，不对具体放流种类进行界定，可以放流当地保护物种中华倒刺鲃等。放流成鱼或幼鱼应购自国家级或省级水产原良种场，如放流苗种购买困难，可由地方行政主管部门收取生态补偿金10462元，统筹用于水生生态修复。2023年10月18日，重庆市永川区农业农村委员会出具相关复函，建议本案在涉案河段放流鲢鱼600斤（规格20厘米）、鳙鱼120斤（规格20厘米）、草鱼210斤（规格20厘米）、青鱼87斤（规格15厘米）。

在本案开庭审理前，被告人陈某某、张某甲、张某乙预交了购买鱼苗费用10462元。

【案件焦点】

数名被告人在达成共同犯意的情况下各自携带工具实施电捕鱼行为，是否构成非法捕捞水产品罪共同犯罪。

【法院裁判要旨】

重庆市江津区人民法院经审理认为：被告人陈某某、张某甲、张某乙违反保护水产资源法规，在禁渔区、禁渔期采用禁用方法捕捞水产品，情节严重，三被告人的行为已构成非法捕捞水产品罪。三被告人虽各自携带电捕鱼工具分别实施了电捕鱼行为，但其在事前共谋一起实施电捕鱼行为，并共同乘坐交通工具到达捕鱼地点，在实施犯罪过程中也彼此呼应等待一起离开，三被告人存在共同的犯罪故意并共同实施了犯罪行为，形成一个完整的共同体，成立共同犯罪，应当以共同犯罪论处，故三被告人应对三人的全部犯罪行为承担责任。

综合被告人陈某某、张某甲、张某乙的犯罪事实、情节、危害后果及认罪、悔罪态度，以及三被告人在本案审理过程中的生态修复情况，决定对公诉机关的量刑建议予以调整。对本案中的作案工具，依法予以没收。被告人陈某某、张某甲、张某乙非法捕捞水产品的行为破坏了渔业生态环境，侵犯了社会公共利益，依法应当承担民事赔偿责任，重庆市永川区人民检察院以公益诉讼起诉人的身份提起附带民事公益诉讼，要求被告人陈某某、张某甲、张某乙在某河段放流鲢鱼（20厘米）600斤、鱼（20厘米）120斤、草鱼（20厘米）210

斤、青鱼（15 厘米）87 斤并承担鉴定费用人民币 2000 元，符合法律规定，被告人陈某某、张某甲、张某乙对此亦无异议，对公益诉讼起诉人的诉讼请求予以支持。

重庆市江津区人民法院依照《中华人民共和国刑法》第二十五条，第四十四条，第六十四条，第六十七条第一款、第三款，第三百四十条，《中华人民共和国刑事诉讼法》第十五条，第一百零一条第二款，《最高人民法院、最高人民检察院关于检察公益诉讼案件适用法律若干问题的解释》第四条，第二十条，《中华人民共和国民法典》第一千二百二十九条，以及《中华人民共和国环境保护法》第六十四条规定，判决如下：

一、被告人陈某某犯非法捕捞水产品罪，判处拘役三个月；

二、被告人张某甲犯非法捕捞水产品罪，判处拘役三个月；

三、被告人张某乙犯非法捕捞水产品罪，判处拘役三个月；

四、扣押在案的电捕鱼工具，依法予以没收；

五、责令被告人陈某某、张某甲、张某乙在某河段放流鲢鱼（20 厘米）600 斤、鱼（20 厘米）120 斤、草鱼（20 厘米）210 斤、青鱼（15 厘米）87 斤；

六、被告人某某、张某甲、张某乙赔偿因本案产生的鉴定费用人民币 2000 元。

（以上第五项、第六项义务限被告人陈某某、张某甲、张某乙于本判决生效后十日内履行）。

宣判后，各方当事人均未提起上诉、抗诉，判决已经生效。

【法官后语】

按照我国传统刑法理论，成立共同犯罪必须具备三个条件：其一，主体必须是两个以上达到刑事责任年龄、具有刑事责任能力的人或者单位；其二，二人以上必须具有共同的犯罪行为，且各行为人所实施的行为必须是犯罪行为；其三，二人以上必须具有共同的犯罪故意。有学者认为，认定共同犯罪的传统方法存在无法评价无刑事责任能力人行为等缺陷。为此提出认定共同犯罪的三个要件：一是以不法为重心；二是以正犯为中心；三是以因果为核心。但就司法实践中关于共同犯罪的认定来看，出于维护现行法律体系的统一性和稳定性等多种因素，仍然是以传统认定方法为主。就本案而言，传统认定方法能够完整评价各行为人的犯罪行为，因此，本案采用传统构成要件认定共同犯罪。

一、共同犯罪责任认定应遵循的原则

共同犯罪责任认定在坚持刑法基本原则的前提下，其定罪量刑应遵循以下基本原则：一是部分实行全部责任原则。共同犯罪中各共同犯罪人虽然只是实施了共同犯罪中的部分行为，但都应对整个犯罪后果负责。二是区别对待原则。即在坚持部分实行全部原则的前提下，应当尽量细致地划定每一个共同犯罪人在共同犯罪中所起作用的大小，在具体量刑时对各共同犯罪人体现出轻重有别的处罚。三是罪责自负原则。又可称为个人责任原则，只有实施了犯罪行为的人才承担责任。在共同犯罪中，对于明显超出共同犯罪故意的侵害行为，只应由侵害人单独负责，重罪重罚、轻罪轻罚，罪刑相适应。

二、共同犯罪中附带民事赔偿责任的认定

对于共同犯罪刑事附带民事部分，有的直接采取平均分配赔偿份额的方式；有的则不随案一次性划分附带民事部分的赔偿责任，导致进一步增加司法成本，不利于矛盾纠纷的快速解决。一方面，附带民事诉讼的刑事案件与普通民事诉讼不同，案件审理过程中如不一并划分赔偿份额，可能造成受害人或部分行为人需要另行提起追偿之诉，还有可能造成各共同犯罪人之间的循环求偿。另一方面，对于赔偿份额的划分，应根据各共同犯罪人在共同犯罪中的身份、所处的地位、发挥的作用以及过错程度等，在量刑和赔偿责任划分上予以轻重有别的处罚，不能简单平均划分。这样有利于兼顾受害人与行为人之间的公平，节约司法成本，实现实体与程序公正的有机统一。就本案而言，鉴于三名被告人已经预交了赔偿金，生态赔偿目的已经实现，故在判决中仅明确了三人承担连带赔偿责任，没有一并划分各自份额。

三、本案认定共同犯罪的主要考量

按照认定共同犯罪的传统方法，本案认定三被告人是否成立共同犯罪的关键点在于是否构成共同的犯罪行为。三被告人在达成犯意的情况下，各自携带捕鱼工具在同一条河流各自捕鱼，但在捕鱼的过程中彼此呼应等待一同离开。从形式上看，似乎三被告人没有实施共同的犯罪行为。但从实质上看，三被告人在实施犯罪过程中存在彼此之间的沟通与呼应，为彼此实施犯罪行为提供一种心理支撑。因此，三被告人在达成犯意的情况下各自携带捕鱼工具捕鱼的行为应视为共同的犯罪行为，故三被告人构成非法捕捞水产品罪共同犯罪。

编写人：重庆市江津区人民法院 朱永祺 杨妮

50

渔业资源损害修复费用责任主体的认定

——张某甲等非法捕捞水产品，钟某某等掩饰、隐瞒犯罪所得刑事附带民事公益诉讼案

【案件基本信息】

1. 裁判书字号

山东省潍坊市坊子区人民法院（2023）鲁 0704 刑初 63 号刑事附带民事判决书

2. 案由：非法捕捞水产品罪，掩饰、隐瞒犯罪所得罪附带民事公益诉讼

3. 当事人

公诉机关暨附带民事公益诉讼起诉人：某区人民检察院

被告人暨附带民事公益诉讼被告：张某甲、张某乙、张某丙、徐某某

【基本案情】

经山东省农业农村厅批复，某水库实施禁渔制度，并明确了禁渔区、禁渔期，禁止除专项（特许）捕捞外的其他任何捕捞活动。2022 年 5 月 1 日至 11 月 13 日，被告人张某甲、张某乙、张某丙、徐某某四人为了获取利益，明知潍

坊某水库处于禁渔期，仍多次驾驶渔船非法捕捞水产品并对外销售。其中，张某甲伙同张某乙非法捕捞水产品28878公斤以上，非法出售获利288787元，张某甲分得144393.5元，张某乙分得144393.5元。张某丙伙同徐某某非法捕捞水产品17518公斤以上，非法出售获利175180元，张某丙分得87590元，徐某某分得87590元。2022年11月14日，张某甲、张某乙、张某丙、徐某某在捕捞过程中，被行政执法人员当场查获。市公安局某分局扣押作案工具渔船1艘、船机1台、渔网200米、渔获物1672.1公斤。

自2022年5月1日以来，被告人钟某某、高某甲、范某某、张某丁、高某乙、刘某某明知徐某某、张某甲等人非法捕捞白鲢鱼、花鲢鱼等水产品仍然予以收购。钟某某从张某甲处非法收购水产品价值154400元，从徐某某处非法收购水产品价值13840元，出售获利30000元；高某甲从张某甲处非法收购水产品价值135811元，出售获利13500元；刘某某从张某甲处非法收购水产品价值37958元，出售获利7000元；高某乙从张某甲处非法收购水产品价值13080元，从徐某某处非法收购水产品价值16310元，共出售获利6000元；范某某从徐某某处非法收购水产品价值16860元，出售获利4000元；张某丁从张某甲处非法收购水产品价值15105元，出售获利3000元。

法院审理期间，钟某某、刘某某、高某乙、范某某、张某丁分别退缴违法所得30000元、7000元、6000元、4000元、3000元。

专家意见认定，鲢鱼市场价格7元/公斤。张某乙等人非法捕捞水产品的行为造成渔业资源的损害；对张某乙等四人非法捕捞水产品行为造成的渔业资源损害，建议采取现金赔偿或者等价的渔业资源恢复措施。专家咨询服务费为7000元。

附带民事公益诉讼起诉人某区人民检察院向法院提出诉讼请求：(1) 判令张某丙、徐某某购买价值181032.35元的水产苗种并在某水库水域内增殖放流，如不履行则承担渔业资源损害修复费用181032.35元；(2) 判令张某甲、张某乙购买价值294639.35元的水产苗种并在某水库水域内增殖放流，如不履行则承担渔业资源损害修复费用294639.35元；(3) 判令张某甲、张某乙、张某丙、徐某某支付渔业资源损害评估费用人民币7000元；（4）判令张某甲、张某乙、张某丙、徐某某在市级以上媒体公开赔礼道歉。

【案件焦点】

渔业资源损害修复费用是否应由钟某某等犯掩饰、隐瞒犯罪所得罪的被告人与张某甲等犯非法捕捞罪的被告人共同承担连带责任。

【法院裁判要旨】

山东省潍坊市坊子区人民法院经审理认为：根据《中华人民共和国渔业法》第三十条第二款规定，山东省农业农村厅作出的对某区关于某水库禁渔制度的请示的批复具有法律效力。被告人张某乙、徐某某、张某甲、张某丙均系某水库周边村民，明知某水库禁止捕鱼，并将从某水库捕捞的渔获物卖给钟某某等收购者，其主观上具有非法捕捞水产品的故意，客观上实施了在禁渔区、禁渔期非法捕捞水产品的行为，且属情节严重，其行为均构成非法捕捞水产品罪。

关于张某乙等四被告人涉案捕捞水产品的重量认定。经查，钟某某等人从张某乙等人处收购花鲢鱼的价格在6~10元/公斤之间浮动、收购白鲢鱼的价格在2~3元/公斤之间浮动，根据有利于被告人的原则，将其出售的鱼全部按照10元/公斤计算，故自2022年7月1日至11月13日，张某乙伙同徐某某非法捕捞水产品至少17518公斤；自2022年5月1日至11月13日，张某甲伙同张某丙非法捕捞水产品至少28878.7公斤。

关于渔业资源损失认定问题。张某乙等四人非法捕捞的水产品为鲢鱼，根据专家意见，其价值评估按照“其他渔获物”价值进行。根据《非法捕捞案件涉案物品认（鉴）定和水生生物资源损害评估及修复办法（试行）》第十六条的规定，其他渔获物的价值，根据销售金额进行认定。无销售价格、销售金额难以查证或者根据销售金额认定明显偏低的，根据市场价格进行认定；仍无法认定的，由渔业行政处罚机关认定或者由有关价格认定机构作出认证并出具报告。故某区人民检察院依据查实的销售金额认定张某乙等人在2022年5月1日至11月13日非法捕捞对渔业资源造成的损害，依据市场价格7元/公斤确定张某乙等人于2022年11月14日非法捕捞对渔业资源造成的损害，具有事实和法律依据。

关于张某乙等四人的侵权责任承担。张某乙等四名捕捞者违反法律法规规定，非法捕捞水产品，依照《中华人民共和国民法典》第一千一百六十五条规定，应当在各自捕捞范围内承担相应的侵权责任。自2022年5月1日至11月13日，张某乙伙同徐某某非法捕捞水产品价值175180元，张某甲伙同张某丙非法捕捞水产品价值288787元，另张某乙及徐某某、张某甲及张某丙于2022年11月14日非法捕捞水产品被现场查获，因张某乙等人强烈抵抗，致使张某乙及徐某某的渔获物与张某甲及张某丙的渔获物混在一起，无法区分，经称重渔获物共计1672.1公斤，价值11704.7元，现附带公益起诉人要求张某乙及徐某某、张某甲及张某丙对上述损害结果平均承担侵权责任，并无不当，且张某乙、徐某某、张某甲、张某丙均无异议。综上，张某乙、徐某某合伙非法捕捞水产品价值181032.35元，张某甲、张某丙合伙非法捕捞水产品价值294639.35元，故附带民事公益诉讼起诉人要求张某乙、徐某某和张某甲、张某丙分别购买价值181032.35元、294639.35元的水产苗种并在某水库水域内增殖放流，如不履行则分别承担渔业资源损害修复费用181032.35元、294639.35元，以及张某乙、徐某某、张某甲、张某丙支付专家咨询服务费7000元并在市级以上媒体赔礼道歉的诉讼请求理由正当，符合法律规定，予以支持。

综上，被告人张某甲、张某乙、张某丙、徐某某违反保护水产资源法规，在禁渔区、禁渔期非法捕捞水产品，情节严重，其行为均已构成非法捕捞水产品罪，且张某乙、徐某某和张某甲、张某丙分别系共同犯罪，依法均应予惩处。被告人钟某某、高某甲明知是犯罪所得的水产品而予以收购，情节严重，刘某某、高某乙、范某某、张某丁明知是犯罪所得的水产品而予以收购，六被告人的行为均已构成掩饰、隐瞒犯罪所得罪，依法应予惩处。

被告人张某甲、张某乙、张某丙、徐某某在禁渔区、禁渔期非法捕捞水产品的行为，影响了渔业资源的正常生长和繁殖，对渔业资源和生态环境造成损害，损害了社会公共利益，除应受到刑事处罚外，还应当在非法捕捞范围内承担相应的赔偿责任。

山东省潍坊市坊子区人民法院依照《中华人民共和国刑法》第二十五条，第五十二条，第五十三条，第六十四条，第六十七条第一款、第三款，第七十二条第一款、第三款，第七十三条第二款、第三款，第七十六条，第三百一十二条，第三百四十条；《中华人民共和国渔业法》第三十条；《中华人民共和国民法典》第一千一百六十五条，第一千一百六十八条，第一千二百二十九条，第一千二百三十五条；《最高人民法院、最高人民检察院关于办理破坏野生动物资源刑事案件适用法律若干问题的解释》第三条；《最高人民法院关于审理掩饰、隐瞒犯罪所得、犯罪所得收益刑事案件适用法律若干问题的解释》第三条；《最高人民法院关于审理环境民事公益诉讼案件适用法律若干问题的解释》第十八条，第二十条；《最高人民法院、最高人民检察院关于检察公益诉讼案件适用法律若干问题的解释》第二十条；《中华人民共和国刑事诉讼法》第十五条，第一百零一条，第一百零三条之规定，判决如下：

一、被告人张某甲、张某乙、张某丙、徐某某犯非法捕捞水产品罪，分别判处有期徒刑二年至一年六个月不等；

二、被告人钟某某、高某甲、刘某某、高某乙、范某某、张某丁犯掩饰、隐瞒犯罪所得罪，分别判处有期徒刑三年、缓刑三年至有期徒刑六个月、缓刑一年不等，并处罚金人民币 10000 元至 2000 元不等；

三、公安机关扣押的渔获物 1672.1 公斤、作案工具渔船 1 艘、船机 1 台、渔网 200 米，依法予以没收，由扣押机关依法处理；

四、被告人张某甲的违法所得 144393.5 元，被告人张某丙的违法所得 144393.5 元，被告人张某乙的违法所得 87590 元，被告人徐某某的违法所得 87590 元，继续予以追缴，优先用于支付渔业资源损害修复费用；

五、被告人高某甲的违法所得 13500 元，继续予以追缴，追缴后上缴国库。被告人钟某某的违法所得 30000 元、被告人刘某某的违法所得 7000 元、被告人高某乙的违法所得 6000 元、被告人范某某的违法所得 4000 元、被告人张某丁的违法所得3000元，依法予以没收，上缴国库；

六、附带民事公益诉讼被告张某乙、徐某某及张某甲、张某丙在附带民事公益诉讼起诉人的指导及监督下分别购买181032.35元和294639.35元的水产苗种并在某水库水域内增殖放流，如不履行则分别承担渔业资源损害修复费用181032.35元和294639.35元；

七、附带民事公益诉讼被告张某乙、徐某某、张某甲、张某丙支付专家咨询服务费7000元（于本判决生效之日起三十日内履行）；

八、附带民事公益诉讼被告张某乙、徐某某、张某甲、张某丙在市级以上媒体上就其非法捕捞水产品的行为向社会公众公开道歉。

被告人钟某某、高某甲、刘某某、高某乙、范某某、张某丁回到社区后，应当遵守法律、法规、服从监督管理，接受教育，完成公益劳动，做有益社会的公民。

宣判后，各方当事人均未提起上诉、抗诉，判决已经生效。

【法官后语】

本案的焦点在于实施掩饰、隐瞒犯罪所得的行为人是否应承担渔业资源损害修复费用的连带赔偿责任。检察机关在首份民事公益诉讼起诉书中，请求法院判令钟某某等犯掩饰、隐瞒犯罪所得罪的被告人与犯非法捕捞水产品罪的张某甲等共同承担渔业资源损害修复费用的连带赔偿责任。合议庭在审查案件时注意到该问题，及时与检察机关进行了沟通，我们认为，渔业资源损害修复费用应当由实施非法捕捞行为的被告人承担。后检察机关认可并接受了合议庭观点，在开庭前变更了民事公益诉讼起诉书的诉讼请求。

一、依附于刑事案件提起的破坏生态环境公益诉讼案件本质上都属于侵权类民事案件

刑事附带民事公益诉讼的案件具有双重属性，既是涉及生态环境保护的刑事案件，也是根据民事诉讼法提起的公益诉讼案件。

从法律渊源来看，《最高人民法院、最高人民检察院关于检察公益诉讼案件适用法律若干问题的解释》是刑事附带民事公益诉讼的规范性依据，刑事附

带民事公益诉讼被规定在其中的民事公益诉讼部分，并非独立而特殊的一项新的检察公益诉讼类别，本质上属于根据民事诉讼法提起的民事公益诉讼案件，对于因审判组织、民事公益诉讼判项等衍生的问题，应当依据民事诉讼法提起上诉或启动再审。从责任方式看，《最高人民法院关于审理环境民事公益诉讼案件适用法律若干问题的解释》规定，在环境民事公益诉讼案件中，被告承担的责任形式包括停止侵害、排除妨碍、消除危险、修复生态环境、赔偿损失、赔礼道歉等，同时《中华人民共和国民法典》还规定了被侵权人有权请求惩罚性赔偿。因此，无论从法律渊源还是责任方式，依附于刑事案件提起的破坏生态环境公益诉讼案件本质上都属于侵权类民事案件，应当按照《中华人民共和国民法典》《中华人民共和国民事诉讼法》等规定处理。

二、谁侵权谁担责是处理环境资源侵权案件的原则

根据《中华人民共和国民法典》第一百七十八条规定，连带责任由法律规定或者当事人约定。可见，连带责任既可由法律规定，也可由当事人约定。既无“约定”又无“法律”规定的，则无须承担连带责任。本案中，检察机关若要请求钟某某等六名“收赃”行为人承担连带责任，那么，或者有证据证实“收赃”行为人与非法捕捞行为人存在“约定”，或者有“法律”规定在破坏生态环境公益诉讼案件中，“收赃”行为人与生态环境侵权人应当承担连带责任。因“约定”而承担连带责任的多见于合同之债，显然本案不属于此种情形。生态环境损害导致的责任属于侵权之债，《中华人民共和国民法典》第一千一百六十八条规定，二人以上共同实施侵权行为造成他人损害的，应当承担连带责任。故只有“收赃”行为人与非法捕捞行为人共同实施了侵权行为才能承担连带赔偿责任。本案中，双方对于非法捕捞显然不具备共同的故意和行为。

首先，非法捕捞行为人和“收赃”行为人的犯意不同，主观过错不一致，也无事前、事中的意思联络。其次，不同行为人导致的损害后果不具备同一性，非法捕捞行为人破坏环境资源，是渔业资源遭受损害的直接和根本原因。而“收赃”行为人对赃物进行收购的行为，属于妨害司法秩序，二者的损害后果截然不同。再次，在行为人将渔业资源非法捕获后，侵权行为业已结束，侵害

渔业资源的犯罪链条已经闭合。最后，行为人将渔获物进行出售或是挪作他用属于犯罪后对赃物的处置，是刑法理论上事后不可罚的行为，其出售行为是另一起犯罪链条的肇始。本案中，不存在针对渔业资源损害的共同侵权行为，因此，要求收赃的被告人承担连带赔偿责任于法无据。

综上，渔业资源损害修复费用属于《中华人民共和国民法典》规定的生态环境损害费用中的一种，此费用的责任主体认定不因案件性质、诉讼主体的不同而区别对待，应严格按照《中华人民共和国民法典》《中华人民共和国民事诉讼法》等规定。渔业资源损害修复费用的产生是行为人侵权产生的法律后果，无侵权行为则无赔偿责任，在确定赔偿责任时应严格按照审理查明的事实准确区分各行为人在案件中的地位和作用。

编写人：山东省潍坊市坊子区人民法院　褚振宇

51

以存储为名长期不处置危险废物的污染环境罪的犯罪故意及犯罪形态认定

——某能源公司等污染环境案

【案件基本信息】

1. 裁判书字号

江苏省苏州市姑苏区人民法院（2024）苏0508刑初20号刑事判决书

2. 案由：污染环境罪

【基本案情】

被告单位某能源公司有新、老两个厂区。2018年老厂区全部搬迁至新厂区。被告人管某某为该公司法定代表人，全面负责该公司生产经营；被告人刘某某为公司生产负责人。2016 年至 2019 年 5 月，二被告人明知公司两厂区内地下水泥池贮存了大量生产经营中产生的废油、废油渣等危险废物，为逃避安全监管、避免处置危险废物的高额费用，使用钢筋混凝土浇筑封盖地下水泥池使之完全封闭掩藏于地下。

2020 年 11 月 20 日，当地生态环境部门接到举报线索后开展调查，并会同相关职能部门对某能源公司两个厂区填埋的危险废物进行清挖转运，于 2021 年 5 月 7 日全部转移处置完毕。经统计，某能源公司新、老厂区内五个地下油池内共清运处置废油、废油渣 436.66 吨、油水混合物 41.34 吨，共计 478 吨。

经鉴定，涉案五个地下油池内存储物均为危险废物，危废代码为“900-000-49”，PH 值在 3~4 左右。经专家论证，某能源公司的储油池均为混凝土结构，未采取防腐、防渗等相关措施，不符合《危险废物贮存污染控制标准》，储存不规范，储存的危险废物为酸性，对混凝土有腐蚀性影响，但影响速度慢。

案发后，某能源公司缴纳全部应急处置费 252 万余元。管某某、刘某某主动投案并如实供述了自己的罪行。某能源公司、管某某、刘某某均自愿认罪认罚，审理中，分别缴纳罚金保证金人民币 20 万元、8 万元、6 万元。

【案件焦点】

1. 本案被告单位及两被告人是否存在污染环境罪的主观故意；2. 本案名为存储，实为抛弃危险废物，但尚未发生泄漏，如何确定其污染环境罪的犯罪形态。

【法院裁判要旨】

江苏省苏州市姑苏区人民法院经审理认为：本案填埋危险废物的行为发生在 2021 年 3 月 1 日前，按照《中华人民共和国刑法》从旧兼从轻的原则，应当适用 2011 年修正的《中华人民共和国刑法》第三百三十八条的规定。本案中，被告单位某能源公司及其直接负责的主管人员管某某、直接责任人员刘某某将经营产生的废油、废油渣等危险废物采用加盖水泥楼板、混凝土浇筑整平的方式完全封闭掩藏于厂区内地下水泥池或遗弃于关闭停产的生产经营场地地下水泥池中，长期未加以合规处置，其情节已超越违规储存的范围，实质上构成将危险废物通过地下填埋的方式予以抛弃，且危险废物数量达一百吨以上，构成污染环境罪，且属后果特别严重。

被告单位、被告人违反国家规定，倾倒危险废物，严重污染环境，构成污染环境罪。本案系犯罪未遂，对被告单位、被告人可以比照既遂犯从轻或者减轻处罚。

关于犯罪故意问题。经查，两被告人将危险废物存储在某能源公司新、老厂区内的水泥池，为防止他人发现，将水泥池浇筑封闭，封闭时间跨度分别达四五年之久、一年有余，至案发前无意清理处置，更无合法处置案涉危险废物的实际行动，故至少可以认定案发时被告单位和两被告人污染环境罪的主观故意成立。

关于犯罪形态问题。构成污染环境罪一般要求犯罪行为除符合相应情节之外还要已造成一定的污染环境后果。污染环境后果可以通过造成的人身财产等损害后果去衡量，也可以通过行为的情节去推定。同时，污染环境罪属于行政犯，以违反环境保护行政法的规定为前提，且要求行为危害严重。而环境保护法律制度中相当部分是污染环境防治制度，是对违反污染环境防治制度造成环境污染风险的行为进行规制，故在适用污染环境罪时，除考虑污染环境后果外，特定情形下对行为所造成的环境污染风险程度也是需要考虑的一个方面。刑法及污染环境罪司法解释关于非法排放、倾倒、处置危险废物的入罪规定并未强调相应的污染环境后果，这是基于非法排放、倾倒危险废物属于污染环境情节严重的行为，且基本上都会产生一定的污染环境后果。本案中，虽然存在倾倒行为，但由于地下水泥池在相当长的时期内具有一定的将危险废物毒害性与环境因素隔离的效果，直到案发时尚未造成污染环境的后果。这也表明本案封闭、遗弃危险废物于地下水泥池后，污染环境风险并非迫在眉睫，而是一个风险逐步积累的长期过程。本案情形可对行为人的行为分成两个阶段，即主动封闭、遗弃危险废物的积极行为阶段与长期放任不管的消极行为阶段。就后一阶段，有三种结果：第一种是长期未被发现直至发生泄漏污染环境；第二种是尚未发生泄漏而被举报、执法检查所查获；第三种是行为人改变消极态度，在发生泄漏前自行予以清理、处置。本案被告人将危险废物封闭、遗弃于自家新、老厂区，尚存在改变消极态度的可能性。故应将封闭、遗弃危险废物的隐蔽性程度、隔绝效果及持续时间作为行为人主观恶性及污染环境风险的衡量因素来考虑案件的既、未遂犯罪形态。本案中，被告人将危险废物封闭、遗弃于生产经营场所的地下水泥池数年之久，直至被人举报、查获，综合考虑其主观故意、隐蔽性情节、污染环境风险程度，认定为污染环境罪未遂较为适宜，对被告单位及被告人比照既遂犯减轻处罚。

被告人管某某、刘某某自动投案并如实供述自己的罪行，属自首，均依法从轻处罚。被告单位、被告人均自愿认罪认罚，均依法从宽处罚。被告单位案发后全额缴纳了应急处置费，被告单位、被告人审理中缴纳了罚金保证金，均酌情从轻处罚，并对被告人管某某、刘某某宣告缓刑。

江苏省苏州市姑苏区人民法院依照《中华人民共和国刑法》第二十三条，第五十二条，第五十三条，第六十四条，第六十七条第一款，第七十二条第一款、第二款、第三款，第七十三条第二款、第三款，第三百三十八条，第三百四十六条；《最高人民法院、最高人民检察院关于办理环境污染刑事案件适用法律若干问题的解释》第三条第二项；《中华人民共和国刑事诉讼法》第十五条、第二百零一条之规定，判决如下：

一、被告单位某能源公司犯污染环境罪，判处罚金人民币 20 万元；

二、被告人管某某犯污染环境罪，判处有期徒刑二年六个月，缓刑三年，并处罚金人民币 8 万元；

三、被告人刘某某犯污染环境罪，判处有期徒刑二年，缓刑二年六个月，并处罚金人民币 6 万元；

四、禁止被告人管某某、刘某某在缓刑考验期间从事与排污或者处置危险废物有关的经营活动。

宣判后，各方当事人均未提起上诉、抗诉，判决已经生效。

【法官后语】

本案对于以储存为名长期不处置危险废物的行为，根据行为的隐蔽程度、行为后长期不作为等因素，认定存在故意倾倒行为。另根据危险废物与外环境隔绝程度、危险废物未失控、案发后能够防止污染后果发生、在刑事政策上需要为犯罪中止留有空间等因素，认定为犯罪未遂。

一、封存危废物的主观状态认定

本案审理中，被告人曾有“先封存后处置”的辩解意见，该辩解意见影响犯罪故意的认定，是否采纳需要结合主、客观因素进行判断。审理法院根据被告人基于防止他人发现的动机而将水泥池封闭、封闭时间跨度长、长期不作无害化处置，其辩解缺乏实际依据等情况，认定被告单位及被告人的违法情节已超过单纯的违规存储危险废物的范围，属于以储存为名行抛弃之实，存在以地下填埋方式抛弃危险废物的故意污染环境行为。不可否认，两被告人在将危险废物封存在其厂区内的水泥池之初，主观上可能存在暂时封存的心理，但即便如此，从上述情况看，也能判断出随着时间推移，两被告人实际上已经逐步丧失了清理处置的动力，故至少可认定案发时其倾倒危险废物的主观故意成立，其行为应被评价为故意倾倒危险废物行为。

二、封存危废物的犯罪形态认定

对于本案的犯罪形态属于既遂还是未遂，审理时存在较大争议。一种观点认为，根据《最高人民法院、最高人民检察院关于办理环境污染刑事案件适用法律若干问题的解释》第一条规定，非法排放、倾倒、处置危险废物三吨以上构成污染环境罪，该情形属于以“行为入罪”，即只要认定被告人实施了倾倒相应数量危险废物行为，就构成犯罪既遂。本案既然认定被告单位及被告人存在倾倒行为，就应认定为犯罪既遂。另一种观点认为，污染环境罪的既遂应以发生污染环境的损害后果或高度风险为必要条件，本案虽然存在倾倒行为，但是由于水泥池的隔离作用，案发时尚未实际发生污染后果，并且倾倒地点位于被告单位厂区，存在事后采取积极措施，防止泄露后果最终发生的高度可能，应当认定为犯罪未遂。

判决采纳第二种观点，认为《最高人民法院、最高人民检察院关于办理环境污染刑事案件适用法律若干问题的解释》关于以非法排放、倾倒、处置一定数量危险废物等“行为入罪”情形的规定，并非严格意义上的行为犯。通常情况下，非法倾倒危险废物必然会同时造成环境污染的损害后果，或者即便损害后果未立即发生，但倾倒行为导致危险废物失控，污染后果必将发生。故此类以“行为入罪”的情形是从经验推定的角度认定“有污染行为必有污染后果”，从而防范因损害后果的事后取证困难而导致的打击漏洞，并非不考虑损害后果甚至行为具体危险性意义上的行为犯。因此，虽然通常的倾倒行为必然会造成污染的实害后果或高度风险，但并不排除特殊情况的发生，即根据案发时的特殊情形，认定倾倒行为并未导致实害后果或污染物的完全失控，从而认定为犯罪未遂。

认定封存危废物属于既遂或未遂的主要考虑因素包括：倾倒危险废物地点的特殊性及隐蔽程度、危险废物是否完全失控、隔绝措施的效果、行为人自身防范结果发生的可能性以及是否需要为犯罪中止留下空间等。比如，本案被告人将危险废物封存于自家厂区里数年之久，但仍属其经营管理范围，且由于水泥池的封闭作用，实际污染后果尚未发生，存在防止污染后果实际发生的可能，认定犯罪未完成形态能够在刑事政策上为行为人通过主动行为防范结果发生的犯罪中止留下空间。但如将危险废物采取一定封存措施后弃置于他处，难以溯源，则表明行为人抛弃意图明显，完全放弃了事后处置的可能性，使得“谁污染，谁治理”原则落空，故虽污染环境的实害后果并未随抛弃行为同时发生，但污染物已经处于完全失控状态，污染后果必将发生的，仍应认定为犯罪既遂。

编写人：江苏省苏州市姑苏区人民法院　陈勇

52

成立危害珍贵、濒危野生动物罪要求行为人主观上具备“明知”要件

——牟某某非法捕捞水产品案

【案件基本信息】

1. 裁判书字号

重庆市江津区人民法院（2023）渝0116刑初108号刑事判决书

2. 案由：非法捕捞水产品罪

【基本案情】

2022年9月1日17时许，被告人牟某某在长江干流停泊的某货船船舷边，向江中放置一张单层刺网、一张三层刺网以及两副定置延绳钓用于捕鱼。次日上午7时许，牟某某从两副定置延绳钓上起获1尾胭脂鱼和4尾黄颡鱼（重0.135千克）。同日下午5时许，牟某某被派出所民警现场查获，当场从牟某某放置江中的单层刺网内起获达氏鲟1尾（重1.57千克），其中胭脂鱼和达氏鲟被当场放生。经认定，上述两副定置延绳钓和三层刺网均为长江流域重点水域禁用渔具；渔获物胭脂鱼1尾属于国家Ⅱ级重点保护野生动物，价值人民币400元，达氏鲟1尾属于国家Ⅰ级重点保护野生动物，价值人民币200000元，黄颡鱼4尾价值共计8.1元。上述捕鱼地点位于长江上游珍稀特有鱼类国家级自然保护区，自2020年1月1日0时起实行全面禁捕。

案发后，牟某某自愿缴纳生态修复金人民币4000元，并自愿签署《长江生态法治志愿者承诺书》，成为长江生态法治志愿者，开展志愿服务，自愿签署了《认罪认罚具结书》。

【案件焦点】

被告人捕获国家重点保护野生动物达氏鲟和胭脂鱼是否构成危害珍贵、濒危野生动物罪。

【法院裁判要旨】

重庆市江津区人民法院经审理认为：根据《中华人民共和国刑法》第三百四十条规定，被告人牟某某违反保护水产资源法规，在禁渔区、禁渔期使用禁用工具捕捞水产品，情节严重，其行为已构成非法捕捞水产品罪。

关于牟某某捕获国家Ⅰ级重点保护野生动物达氏鲟和国家Ⅱ级重点保护野生动物胭脂鱼是否构成危害珍贵、濒危野生动物罪的问题。本案中，虽然执法人员在牟某某放置江中的渔网上起获一尾达氏鲟，但从牟某某的主观方面看，其对捕获达氏鲟并无主观上的故意，达氏鲟也并非由牟某某起获，且被及时进行了放生，未造成达氏鲟死亡等严重后果，故不能以此认定牟某某构成危害珍贵、濒危野生动物罪。至于牟某某在捕获到胭脂鱼后未主动及时放生，而是暂养的问题，《最高人民法院、最高人民检察院关于办理破坏野生动物资源刑事案件适用法律若干问题的解释》第六条规定，非法猎捕、杀害国家重点保护的珍贵、濒危野生动物，或者非法收购、运输、出售国家重点保护的珍贵、濒危野生动物及其制品，价值二万元以上不满二十万元的，应当依照刑法第三百四十一条第一款的规定，以危害珍贵、濒危野生动物罪处五年以下有期徒刑或者拘役，并处罚金。因案涉胭脂鱼的价值仅400元，尚未达到危害珍贵、濒危野生动物罪的入罪标准，故无论牟某某对捕获胭脂鱼是否存在主观上的故意，均不能认定其构成危害珍贵、濒危野生动物罪。综上，牟某某的行为构成非法捕捞水产品罪。

重庆市江津区人民法院综合被告人的犯罪事实、认罪悔罪态度，以及本案未造成国家重点保护野生动物死亡等严重后果等情节，依照《中华人民共和国刑法》第六十四条，第六十七条第三款，第七十二条，第七十三条第二款、第三款，第三百四十条；《中华人民共和国刑事诉讼法》第十五条规定，判决如下：

一、被告人牟某某犯非法捕捞水产品罪，判处有期徒刑八个月，缓刑一年；

二、扣押在案的作案工具，依法予以没收。

宣判后，各方当事人均未提起上诉、抗诉，判决已经生效。

【法官后语】

危害珍贵、濒危野生动物罪的设立，体现了我国刑事立法对环境资源的重视与保护。但在刑事司法实践中对于该罪的认定，应持审慎态度，对于产生了合理认识错误，主观恶性较小的行为人应当将其排除在犯罪之外。根据《中华人民共和国刑法》的规定，危害珍贵、濒危野生动物罪是故意犯罪。所谓故意，指的是行为人明知自己的行为会发生危害社会的结果，且希望或放任该危害结果发生的心理态度。故意是一种主观上明知的心理态度，“主观明知”是故意犯罪的认知因素，因此，成立危害珍贵、濒危野生动物罪要求行为人主观上具备“明知”要件。认定是否构成主观明知要件可重点考虑以下两个层面：

一是考虑常识性认知。主观明知的内容包括对行为事实本身的认识以及对行为可能发生危害结果的认识，只有在明知自身是在实施危害社会的行为的情况下，才能对行为人予以归责。我国刑法中的危害珍贵、濒危野生动物罪属于典型的法定犯，对于法定犯来说，其之所以构成犯罪，主要是源于国家的法律规定，而非伦理道德基础，并且其认定范围会随着国家规定的调整而动态变化。对珍贵、濒危野生动物的保护，源自国家关于野生动物保护的相关规定，如《濒危野生动植物种国际贸易公约》等。但对于社会公众来说，除了非常典型的一级保护动物，如大熊猫、东北虎等，对于其他野生保护动物未必都会具有明知的心态，尤其是对于相关国际公约所界定，而我国本土范围并无相应物种存在的野生保护动物，就更可能处于不明知的状态。因此，对于此类犯罪中的主观明知认定来说，应当结合行为人过往的社会经历进行判断，对于不常见的野生保护动物，社会大众无法通过常识判断其是否属于保护范畴，并且国家的相关部门对此也并未进行广泛而普遍宣传的，不宜直接推定行为人主观上明知其系珍贵、濒危野生保护动物。

二是立足实践经验。市场上有一些常见且价格较为低廉的野生动物，相关交易公开进行，存续时间较长，且从未被相关政府部门打击处理，此时如果有人购买了这类动物进行饲养，不宜认定其主观上具有明知心态。行为人已经产生了合理信赖——该类动物只是一般动物，并未受到国家特殊保护的。虽然行为人的此种认知属于错误认识，但是从主观上最多只能算是一种过失心态，其中有宣传不到位、打击处理不到位的原因，对此不应认为行为人存在主观故意甚至要求其为此承担刑事责任。只有严格限定本罪主观明知要件认定的条件，才能避免客观归罪。野生保护动物类别多样，不可能寄希望于普通人对此有全面的了解和准确的判断。对于危害珍贵、濒危野生动物罪主观明知要件的认定，可以从行为人是否系职业性从事相关活动的人员、交易方式、涉案动物的“知名度”特别是在当地的情况等角度进行综合判断。

就本案而言，被告人仅为护船人员，并非专业渔民，其对鱼类也不甚了解，不宜认定被告人对于捕捞到珍贵、濒危野生动物的结果在主观上系明知，因此被告人不构成危害、珍贵濒危野生动物罪。严格把握主观明知要件区分认定非法捕捞水产品罪和危害珍贵、濒危野生动物罪，既符合刑事司法的审慎精神，也符合主客观相结合的归罪原则，希望本案裁判能够为类案审判提供有益借鉴。

编写人：重庆市江津区人民法院　朱永祺　杨妮

53

破坏野生动物资源犯罪行为的定性

——王某某危害珍贵、濒危野生动物，非法猎捕、出售陆生野生动物刑事附带民事公益诉讼案

【案件基本信息】

1. 裁判书字号

福建省南平市延平区人民法院（2023）闽0702刑初49号刑事附带民事判决书

2. 案由：危害珍贵、濒危野生动物罪，非法猎捕、出售陆生野生动物罪附带民事公益诉讼

3. 当事人

公诉机关暨附带民事公益诉讼起诉人：区人民检察院

被告人暨附带民事公益诉讼被告：王某某

【基本案情】

2022 年 9 月 28 日，被告人王某某携带 1 支射钉器改制枪被民警截获。经鉴定，王某某非法持有的枪支均是以火药为动力的非军用枪支。2022 年 8 月至 9 月，王某某在南平市延平区某乡某村等山场，使用射钉器改制枪猎杀 1 只中华鬣羚、1 只豹猫、3 只白鹇，后以人民币 6050 元的价格将中华鬣羚出售给他人。经鉴定，王某某非法猎杀的中华鬣羚、豹猫、白鹇均属于国家二级重点保护野生动物，价值共计人民币 72500 元。2022 年 1 月至 9 月，王某某以食用为目的，在禁猎期使用射钉器改制枪和钢丝绳套等禁用工具在南平市延平区某镇某村等禁猎区非法猎捕野猪、花面狸、小麂、豪猪、灰胸竹鸡等野生动物，非法获利人民币 48935 元。经鉴定，王某某非法猎捕的 15 只野生动物均属“三有”野生动物，价值共计人民币 33700 元。

案发后，王某某家属协助其退出非法所得 54985 元。

附带民事公益诉讼被告王某某在案件审理过程中，主动赔偿野生动物资源价值损失人民币 106200 元。

【案件焦点】

破坏野生动物资源犯罪的构成要件。

【法院裁判要旨】

福建省南平市延平区人民法院经审理认为：被告人王某某违反枪支管理规定，非法持有以火药为动力的非军用枪支 2 支，情节严重，其行为已构成非法持有枪支罪；被告人王某某违反野生动物保护管理法规，多次在禁猎期、禁猎

区使用禁止使用的工具猎杀 5 只国家二级重点保护野生动物，价值人民币 72500 元，情节严重，其行为已构成危害珍贵、濒危野生动物罪；以食用为目的，非法猎杀“三有”野生动物并部分出售，扣押在案的 15 只“三有”野生动物，价值共计人民币 33700 元，情节严重，其行为已构成非法猎捕、出售陆生野生动物罪。王某某一人犯数罪，应当数罪并罚。王某某归案后认罪认罚，如实供述其犯罪事实，退出赃款，且自动履行了野生动物资源价值损失的赔偿责任，在量刑时予以从轻处罚。王某某的行为不仅破坏了生态环境，而且损害了社会公共利益，其应当承担民事责任。

福建省南平市延平区人民法院依照《中华人民共和国刑法》第一百二十八条第一款，第三百四十一条第一款、第三款，第六十四条，第六十七条第三款，第六十九条；《中华人民共和国民法典》第一百七十九条第一款第八项、第十一项，第一百八十七条，第一千一百六十五条第一款，第一千二百二十九条，第一千二百三十五条第二项；《最高人民法院关于审理环境民事公益诉讼案件适用法律若干问题的解释》第十八条规定，判决如下：

一、被告人王某某犯非法持有枪支罪，判处有期徒刑三年；犯危害珍贵、濒危野生动物罪，判处有期徒刑一年六个月，并处罚金人民币 10000 元；犯非法猎捕、出售陆生野生动物罪，判处有期徒刑一年三个月；总和刑期有期徒刑五年九个月，决定执行有期徒刑五年，并处罚金人民币 10000 元；

二、扣押在案的非法所得人民币 54985 元及作案工具予以没收，上缴国库；扣押在案的野生动物死体由公安机关依法处置；

三、附带民事公益诉讼被告王某某在本判决生效后十日内向国家赔偿野生动物资源价值损失人民币 106200 元；

四、附带民事公益诉讼被告王某某在本判决生效后十日内通过市级以上新闻媒体公开赔礼道歉。

宣判后，各方当事人均未提起上诉、抗诉，判决已经生效。

【法官后语】

2022 年《最高人民法院、最高人民检察院关于办理破坏野生动物资源刑事案件适用法律若干问题的解释》（以下简称新《解释》）施行后，对于部分罪名的入罪条件及量刑规范等提出了新标准，在实践中应当予以准确把握。

一、危害珍贵、濒危野生动物罪的入罪标准

根据新《解释》，危害珍贵、濒危野生动物以涉案野生动物及其制品价值，取代以野生动物数量、野生动物制品价值双标准作为定罪量刑的标准。在此之前，本罪没有设定入罪门槛，因此出现“一只入罪”的现象，新《解释》设定二万元的入罪门槛，无论涉案的珍贵、濒危野生动物的数量是多少，只要价值不足二万元的，将不构成犯罪。所以，新《解释》施行后，将有一定数量的涉及珍贵、濒危野生动物及其制品的案件不再进入刑事司法程序。

二、非法狩猎罪与非法猎捕、收购、运输、出售陆生野生动物罪的甄别

（一）主观目的不同

非法狩猎罪主观过错上表现为故意，对主观目的没有限制，即无论目的是营利还是其他，都不影响本罪的成立，只关注其行为的非法性和故意性。而非法猎捕、收购、运输、出售陆生野生动物犯罪是打击以食用为目的的猎捕、交易、运输陆生野生动的行为。需要注意的是，实践中构成该种犯罪不要求查证已经“食用”，对于在集市、餐馆等经营场所查到野生动物，行为人不能说明正当理由和合理用途的，即可认定为具有“以食用为目的”。

（二）对象认定及追诉标准不同

1. 对象不同

非法狩猎的适用对象在司法实践中一般把握为“三有”陆生野生动物。而非法猎捕、收购、运输、出售陆生野生动物罪的适用对象为珍贵、濒危野生动物以外的其他野生动物。此外，根据国务院畜牧兽医行政主管部门制定并公布的可食用野生动物“白名单”，食用和为食用而猎捕、交易上述白名单目录中的特殊畜禽的，即使属于野外环境自然生长繁殖的，也不构成本罪。

2. 追诉标准不同

新《解释》施行之前，非法狩猎罪的入罪标准设定为野生动物二十只以上，该罪体现为数额犯。新《解释》中对非法狩猎罪的追诉以价值一万元作为

标准，使该罪体现为价值犯。值得注意的是，若行为人在禁猎区或禁猎期使用禁用的工具或方法狩猎的，则没有数量或价值要求。

新《解释》将实施非法猎捕、收购、运输、出售陆生野生动物行为的追诉标准清晰规定为“三有”陆生野生动物及其他陆生野生动物，其中前者入罪标准为价值一万元，后者入罪标准为五万元，并设置兜底条款。惩治的重点是以食用为目的而进行的规模化、手段恶劣的猎捕行为，以及针对野生动物的市场化、经营化、组织化的运输、交易行为，且定罪门槛上要求情节严重。对个人在日常劳作生活中捕捉到少量野生动物并食用的，如个人捕捉到野兔、野猪、麻雀并食用的，不宜以本罪论处。

（三）两罪竞合时的处理

非法狩猎罪与非法猎捕、收购、运输、出售陆生野生动物罪，其行为方式都有“狩猎”或者“猎捕”，存在少量情形的交叉。根据新《解释》第八条第二款规定，行为人的一个行为同时触犯非法狩猎罪与非法猎捕、收购、运输、出售陆生野生动物罪的，应当以非法猎捕陆生野生动物罪定罪；同时根据《中华人民共和国刑法》第三百四十一条第三款规定，按非法狩猎罪的刑罚处罚，即处三年以下有期徒刑、拘役、管制或者罚金。

三、野生动物及制品价值的认定

破坏野生动物资源案件中，野生动物物种及价值对于被告人是否入罪以及罪名区分、量刑幅度有着至关重要的作用。根据新《解释》第十五条第二项规定，野生动物及制品价值的认定首先根据销赃数额认定；无销赃数额、销赃数额难以查证或者根据销赃数额认定明显偏低的，根据市场价格核算，必要时，也可以参照相关评估标准和方法核算。但是受保护的野生动物及制品在法律规定中本属禁止买卖流通的物品，其本身不具有市场价格的属性，因此价格认证中心无法出具市场价格认定报告。根据《最高人民法院关于适用〈中华人民共和国刑事诉讼法〉的解释》第一百条第一款规定，指派、聘请具有野生动物鉴定专门资质、专业知识的人，根据《野生动物及其制品价值评估方法》就野生动物价值出具的专门性报告，可作为价值认定的证据使用。本案中，公安机关聘请具有野生动物及其产品鉴定资质的专家人员，对涉案野生动物的种类、数量、价值和保护级别，根据动物形态学出具的鉴定意见属于《最高人民法院关于适用〈中华人民共和国刑事诉讼法〉的解释》第一百条规定的“有专门知识的人就案件的专门性问题出具的报告”，可供本案作为专家意见证据使用。值得一提的是，在审判实践中，鉴定意见应当科学合理，涉及动物残体、肉块部分的物品，因动物尸块存在无法通过动物形态学进行鉴别，无法通过肉眼判断（特别是鸟类等去毛后几乎无法辨识）等存疑情形，应按对被告人有利原则，对其予以剔除。涉案野生动物及制品价值只有科学合理地认定，才能准确计算野生动物资源受到的价值损失，司法机关才能准确确定行为人承担赔偿生态环境损失的民事责任范围及依法评判行为人的犯罪情节，达到罪责刑相适应的法律效果。

编写人：福建省南平市延平区人民法院　陈小莺　严旭明

54

未列入《国家重点保护野生植物名录》的地方性古树名木被侵害的入罪规则

——吕某某危害国家重点保护植物案

【案件基本信息】

1. 裁判书字号

江西省浮梁县人民法院（2023）赣 0222 刑初 153 号刑事判决书

2. 案由：危害国家重点保护植物罪

【基本案情】

2023 年 2 月 16 日至 22 日，被告人吕某某陆续雇请村民在浮梁县某镇某村某组某山上采挖檵木树。2月18日，吕某某将采挖的14株檵木树予以出售，得款2800元。2月22日，吕某某雇请村民将后续采挖的13株檵木树运下山时，被林工站工作人员查获。经司法鉴定中心鉴定，被查获的檵木树中有3株树龄在一百年以上，属三级保护古树，一百年以上的檵木具有一定的历史文化价值。经江西省林业局出具相关意见，查获的13株檵木树中有3株树龄在一百年以上，具有一定的历史、科学和生态价值，应属《江西省古树名木保护条例》所保护的古树范围。案发后，吕某某经公安机关电话传唤主动到案，并将13株檵木树保护性就地栽种。目前，13株檵木树已成活。吕某某已自愿退缴违法所得人民币2800元。

【案件焦点】

未列入《国家重点保护野生植物名录》的地方性古树名木被侵害如何定罪量刑。

【法院裁判要旨】

江西省浮梁县人民法院经审理认为：古树历经百年，是研究当地古气候、植物分布和生态变化的重要实证资料，是自然界的活化石、森林资源的瑰宝，记录了大自然的历史变迁，具有重要的生态价值和科学价值；古树历经沧桑，是历史信息的记录和传递者，具有丰富的历史价值。被告人吕某某违反国家规定，非法采伐檵木树27株，鉴定出的百年檵木树3株，系三级保护古树。虽其非法采挖的檵木树未被列入《国家重点保护野生植物名录》，但综合司法鉴定意见和江西省林业局出具的专业意见可知，涉案的百年檵木树具有一定的历史、科学和生态价值，属于《江西省古树名木保护条例》所保护的古树。根据《最高人民法院关于审理破坏森林资源刑事案件适用法律若干问题的解释》第二条的规定，违反国家规定，非法采伐、毁坏古树名木，涉案树木未列入《国家重点保护野生植物名录》的，根据涉案树木的树种、树龄以及历史、文化价值等因素，综合评估社会危害性，依法定罪处罚。浮梁县作为古树名木的保护大县，因百年檵木树具有较高药用价值和景观价值，如不对百年檵木树进行保护，受利益驱动，百年檵木树则会逐渐消亡。综上，吕某某的行为构成危害国家重点保护植物罪。

吕某某认罪认罚，依法可以从宽处理；自愿退缴违法所得，酌情可以从轻处罚；对涉案檵木树保护性栽种，酌情可以从轻处罚；结合浮梁县司法局社会调查评估意见，可予宣告缓刑。

江西省浮梁县人民法院依照《中华人民共和国刑法》第五十二条、第六十四条、第六十七条第一款、第七十二条、第七十三条、第三百四十四条；《最高人民法院关于审理破坏森林资源刑事案件适用法律若干问题的解释》第二条，《中华人民共和国刑事诉讼法》第十五条、第二百零一条规定，判决如下：

一、被告人吕某某犯危害国家重点保护植物罪，判处有期徒刑一年，缓刑二年，并处罚金人民币20000元；

二、暂扣于浮梁县公安局的油锯二把、柴刀一把、锄头一把、铁锹一把和被告人吕某某自愿退缴的违法所得人民币2800元，予以没收，上缴国库。

宣判后，各方当事人均未提起上诉、抗诉，判决已经生效。

【法官后语】

古树名木是自然界留给人类的珍贵遗产，被称为绿色“活文物”“活化石”。本案涉案树木檵木树虽未被列入《国家重点保护野生植物名录》，但依据2023年发布的《最高人民法院关于审理破坏森林资源刑事案件适用法律若干问题的解释》（以下简称“2023年破坏森林资源解释”）第二条第三款规定，浮梁县法院通过向所在地省级林业部门咨询、委托有资质的鉴定机构出具鉴定意见、有专门知识的人出庭等方式，确认涉案树木中有3棵为百年古树，且具有一定的历史、文化价值，故认为被告人行为已构罪，应当受到刑事处罚，该案系未列入《国家重点保护野生植物名录》的地方性古树名木被侵害入罪的典型案例。

一、“危害国家重点保护植物罪”的保护对象逐年扩大

我国早在1979年《中华人民共和国刑法》就设立了盗伐、滥伐林木罪，随着我国先后加入《濒危野生动植物种国际贸易公约》《生物多样性国际公

约》，1984 年制定《中华人民共和国森林法》，1997 年《中华人民共和国刑法》便增设非法采伐、毁坏珍贵树木罪，与盗伐、滥伐林木罪并列，凸显了珍贵树木相较普通林木具有的不同的保护价值。危害国家重点保护植物罪由 1997 年《中华人民共和国刑法》设立的非法采伐、毁坏珍贵树木罪而来，1997《中华人民共和国刑法》设计该罪初始的保护对象仅为珍贵树木，2000 年《最高人民法院关于审理破坏森林资源刑事案件具体应用法律若干问题的解释》（已失效，以下简称“2000 年破坏森林资源解释”）发布，其第一条对 1997 年《中华人民共和国刑法》第三百四十四条的“珍贵树木”内涵作出明确规定，珍贵树木包括由省级以上林业主管部门或者其他部门确定的具有重大历史纪念意义、科学研究价值或者年代久远的古树名木，国家禁止、限制出口的珍贵树木以及列入国家重点保护野生植物名录的树木。2002 年，《刑法修正案（四）》将“非法采伐、毁坏珍贵树木罪”修改为“非法采伐、毁坏国家重点保护植物及其制品罪”，此次除将法条中“违反森林法的规定”改为“违反国家规定”外，还将该罪保护对象由珍贵树木扩展为珍贵树木和国家重点保护的其他植物及其制品。2021 年最高人民法院、最高人民检察院发布《关于执行〈中华人民共和国刑法〉确定罪名的补充规定（七）》，将“非法采伐、毁坏国家重点保护植物及其制品罪”改为“危害国家重点保护植物罪”，主要原因有三：一是根据司法实践的反映，原罪名过于繁长，新罪名更加简单明了；二是非法采伐、毁坏行为往往同非法收购、运输、加工、出售行为相衔接；三是解决司法实践中遇到的将国家重点保护植物与植物制品进行分辨的难题。① 通过罪名的改变，也可以发现变更罪名之前，“珍贵植物”独立于“国家重点植物”之外；而变更罪名之后，“珍贵植物”被“国家重点植物”吸收，成为后者的有机组成部分，② 从而使得对“国家重点植物”的保护更具有整体性的特征。

---

① 李静、姜金良：《最高人民法院、最高人民检察院关于执行〈中华人民共和国刑法〉确定罪名的补充规定（七）的理解与适用》，载《人民司法》2021 年第 10 期。

② 吴羽：《危害国家重点保护植物罪的司法适用研究》，天津商业大学 2023 年硕士学位论文。

二、对2023年破坏森林资源解释第二条第三款的理解

（一）入罪量刑方式有所变化

与2000年破坏森林资源解释不同的是，2023年破坏森林资源解释针对危害古树名木行为专门规定的定罪量刑规则较之前相比有较大变化。2023年破坏森林资源解释第二条对珍贵植物的保护按照列入《国家重点保护野生植物名录》进行分类，该条第一款对入罪标准和情节严重情形进行了明确规定，对于列入《国家重点保护野生植物名录》的野生植物，依据其保护级别分别适用相应的株数、立木蓄积标准；第三款对未列入名录的古树名木，在株数、立木蓄积标准上未进行明确，而是规定以"根据涉案树木的树种、树龄以及历史、文化价值等因素，综合评估社会危害性，依法定罪处罚"。第一款的定罪量刑标准延续了2000年破坏森林资源解释的做法，而第三款则与之前完全不同，未明确数量标准，也非传统意义上的情节标准，仅给出"综合评估"的裁判方法，该种入罪量刑方式一般用于兜底条款，该法条的适用对法官来说是一种挑战。

（二）综合评估社会危害性的理解

1. 罪责刑相适应原则

经梳理法律法规，有三份司法解释、一份意见和三份批复在条款中明确提到"综合评估社会危害性"。[①] 考察以上文件相关条款内容和文件出台的时机可知，"综合评估社会危害性"是在法律适用与现实行为量刑不匹配情况下的兜底说法，如《最高人民法院、最高人民检察院关于涉以压缩气体为动力的枪

---

① 指2023年破坏森林资源解释、《最高人民法院、最高人民检察院关于办理危害生产安全刑事案件适用法律若干问题的解释》《最高人民法院、最高人民检察院关于办理破坏野生动物资源刑事案件适用法律若干问题的解释》；《最高人民法院、最高人民检察院关于依法惩治涉枪支、弹药、爆炸物、易燃易爆危险物品犯罪的意见》；《最高人民法院、最高人民检察院关于适用〈中华人民共和国刑法〉第三百四十四条有关问题的批复》《最高人民法院、最高人民检察院关于涉以压缩气体为动力的枪支、气枪铅弹刑事案件定罪量刑问题的批复》《最高人民法院、最高人民检察院关于利用网络云盘制作、复制、贩卖、传播淫秽电子信息牟利行为定罪量刑问题的批复》。

支、气枪铅弹刑事案件定罪量刑问题的批复》是在“天津大妈摆打气球摊获刑案”① 发生后出台的，《最高人民法院、最高人民检察院关于办理破坏野生动物资源刑事案件适用法律若干问题的解释》相关法条则是在“河南大学生掏鸟案”②“防御性捕猎案”③ 等类似案件发生后出台。

2. 评判标准为价值标准

从该条款“根据涉案树木的树种、树龄以及历史、文化价值等因素”的表述可知，可从三个维度对被告人行为的社会危害性进行评估：一是树木树种；二是树龄；三是树木的历史、文化价值。以上三个因素与前述条款的数量标准完全不同，其目的是使得该类犯罪的定罪量刑的标准更加符合罪责刑相适应原则的要求，以破除数量标准与个案不相适应的问题，且该价值标准应当贯穿于案件审理的始终。需要注意的是，此评判标准中的“以及”理解为“且”的关系更符合立法本意，即要综合评估三大因素，才能认定在社会危害性上是否达到第二条第一款的程度，达到相当的危害程度时，被告人的行为才构成犯罪，否则其行为不构成刑事犯罪，可由行政法规调整。

二、2023 年破坏森林资源解释第二条第三款的司法适用

（一）涉案树木未被列入《国家重点保护野生植物名录》

该款规定情形的认定，属于法律事实判断。《国家重点保护野生植物名录》共列入国家重点保护野生植物 455 种和 40 类，包括国家一级保护野生植物 54 种和 4 类，国家二级保护野生植物 401 种和 36 类。司法实践中，涉案树木是否列入该名录，不属于证明事项，只需客观上已经列入即可。本案中，涉案树木均为檵木，未在《国家重点保护野生植物名录》中，符合该条要求。

（二）认定涉案树木保护等级——“司法鉴定+地方规定”

因涉案树木未被列入《国家重点保护野生植物名录》，故对涉案树木是否

---

① 参见“中国青年报”微信公众号，https：//mp. weixin. qq. com/s/2peYTnk35hvvi51sO-JObg，2025 年 4 月 16 日访问。

② （2015）新中刑一终字第 128 号刑事裁定书，载中国裁判文书网，2025 年 4 月 16 日访问。

③ 参见中华人民共和国最高人民检察院网站，https：//www. spp. gov. cn/llyj/202305/t20230513_613939. shtml，2025 年 4 月 23 日访问。

属于古树名木并不明确，应当对涉案树木的情况进行鉴定。根据《城市绿化条例》第二十四条规定，百年以上树龄的树木，稀有、珍贵树木，具有历史价值或者重要纪念意义的树木，均属古树名木。《古树名木保护条例》第二条规定：“本条例所称古树，是指树龄100年以上的树木，不包括人工培育、以生产木材为主要目的的商品林中的树木。本条例所称名木，是指具有重要历史、文化、科学、景观价值或者具有重要纪念意义的树木。”由以上文件规定可看出，古树的树龄一般需达到100年以上，名木则具有一定的历史、文化价值。本案中，经具有鉴定资质的鉴定机构鉴定，认为被查获的13株檵木树中有3株树龄在100年以上，均为白花檵木。

关于古树的等级，各地省级林业部门制定了相关条例对古树名木的等级进行明确，具体规定不一。[①] 因树木被侵害对当地的生态环境影响最大，所以依照涉案树木所在地对树木等级的规定进行定性最为妥当，故涉案树木中有3株树是三级保护古树。

（三）认定涉案树木价值——“专家意见+法院评判”

因本案涉案树木树龄在100年以上，从其树龄上难以判断其真实价值，对其历史、文化价值进行评判确有必要且极为重要。司法实践中，如何对涉案树木历史、文化价值进行评估主要做法有两种：一是采集多名证人证言，由法院综合案情进行评判；二是请权威部门、有专门知识的人对历史、文化价值作出评判。当前未有司法鉴定中心可对涉案树木的历史、文化价值进行鉴定，根据2021年施行的《最高人民法院关于适用〈中华人民共和国刑事诉讼法〉的解释》第一百条规定，法院可指派、聘请有专门知识的人就涉案树木的历史、文化价值出具报告。本案中，浮梁法院同时采取三种方式：一是向省级林业主管部门发函询问；二是要求本案委托的司法鉴定中心的鉴定人员出庭说明；三是邀请有专门知识的人员出庭说明。以上获得的证据具有合法性、关联性、可靠

---

① 如《北京市古树名木保护管理条例》第二条规定，凡树龄在三百年以上的树木为一级古树；其余的为二级古树。《上海市古树名木和古树后续资源保护条例》第八条规定，名木以及树龄在三百年以上的古树为一级保护；树龄在一百年以上三百年以下的古树为二级保护。

性。经法院综合评判，涉案树木中有3株具有一定历史、文化价值，故被告人的行为构成犯罪。

（四）适用量刑规则——刚柔并济

司法实践中，针对未被列入《国家重点保护野生植物名录》的古树名木的危害行为，入罪后该如何量刑，在明确树木等级的前提下，非最高等级的古树可参照国家二级保护野生植物的标准进行量刑；最高等级的古树则参考国家一级保护野生植物的标准进行量刑。同时结合涉案树木的历史、文化等价值，除非涉案名木具有特别重大意义，一般情况下应当以第一档刑罚量刑为宜。本案中，参考国家二级保护野生植物需二株以上才入罪，涉案樾木仅三株达到三级保护，应当适用第一档量刑进行处罚，即在三年以下有期徒刑、拘役或者管制，并处罚金范围内量刑。同时综合考量涉案樾木已保护性就地栽种并全部成活，且被告人自愿退缴违法所得，故对其依法适用缓刑，体现了人民法院在助力当地生态资源高水平保护的同时，刚柔并济地适用刑事政策与原则。

综上，针对未被列入《国家重点保护野生植物名录》的古树名木的刑事案件的审理，既要保护生态环境，又要贯彻罪责刑相适应的基本原则。

编写人：江西省浮梁县人民法院　吴丹

江西省景德镇市中级人民法院　罗慧青

（五）其他

55

转让方未取得采矿许可证的采矿权转让合同无效

——某实业公司诉淡某某等采矿权转让合同案

【案件基本信息】

1. 裁判书字号

郑州铁路运输中级法院（2023）豫71民终38号民事判决书

2. 案由：采矿权转让合同纠纷

3. 当事人

原告（被上诉人）：某实业公司

被告（被上诉人）：淡某某、某矿业分公司

被告（上诉人）：某矿业公司

【基本案情】

2018年3月28日和9月30日，淡某某代表某矿业分公司与某实业公司签订矿山转让合同及补充协议，约定某矿业分公司将其位于巩义市某镇某处400亩地的露天铝矿生产经营权转让给某实业公司，合同约定总价款1768万元。某实业公司向某矿业分公司委托人淡某某支付首笔转让资金100万元，某矿业分公司在收到该款项后20个工作日内完成矿山开工验收工作，以使某实业公司能按期进场正常生产。若某矿业分公司未能按期完成验收、某实业公司未能正常生产，某矿业分公司需退回某实业公司100万元的转让款并承担损失。2018年

10月8日，淡某某出具收据载明收到某实业公司支付的100万元矿山转让款。

某矿业分公司系某矿业公司依法设立并领取营业执照的分支机构。某矿业分公司、某矿业公司均未依法取得案涉露天铝矿的采矿权。

因某实业公司未能按期进场正常生产，双方虽经多次沟通，未能达成一致。现某实业公司请求法院判令：（1）确认某实业公司与某矿业分公司签订的矿山转让合同及矿山转让合同补充协议无效；（2）判令三被告退还100万元及利息（以100万元为基数，自2018年11月8日起至实际付清之日止，按中国人民银行同期同类人民币贷款基准利率，参照逾期罚息利率标准计算）。

【案件焦点】

1. 在转让方未取得采矿许可证的情况下，与受让方签署转让采矿权合同的效力应如何认定；2. 采矿权转让合同被确认无效后的法律后果如何。

【法院裁判要旨】

郑州铁路运输法院经审理认为：《中华人民共和国矿产资源法》第三条规定，开采矿产资源必须依法申请取得采矿权，采矿权不得买卖、出租，不得用作抵押。《探矿权采矿权转让管理办法》第三条规定："除按照下列规定可以转让外，探矿权、采矿权不得转让：……（二）已经取得采矿权的矿山企业，因企业合并、分立，与他人合资、合作经营，或者因企业资产出售以及有其他变更企业资产产权的情形，需要变更采矿权主体的，经依法批准，可以将采矿权转让他人采矿。"某矿业分公司、某矿业公司均未依法取得案涉露天铝矿的采矿权，某矿业分公司将其不具有采矿权的露天铝矿通过签订合同的形式以1768万元的价格转让给某实业公司，双方为此所签订的矿山合同和矿山合同补充协议，因违反上述法律、行政法规的强制性规定，应为无效。依据无效合同所取得的财产，依法应当予以返还。《中华人民共和国民法典》第七十四条第二款规定："分支机构以自己的名义从事民事活动，产生的民事责任由法人承担；也可以先以该分支机构管理的财产承担，不足以承担的，由法人承担。"某矿业分公司作为某矿业公司依法设立并领取了营业执照的分支机构，其管理的财产不足以承担上述民事责任的，应当由某矿业公司承担。某实业公司主张利息从 2018 年 11 月 8 日起计算，予以支持。淡某某作为某矿业分公司工作人员，其在案涉协议上签字并加盖某矿业分公司公章、收款等行为属职务行为，其后果应由某矿业分公司承担。某实业公司主张淡某某对返还资金承担连带责任，不予支持。

郑州铁路运输法院依照《中华人民共和国矿产资源法》第三条，《探矿权采矿权转让管理办法》第三条，《中华人民共和国民法典》第七十四条第二款、第一百五十三条第一款、第一百五十七条、第一百八十八条第二款，《最高人民法院关于适用〈中华人民共和国民法典〉时间效力的若干规定》第一条第三款规定，判决如下：

一、确认某实业公司与某矿业分公司签订的矿山合同和矿山合同补充协议无效；

二、某矿业分公司于本判决生效后十日内支付某实业公司 100 万元及利息（以 100 万元为基数，自 2018 年 11 月 8 日起至 2019 年 8 月 19 日止，按中国人民银行同期同类贷款基准利率计算；自 2019 年 8 月 20 日起，按全国银行间同业拆借中心公布的一年期贷款市场报价利率计算至实际还清之日止）；

三、某矿业分公司管理的财产不足以清偿上述债务的，不足部分由某矿业公司承担；

四、驳回某实业公司的其他诉讼请求。

某矿业公司不服，提起上诉。

郑州铁路运输中级法院经审理认为：本案审理的系因某矿业公司与某实业公司、淡某某、某矿业分公司之间因采矿权转让而引起的民事纠纷，如果某矿业公司认为淡某某与某矿业分公司负责人马某某涉嫌经济犯罪，其可自行向有权机关进行主张，但无论其是否另行主张，均不影响本案民事纠纷的审理。一审法院根据《中华人民共和国民法典》第七十四条第二款规定判令某矿业分公司在管理的财产不足以清偿其本案债务时由某矿业公司承担并无不当。但在签订案涉协议时，某实业公司对于某矿业分公司是否具有案涉采矿权资质未尽到审慎审查之义务，对导致案涉协议之无效亦具有一定过错，故对其主张的利息损失依法不予支持。一审法院关于案涉利息的认定错误，依法予以纠正。

郑州铁路运输中级法院依照《中华人民共和国民事诉讼法》第一百七十七条第一款第二项规定，作出如下判决：

一、维持郑州铁路运输法院（2023）豫7101民初65号民事判决第一项；

二、撤销郑州铁路运输法院（2023）豫7101民初65号民事判决第三项、第四项；

三、变更郑州铁路运输法院（2023）豫7101民初65号民事判决第二项为：某矿业分公司于本判决生效后十日内支付某实业公司100万元；

四、某矿业分公司管理的财产不足以清偿上述债务的，不足部分由某矿业公司承担；

五、驳回某实业公司的其他诉讼请求。

【法官后语】

本案的争议焦点在于转让方未取得采矿许可证的采矿权转让合同的效力应如何认定，以及采矿权转让合同被确认无效后的法律后果。

一、采矿权转让依法受到限制

矿产资源属于国家所有。矿产资源勘查开采，不仅具有经济价值，还涉及环境保护和社会公共利益，所以，为促进矿产资源的合理开发利用，在市场机制之外，还需要国家对勘查开采矿产的行为实行严格监管。根据《中华人民共和国矿产资源法》第五条、第二十二条、第六十四条，《中华人民共和国刑法》第三百四十三条规定，开采矿产资源，必须依法申请登记，领取采矿许可证，取得采矿权。违反相关法律规定，未取得采矿许可证擅自采矿的，责令停止开采、赔偿损失，没收采出的矿产品和违法所得，可以并处罚款；拒不停止开采，造成矿产资源破坏的，依照刑法有关的规定对直接责任人员追究刑事责任。可见，国家对矿产资源的开采实行严格的许可证管理制度，未取得采矿许可证的，不得开采矿产资源。如果违反相关规定，视情节轻重对责任人予以行政处罚，甚至追究其刑事责任。

二、转让方未依法取得采矿许可证的，采矿权转让合同无效

根据《中华人民共和国矿产资源法》第二十二条、第二十七条规定，矿业权变更、转让、抵押和消灭的，应当依法办理登记。矿业权的设立、变更、转让、抵押和消灭，经依法登记，发生效力；未经登记，不发生效力，法律另有规定的除外。矿业权可以依法转让或者出资、抵押等，国家另有规定或者矿业权出让合同另有约定的除外。矿业权转让的，矿业权出让合同和矿业权登记簿所载明的权利、义务随之转移，国家另有规定或者矿业权出让、转让合同另有约定的除外。《中华人民共和国民法典》第一百五十三条第一款规定："违反法律、行政法规的强制性规定的民事法律行为无效。但是，该强制性规定不导致该民事法律行为无效的除外。"虽然《中华人民共和国矿产资源法》并未明确规定若违反该规定将直接导致转让合同无效，但无证开采行为不仅侵害国家的矿产资源所有权，而且极易引发环境污染、资源破坏，危害国家和社会公共利益，故违反该规定将导致合同无效。综上，即便当事人具有相应的民事行为能力，转让采矿权的意思表示真实，但若其未取得采矿权即与他人签订转让采矿权合同，违反国家对矿产资源开采管理的强制性规定，也会遭到否定性评价，不能达到预期的转让采矿权的法律效果。《最高人民法院关于审理矿业权纠纷案件适用法律若干问题的解释》第五条亦明确规定，对于未取得采矿许可证将矿产资源交由他人勘查开采所签合同，应认定为无效。这与《中华人民共和国矿产资源法》的相关规定一脉相承。

三、受让方在签订合同时未尽到审慎审查义务的，亦应对合同无效的后果承担相应责任

《中华人民共和国民法典》第一百五十七条规定："民事法律行为无效、被撤销或者确定不发生效力后，行为人因该行为取得的财产，应当予以返还；不能返还或者没有必要返还的，应当折价补偿。有过错的一方应当赔偿对方由此所受到的损失；各方都有过错的，应当各自承担相应的责任。法律另有规定的，依照其规定。"对于采矿权转让合同无效的法律后果，同样适用上述规定。双方应依法返还根据无效合同取得的财产，有过错的还应赔偿对方相关损失。在

司法实践中，考量受让方是否有权就其损失要求转让方赔偿的问题时，一方面，受让方应证明其确因转让方的转让行为遭受损失，另一方面，还应着重考察受让方在签订合同时是否尽到了审慎的审查义务，不宜片面认为只要转让方存在过错，即判令转让方赔偿受让方包括利息、违约金等的所有损失，受让方亦应对其未尽到审慎审查义务的行为承担相应责任。这不仅是公平原则的体现，对于引导受让方以更加审慎负责的态度，依法参与矿产资源的开采，同样具有积极意义。

本案中，某矿业分公司将其不具有采矿权的露天铝矿坑通过签订合同的形式转让给某实业公司，双方签订的矿山转让合同和矿山转让合同补充协议因违反法律和行政法规的强制性规定，应认定无效。在采矿权转让合同无效的情况下，依据无效合同取得的财产应予以返还。某实业公司在签订案涉协议时对某矿业分公司是否具有案涉采矿权资质未尽到审慎审查之义务，对导致案涉协议之无效亦具有一定过错，故对其主张的利息损失依法不予支持。

编写人：郑州铁路运输中级法院　赵钟　孟岚

56

没收违法采出的矿产品等重大行政处罚决定作出前应进行法制审核

——某建材公司诉某区规划和自然资源局行政处罚案

【案件基本信息】

1. 裁判书字号

重庆市第五中级人民法院（2023）渝0116行初88号行政判决书

2. 案由：行政处罚

3. 当事人

原告（被上诉人）：某建材公司

被告（上诉人）：某区规划和自然资源局

【基本案情】

某建材公司系2003年成立的有限责任公司，经营范围包含露天开采水泥用石灰岩等。后某建材公司在2018年11月12日至2021年12月31日均获得在某区某村开采水泥用石灰岩的采矿许可。

2022年3月11日，某区规划和自然资源局对某建材公司涉嫌在某采区存在越界开采行为立案。2022年7月13日，某区规划和自然资源局向某建材公司作出并送达《行政处罚告知书》，载明某建材公司在某采区于2016年12月至2021年5月存在越界开采的事实。拟对某建材公司作出如下决定："一、责令退回本矿区范围内开采；二、因历史原因2016年12月底开采水泥用石灰岩18.9万吨的违法开采行为超过两年未被发现不予行政处罚；三、没收2019年违法开采的1.5万吨水泥用石灰岩违法所得728400元，处以罚款65556元；四、没收2021年违法开采的22855.35吨水泥用石灰岩矿产品；五、没收2021年违法开采的2144.65吨水泥用石灰岩违法所得82268元，处以罚款7404元；以上金额合计883628元。"并告知某建材公司享有陈述、申辩和听证的权利。后某建材公司进行了陈述申辩，并提交了听证申请。2022年8月17日，某区规划和自然资源局主持召开听证会。2022年8月22日，某区规划和自然资源局对某建材公司涉嫌违法开采案进行了审理。2022年8月29日，某区规划和自然资源局向某建材公司作出《行政处罚决定书》，认定某建材公司在某采区于2016年12月底前越界开采水泥用石灰岩18.9吨，于2019年越界开采水泥用石灰岩1.5万吨，2021年1月至5月越界开采水泥用石灰岩2.5万吨，该行为违反《中华人民共和国矿产资源法》第三条的规定，存在违法开采的违法事实。根据法律法规的相关规定，决定对某建材公司作出如下决定："一、责令退出本矿区范围内开采；二、没收2019年违法开采的15000吨水泥用石灰岩违法所得627900元，处以罚款56511元；三、没收2021年违法开采的22855.35吨水泥用石灰岩矿产品；四、没收2021年违法开采的2144.65吨水泥用石灰岩违法所得67899元，处以罚款6110元；以上金额合计758420元。”该处罚决定书于2022年8月29日送达。某建材公司对该处罚决定不服，于2023年2月22日向法院提起诉讼。

【案件焦点】

某区规划和自然资源局作出案涉行政处罚决定前未进行法制审核是否构成程序违法。

【法院裁判要旨】

重庆市江津区人民法院经审理认为：《中华人民共和国行政处罚法》第五十八条第一款规定：“有下列情形之一，在行政机关负责人作出行政处罚的决定之前，应当由从事行政处罚决定法制审核的人员进行法制审核；未经法制审核或者审核未通过的，不得作出决定：（一）涉及重大公共利益的；（二）直接关系当事人或者第三人重大权益，经过听证程序的；（三）案件情况疑难复杂、涉及多个法律关系的；（四）法律、法规规定应当进行法制审核的其他情形。”《自然资源执法监督规定》第二十六条规定：“县级以上自然资源主管部门实行重大行政执法决定法制审核制度。在作出重大行政处罚决定前，由该部门的法制工作机构对拟作出决定的合法性、适当性进行审核。未经法制审核或者审核未通过的，不得作出决定。重大行政处罚决定，包括没收违法采出的矿产品、没收违法所得、没收违法建筑物、限期拆除违法建筑物、吊销勘查许可证或者采矿许可证、地质灾害防治单位资质、测绘资质等行政处罚决定等。”根据上述规定，作出案涉行政处罚决定之前，应当进行法制审核，未经法制审核或者审核未通过的，不得作出决定。本案中，某区规划和自然资源局并未提供证据证明在作出案涉行政处罚决定前按照法律规定进行了法制审核并通过法制审核，故其作出的案涉行政处罚决定违反了前述法律规定的程序，属程序违法，依法应予撤销。

重庆市江津区人民法院依照《中华人民共和国行政诉讼法》第七十条第三项规定，判决如下：

撤销被告某区规划和自然资源局2022年8月29日作出的某规资执罚〔2022〕第004号《行政处罚决定书》。

某区规划和自然资源局不服一审判决，提起上诉。重庆市第五中级人民法院经审理后判决：

驳回上诉，维持原判。

【法官后语】

2021年1月，新修订的《中华人民共和国行政处罚法》第五十八条正式写入“法制审核”概念。虽然国家从法律层面确立了“法制审核”的概念，但从实践层面来说，对于行政处罚决定审核制度的解读与适用仍然存在较大分歧。为了使法制审核制度更好落地，有必要对行政处罚决定法制审核制度涉及的两个重要问题进行厘清。

一是法制审核在整个执法程序中的时间节点。《中华人民共和国行政处罚法》并未明确规定法制审核与听证程序以及负责人集体讨论程序之间的时间先后顺序，需要从相关法律条文间的逻辑关系进行推导。根据《中华人民共和国行政处罚法》第五十八条第一款第二项的规定，直接关系当事人或者第三人重大权益，经过听证程序的，在行政机关负责人作出行政处罚的决定之前，应当由从事行政处罚决定法制审核的人员进行法制审核；未经法制审核或者审核未通过的，不得作出决定。显然，法制审核程序应当在听证程序之后。根据《中华人民共和国行政处罚法》第五十七条第二款的规定，行政机关对情节复杂或者重大违法行为给予行政处罚，行政机关负责人应当进行集体讨论决定案件的处理结果。可见，行政处罚决定集体讨论是对情节复杂或者重大违法行为行政处罚案件决定程序的特殊要求。而法制审核是行政处罚决定作出的前置程序，法制审核意见是供行政机关负责人作出行政处罚决定的重要参考，法制审核本身并无决断力。因此，法制审核程序应当在行政机关负责人集体讨论程序之前。综上，法制审核在执法程序中的时间节点位于听证之后，负责人集体讨论之前。即“听证—法制审核—行政机关负责人集体讨论”。

二是行政处罚决定未经过法制审核的法律后果。在2021年《中华人民共和国行政处罚法》修订之前，关于作出行政处罚决定未经法制审核的案件审理，存在不同的处理倾向。例如，有的法院认为，被告行政机关作出重大处罚决定虽然未经法制审核，存在程序违法，但行政处罚决定结论并无不当的，亦应判决确认作出行政处罚决定的程序违法；也有的法院认为，行政处罚决定需经过法制审核是行政机关内部工作要求，即使未经过法制审核，也并不影响行政处罚决定发生法律效力；还有的法院认为，重大行政处罚决定作出未经法制审核属于程序违法，依法应予撤销。笔者认为，2021年《中华人民共和国行政处罚法》修订后第五十八条第一款明确了法制审核是作出重大行政处罚决定的必经程序。行政处罚决定法制审核是确保行政执法机关作出的行政处罚决定合法有效的关键环节，其要义在于通过专业化，实现内部职能分离与互相监督，规范行政处罚行为，确保行政处罚合法。因此，法制审核意见虽不对外发生法律效力，但却是重大、复杂案件作出行政处罚决定的必经程序。对应当进行法制审核的案件，行政机关未经审核或者审核未通过即作出行政处罚决定的，应认定属于程序违法，符合《中华人民共和国行政诉讼法》第七十条第三项规定的情形，依法应当被撤销。本案即属于此种情形，被告未提供证据证明在作出案涉行政处罚决定前按照法律规定进行了法制审核并通过法制审核，故其作出的案涉行政处罚决定违反了法律规定的程序，属程序违法，依法应予撤销。

编写人：重庆市江津区人民法院　朱永祺　杨妮

附　录

中华人民共和国农村集体经济组织法

（2024年6月28日第十四届全国人民代表大会常务委员会第十次会议通过　2024年6月28日中华人民共和国主席令第26号公布　自2025年5月1日起施行）

目　录

第一章　总　则

第一条　为了维护农村集体经济组织及其成员的合法权益，规范农村集体经济组织及其运行管理，促进新型农村集体经济高质量发展，巩固和完善农村基本经营制度和社会主义基本经济制度，推进乡村全面振兴，加快建设农业强国，促进共同富裕，根据宪法，制定本法。

第二条　本法所称农村集体经济组织，是指以土地集体所有为基础，依法代表成员集体行使所有权，实行家庭承包经营为基础、统分结合双层经营体制的区域性经济组织，包括乡镇级农村集体经济组织、村级农村集体经济组织、组级农村集体经济组织。

第三条　农村集体经济组织是发展壮大新型农村集体经济、巩固社会主义公有制、促进共同富裕的重要主体，是健全乡村治理体系、实现乡村善治的重要力量，是提升中国共产党农村基层组织凝聚力、巩固党在农村执政根基的重要保障。

第四条　农村集体经济组织应当坚持以下原则：

（一）坚持中国共产党的领导，在乡镇党委、街道党工委和村党组织的领导下依法履职；

（二）坚持社会主义集体所有制，维护集体及其成员的合法权益；

（三）坚持民主管理，农村集体经济组织成员依照法律法规和农村集体经济组织章程平等享有权利、承担义务；

（四）坚持按劳分配为主体、多种分配方式并存，促进农村共同富裕。

第五条　农村集体经济组织依法代表成员集体行使所有权，履行下列职能：

（一）发包农村土地；

（二）办理农村宅基地申请、使用事项；

（三）合理开发利用和保护耕地、林地、草地等土地资源并进行监督；

（四）使用集体经营性建设用地或者通过出让、出租等方式交由单位、个人使用；

（五）组织开展集体财产经营、管理；

（六）决定集体出资的企业所有权变动；

（七）分配、使用集体收益；

（八）分配、使用集体土地被征收征用的土地补偿费等；

（九）为成员的生产经营提供技术、信息等服务；

（十）支持和配合村民委员会在村党组织领导下开展村民自治；

（十一）支持农村其他经济组织、社会组织依法发挥作用；

（十二）法律法规和农村集体经济组织章程规定的其他职能。

第六条 农村集体经济组织依照本法登记，取得特别法人资格，依法从事与其履行职能相适应的民事活动。

农村集体经济组织不适用有关破产法律的规定。

农村集体经济组织可以依法出资设立或者参与设立公司、农民专业合作社等市场主体，以其出资为限对其设立或者参与设立的市场主体的债务承担责任。

第七条 农村集体经济组织从事经营管理和服务活动，应当遵守法律法规，遵守社会公德、商业道德，诚实守信，承担社会责任。

第八条 国家保护农村集体经济组织及其成员的合法权益，任何组织和个人不得侵犯。

农村集体经济组织成员集体所有的财产受法律保护，任何组织和个人不得侵占、挪用、截留、哄抢、私分、破坏。

妇女享有与男子平等的权利，不得以妇女未婚、结婚、离婚、丧偶、户无男性等为由，侵害妇女在农村集体经济组织中的各项权益。

第九条 国家通过财政、税收、金融、土地、人才以及产业政策等扶持措施，促进农村集体经济组织发展，壮大新型农村集体经济。

国家鼓励和支持机关、企事业单位、社会团体等组织和个人为农村集体经济组织提供帮助和服务。

对发展农村集体经济组织事业做出突出贡献的组织和个人，按照国家规定给予表彰和奖励。

第十条 国务院农业农村主管部门负责指导全国农村集体经济组织的建设和发展。国务院其他有关部门在各自职责范围内负责有关的工作。

县级以上地方人民政府农业农村主管部门负责本行政区域内农村集体经济组织的登记管理、运行监督指导以及承包地、宅基地等集体财产管理和产权流转交易等的监督指导。县级以上地方人民政府其他有关部门在各自职责范围内负责有关的工作。

乡镇人民政府、街道办事处负责本行政区域内农村集体经济组织的监督管理等。

县级以上人民政府农业农村主管部门应当会同有关部门加强对农村集体经济组织工作的综合协调，指导、协调、扶持、推动农村集体经济组织的建设和发展。

地方各级人民政府和县级以上人民政府农业农村主管部门应当采取措施，建立健全集体财产监督管理服务体系，加强基层队伍建设，配备与集体财产监督管理工作相适应的专业人员。

第二章　成　　员

第十一条　户籍在或者曾经在农村集体经济组织并与农村集体经济组织形成稳定的权利义务关系，以农村集体经济组织成员集体所有的土地等财产为基本生活保障的居民，为农村集体经济组织成员。

第十二条　农村集体经济组织通过成员大会，依据前条规定确认农村集体经济组织成员。

对因成员生育而增加的人员，农村集体经济组织应当确认为农村集体经济组织成员。对因成员结婚、收养或者因政策性移民而增加的人员，农村集体经济组织一般应当确认为农村集体经济组织成员。

确认农村集体经济组织成员，不得违反本法和其他法律法规的规定。

农村集体经济组织应当制作或者变更成员名册。成员名册应当报乡镇人民政府、街道办事处和县级人民政府农业农村主管部门备案。

省、自治区、直辖市人民代表大会及其常务委员会可以根据本法，结合本行政区域实际情况，对农村集体经济组织的成员确认作出具体规定。

第十三条　农村集体经济组织成员享有下列权利：

（一）依照法律法规和农村集体经济组织章程选举和被选举为成员代表、理事会成员、监事会成员或者监事；

（二）依照法律法规和农村集体经济组织章程参加成员大会、成员代表大会，参与表决决定农村集体经济组织重大事项和重要事务；

（三）查阅、复制农村集体经济组织财务会计报告、会议记录等资料，了解有关情况；

（四）监督农村集体经济组织的生产经营管理活动和集体收益的分配、使用，并提出意见和建议；

（五）依法承包农村集体经济组织发包的农村土地；

（六）依法申请取得宅基地使用权；

（七）参与分配集体收益；

（八）集体土地被征收征用时参与分配土地补偿费等；

（九）享受农村集体经济组织提供的服务和福利；

（十）法律法规和农村集体经济组织章程规定的其他权利。

第十四条 农村集体经济组织成员履行下列义务：

（一）遵守法律法规和农村集体经济组织章程；

（二）执行农村集体经济组织依照法律法规和农村集体经济组织章程作出的决定；

（三）维护农村集体经济组织合法权益；

（四）合理利用和保护集体土地等资源；

（五）参与、支持农村集体经济组织的生产经营管理活动和公益活动；

（六）法律法规和农村集体经济组织章程规定的其他义务。

第十五条 非农村集体经济组织成员长期在农村集体经济组织工作，对集体做出贡献的，经农村集体经济组织成员大会全体成员四分之三以上同意，可以享有本法第十三条第七项、第九项、第十项规定的权利。

第十六条 农村集体经济组织成员提出书面申请并经农村集体经济组织同意的，可以自愿退出农村集体经济组织。

农村集体经济组织成员自愿退出的，可以与农村集体经济组织协商获得适当补偿或者在一定期限内保留其已经享有的财产权益，但是不得要求分割集体财产。

第十七条　有下列情形之一的，丧失农村集体经济组织成员身份：

（一）死亡；

（二）丧失中华人民共和国国籍；

（三）已经取得其他农村集体经济组织成员身份；

（四）已经成为公务员，但是聘任制公务员除外；

（五）法律法规和农村集体经济组织章程规定的其他情形。

因前款第三项、第四项情形而丧失农村集体经济组织成员身份的，依照法律法规、国家有关规定和农村集体经济组织章程，经与农村集体经济组织协商，可以在一定期限内保留其已经享有的相关权益。

第十八条　农村集体经济组织成员不因就学、服役、务工、经商、离婚、丧偶、服刑等原因而丧失农村集体经济组织成员身份。

农村集体经济组织成员结婚，未取得其他农村集体经济组织成员身份的，原农村集体经济组织不得取消其成员身份。

第三章　组织登记

第十九条　农村集体经济组织应当具备下列条件：

（一）有符合本法规定的成员；

（二）有符合本法规定的集体财产；

（三）有符合本法规定的农村集体经济组织章程；

（四）有符合本法规定的名称和住所；

（五）有符合本法规定的组织机构。

符合前款规定条件的村一般应当设立农村集体经济组织，村民小组可以根据情况设立农村集体经济组织；乡镇确有需要的，可以设立农村集体经济组织。

设立农村集体经济组织不得改变集体土地所有权。

第二十条　农村集体经济组织章程应当载明下列事项：

（一）农村集体经济组织的名称、法定代表人、住所和财产范围；

（二）农村集体经济组织成员确认规则和程序；

（三）农村集体经济组织的机构；

（四）集体财产经营和财务管理；

（五）集体经营性财产收益权的量化与分配；

（六）农村集体经济组织的变更和注销；

（七）需要载明的其他事项。

农村集体经济组织章程应当报乡镇人民政府、街道办事处和县级人民政府农业农村主管部门备案。

国务院农业农村主管部门根据本法和其他有关法律法规制定农村集体经济组织示范章程。

第二十一条 农村集体经济组织的名称中应当标明“集体经济组织”字样，以及所在县、不设区的市、市辖区、乡、民族乡、镇、村或者组的名称。

农村集体经济组织以其主要办事机构所在地为住所。

第二十二条 农村集体经济组织成员大会表决通过本农村集体经济组织章程、确认本农村集体经济组织成员、选举本农村集体经济组织理事会成员、监事会成员或者监事后，应当及时向县级以上地方人民政府农业农村主管部门申请登记，取得农村集体经济组织登记证书。

农村集体经济组织登记办法由国务院农业农村主管部门制定。

第二十三条 农村集体经济组织合并的，应当在清产核资的基础上编制资产负债表和财产清单。

农村集体经济组织合并的，应当由各自的成员大会形成决定，经乡镇人民政府、街道办事处审核后，报县级以上地方人民政府批准。

农村集体经济组织应当在获得批准合并之日起十日内通知债权人，债权人可以要求农村集体经济组织清偿债务或者提供相应担保。

合并各方的债权债务由合并后的农村集体经济组织承继。

第二十四条 农村集体经济组织分立的，应当在清产核资的基础上分配财产、分解债权债务。

农村集体经济组织分立的，应当由成员大会形成决定，经乡镇人民政府、街道办事处审核后，报县级以上地方人民政府批准。

农村集体经济组织应当在获得批准分立之日起十日内通知债权人。

农村集体经济组织分立前的债权债务，由分立后的农村集体经济组织享有连带债权，承担连带债务，但是农村集体经济组织分立时已经与债权人或者债务人达成清偿债务的书面协议的，从其约定。

第二十五条　农村集体经济组织合并、分立或者登记事项变动的，应当办理变更登记。

农村集体经济组织因合并、分立等原因需要解散的，依法办理注销登记后终止。

第四章　组 织 机 构

第二十六条　农村集体经济组织成员大会由具有完全民事行为能力的全体成员组成，是本农村集体经济组织的权力机构，依法行使下列职权：

（一）制定、修改农村集体经济组织章程；

（二）制定、修改农村集体经济组织内部管理制度；

（三）确认农村集体经济组织成员；

（四）选举、罢免农村集体经济组织理事会成员、监事会成员或者监事；

（五）审议农村集体经济组织理事会、监事会或者监事的工作报告；

（六）决定农村集体经济组织理事会成员、监事会成员或者监事的报酬及主要经营管理人员的聘任、解聘和报酬；

（七）批准农村集体经济组织的集体经济发展规划、业务经营计划、年度财务预决算、收益分配方案；

（八）对农村土地承包、宅基地使用和集体经营性财产收益权份额量化方案等事项作出决定；

（九）对集体经营性建设用地使用、出让、出租方案等事项作出决定；

（十）决定土地补偿费等的分配、使用办法；

（十一）决定投资等重大事项；

（十二）决定农村集体经济组织合并、分立等重大事项；

（十三）法律法规和农村集体经济组织章程规定的其他职权。

需由成员大会审议决定的重要事项，应当先经乡镇党委、街道党工委或者村党组织研究讨论。

第二十七条 农村集体经济组织召开成员大会，应当将会议召开的时间、地点和审议的事项于会议召开十日前通知全体成员，有三分之二以上具有完全民事行为能力的成员参加。成员无法在现场参加会议的，可以通过即时通讯工具在线参加会议，或者书面委托本农村集体经济组织同一户内具有完全民事行为能力的其他家庭成员代为参加会议。

成员大会每年至少召开一次，并由理事会召集，由理事长、副理事长或者理事长指定的成员主持。

成员大会实行一人一票的表决方式。成员大会作出决定，应当经本农村集体经济组织成员大会全体成员三分之二以上同意，本法或者其他法律法规、农村集体经济组织章程有更严格规定的，从其规定。

第二十八条 农村集体经济组织成员较多的，可以按照农村集体经济组织章程规定设立成员代表大会。

设立成员代表大会的，一般每五户至十五户选举代表一人，代表人数应当多于二十人，并且有适当数量的妇女代表。

成员代表的任期为五年，可以连选连任。

成员代表大会按照农村集体经济组织章程规定行使本法第二十六条第一款规定的成员大会部分职权，但是第一项、第三项、第八项、第十项、第十二项规定的职权除外。

成员代表大会实行一人一票的表决方式。成员代表大会作出决定，应当经全体成员代表三分之二以上同意。

第二十九条 农村集体经济组织设理事会，一般由三至七名单数成员组成。理事会设理事长一名，可以设副理事长。理事长、副理事长、理事的产生办法由农村集体经济组织章程规定。理事会成员之间应当实行近亲属回避。理事会成员的任期为五年，可以连选连任。

理事长是农村集体经济组织的法定代表人。

乡镇党委、街道党工委或者村党组织可以提名推荐农村集体经济组织理事会成员候选人，党组织负责人可以通过法定程序担任农村集体经济组织理事长。

第三十条　理事会对成员大会、成员代表大会负责，行使下列职权：

（一）召集、主持成员大会、成员代表大会，并向其报告工作；

（二）执行成员大会、成员代表大会的决定；

（三）起草农村集体经济组织章程修改草案；

（四）起草集体经济发展规划、业务经营计划、内部管理制度等；

（五）起草农村土地承包、宅基地使用、集体经营性财产收益权份额量化，以及集体经营性建设用地使用、出让或者出租等方案；

（六）起草投资方案；

（七）起草年度财务预决算、收益分配方案等；

（八）提出聘任、解聘主要经营管理人员及决定其报酬的建议；

（九）依照法律法规和农村集体经济组织章程管理集体财产和财务，保障集体财产安全；

（十）代表农村集体经济组织签订承包、出租、入股等合同，监督、督促承包方、承租方、被投资方等履行合同；

（十一）接受、处理有关质询、建议并作出答复；

（十二）农村集体经济组织章程规定的其他职权。

第三十一条　理事会会议应当有三分之二以上的理事会成员出席。

理事会实行一人一票的表决方式。理事会作出决定，应当经全体理事的过半数同意。

理事会的议事方式和表决程序由农村集体经济组织章程具体规定。

第三十二条　农村集体经济组织设监事会，成员较少的可以设一至二名监事，行使监督理事会执行成员大会和成员代表大会决定、监督检查集体财产经营管理情况、审核监督本农村集体经济组织财务状况等内部监督职权。必要时，监事会或者监事可以组织对本农村集体经济组织的财务进行内部审计，审计结果应当向成员大会、成员代表大会报告。

监事会或者监事的产生办法、具体职权、议事方式和表决程序等，由农村集体经济组织章程规定。

第三十三条 农村集体经济组织成员大会、成员代表大会、理事会、监事会或者监事召开会议，应当按照规定制作、保存会议记录。

第三十四条 农村集体经济组织理事会成员、监事会成员或者监事与村党组织领导班子成员、村民委员会成员可以根据情况交叉任职。

农村集体经济组织理事会成员、财务人员、会计人员及其近亲属不得担任监事会成员或者监事。

第三十五条 农村集体经济组织理事会成员、监事会成员或者监事应当遵守法律法规和农村集体经济组织章程，履行诚实信用、勤勉谨慎的义务，为农村集体经济组织及其成员的利益管理集体财产，处理农村集体经济组织事务。

农村集体经济组织理事会成员、监事会成员或者监事、主要经营管理人员不得有下列行为：

（一）侵占、挪用、截留、哄抢、私分、破坏集体财产；

（二）直接或者间接向农村集体经济组织借款；

（三）以集体财产为本人或者他人债务提供担保；

（四）违反法律法规或者国家有关规定为地方政府举借债务；

（五）以农村集体经济组织名义开展非法集资等非法金融活动；

（六）将集体财产低价折股、转让、租赁；

（七）以集体财产加入合伙企业成为普通合伙人；

（八）接受他人与农村集体经济组织交易的佣金归为己有；

（九）泄露农村集体经济组织的商业秘密；

（十）其他损害农村集体经济组织合法权益的行为。

第五章 财产经营管理和收益分配

第三十六条 集体财产主要包括：

（一）集体所有的土地和森林、山岭、草原、荒地、滩涂；

（二）集体所有的建筑物、生产设施、农田水利设施；

（三）集体所有的教育、科技、文化、卫生、体育、交通等设施和农村人居环境基础设施；

（四）集体所有的资金；

（五）集体投资兴办的企业和集体持有的其他经济组织的股权及其他投资性权利；

（六）集体所有的无形资产；

（七）集体所有的接受国家扶持、社会捐赠、减免税费等形成的财产；

（八）集体所有的其他财产。

集体财产依法由农村集体经济组织成员集体所有，由农村集体经济组织依法代表成员集体行使所有权，不得分割到成员个人。

第三十七条　集体所有和国家所有依法由农民集体使用的耕地、林地、草地以及其他依法用于农业的土地，依照农村土地承包的法律实行承包经营。

集体所有的宅基地等建设用地，依照法律、行政法规和国家有关规定取得、使用、管理。

集体所有的建筑物、生产设施、农田水利设施，由农村集体经济组织按照国家有关规定和农村集体经济组织章程使用、管理。

集体所有的教育、科技、文化、卫生、体育、交通等设施和农村人居环境基础设施，依照法律法规、国家有关规定和农村集体经济组织章程使用、管理。

第三十八条　依法应当实行家庭承包的耕地、林地、草地以外的其他农村土地，农村集体经济组织可以直接组织经营或者依法实行承包经营，也可以依法采取土地经营权出租、入股等方式经营。

第三十九条　对符合国家规定的集体经营性建设用地，农村集体经济组织应当优先用于保障乡村产业发展和乡村建设，也可以依法通过出让、出租等方式交由单位或者个人有偿使用。

第四十条　农村集体经济组织可以将集体所有的经营性财产的收益权以份

额形式量化到本农村集体经济组织成员，作为其参与集体收益分配的基本依据。

集体所有的经营性财产包括本法第三十六条第一款第一项中可以依法入市、流转的财产用益物权和第二项、第四项至第七项的财产。

国务院农业农村主管部门可以根据本法制定集体经营性财产收益权量化的具体办法。

第四十一条 农村集体经济组织可以探索通过资源发包、物业出租、居间服务、经营性财产参股等多样化途径发展新型农村集体经济。

第四十二条 农村集体经济组织当年收益应当按照农村集体经济组织章程规定提取公积公益金，用于弥补亏损、扩大生产经营等，剩余的可分配收益按照量化给农村集体经济组织成员的集体经营性财产收益权份额进行分配。

第四十三条 农村集体经济组织应当加强集体财产管理，建立集体财产清查、保管、使用、处置、公开等制度，促进集体财产保值增值。

省、自治区、直辖市可以根据实际情况，制定本行政区域农村集体财产管理具体办法，实现集体财产管理制度化、规范化和信息化。

第四十四条 农村集体经济组织应当按照国务院有关部门制定的农村集体经济组织财务会计制度进行财务管理和会计核算。

农村集体经济组织应当根据会计业务的需要，设置会计机构，或者设置会计人员并指定会计主管人员，也可以按照规定委托代理记账。

集体所有的资金不得存入以个人名义开立的账户。

第四十五条 农村集体经济组织应当定期将财务情况向农村集体经济组织成员公布。集体财产使用管理情况、涉及农村集体经济组织及其成员利益的重大事项应当及时公布。农村集体经济组织理事会应当保证所公布事项的真实性。

第四十六条 农村集体经济组织应当编制年度经营报告、年度财务会计报告和收益分配方案，并于成员大会、成员代表大会召开十日前，提供给农村集体经济组织成员查阅。

第四十七条 农村集体经济组织应当依法接受审计监督。

县级以上地方人民政府农业农村主管部门和乡镇人民政府、街道办事处根据情况对农村集体经济组织开展定期审计、专项审计。审计办法由国务院农业农村主管部门制定。

审计机关依法对农村集体经济组织接受、运用财政资金的真实、合法和效益情况进行审计监督。

第四十八条 农村集体经济组织应当自觉接受有关机关和组织对集体财产使用管理情况的监督。

第六章 扶持措施

第四十九条 县级以上人民政府应当合理安排资金，支持农村集体经济组织发展新型农村集体经济、服务集体成员。

各级财政支持的农业发展和农村建设项目，依法将适宜的项目优先交由符合条件的农村集体经济组织承担。国家对欠发达地区和革命老区、民族地区、边疆地区的农村集体经济组织给予优先扶助。

县级以上人民政府有关部门应当依法加强对财政补助资金使用情况的监督。

第五十条 农村集体经济组织依法履行纳税义务，依法享受税收优惠。

农村集体经济组织开展生产经营管理活动或者因开展农村集体产权制度改革办理土地、房屋权属变更，按照国家规定享受税收优惠。

第五十一条 农村集体经济组织用于集体公益和综合服务、保障村级组织和村务运转等支出，按照国家规定计入相应成本。

第五十二条 国家鼓励政策性金融机构立足职能定位，在业务范围内采取多种形式对农村集体经济组织发展新型农村集体经济提供多渠道资金支持。

国家鼓励商业性金融机构为农村集体经济组织及其成员提供多样化金融服务，优先支持符合条件的农村集体经济发展项目，支持农村集体经济组织开展集体经营性财产股权质押贷款；鼓励融资担保机构为农村集体经济组织提供融资担保服务；鼓励保险机构为农村集体经济组织提供保险服务。

第五十三条 乡镇人民政府编制村庄规划应当根据实际需要合理安排集体经济发展各项建设用地。

土地整理新增耕地形成土地指标交易的收益，应当保障农村集体经济组织和相关权利人的合法权益。

第五十四条 县级人民政府和乡镇人民政府、街道办事处应当加强农村集体经济组织经营管理队伍建设，制定农村集体经济组织人才培养计划，完善激励机制，支持和引导各类人才服务新型农村集体经济发展。

第五十五条 各级人民政府应当在用水、用电、用气以及网络、交通等公共设施和农村人居环境基础设施配置方面为农村集体经济组织建设发展提供支持。

第七章 争议的解决和法律责任

第五十六条 对确认农村集体经济组织成员身份有异议，或者农村集体经济组织因内部管理、运行、收益分配等发生纠纷的，当事人可以请求乡镇人民政府、街道办事处或者县级人民政府农业农村主管部门调解解决；不愿调解或者调解不成的，可以向农村土地承包仲裁机构申请仲裁，也可以直接向人民法院提起诉讼。

确认农村集体经济组织成员身份时侵害妇女合法权益，导致社会公共利益受损的，检察机关可以发出检察建议或者依法提起公益诉讼。

第五十七条 农村集体经济组织成员大会、成员代表大会、理事会或者农村集体经济组织负责人作出的决定侵害农村集体经济组织成员合法权益的，受侵害的农村集体经济组织成员可以请求人民法院予以撤销。但是，农村集体经济组织按照该决定与善意相对人形成的民事法律关系不受影响。

受侵害的农村集体经济组织成员自知道或者应当知道撤销事由之日起一年内或者自该决定作出之日起五年内未行使撤销权的，撤销权消灭。

第五十八条 农村集体经济组织理事会成员、监事会成员或者监事、主要经营管理人员有本法第三十五条第二款规定行为的，由乡镇人民政府、街道办事处或者县级人民政府农业农村主管部门责令限期改正；情节严重的，依法给予处分或者行政处罚；造成集体财产损失的，依法承担赔偿责任；构成犯罪的，依法追究刑事责任。

前款规定的人员违反本法规定，以集体财产为本人或者他人债务提供担保的，该担保无效。

第五十九条　对于侵害农村集体经济组织合法权益的行为，农村集体经济组织可以依法向人民法院提起诉讼。

第六十条　农村集体经济组织理事会成员、监事会成员或者监事、主要经营管理人员执行职务时违反法律法规或者农村集体经济组织章程的规定，给农村集体经济组织造成损失的，应当依法承担赔偿责任。

前款规定的人员有前款行为的，农村集体经济组织理事会、监事会或者监事应当向人民法院提起诉讼；未及时提起诉讼的，十名以上具有完全民事行为能力的农村集体经济组织成员可以书面请求监事会或者监事向人民法院提起诉讼。

监事会或者监事收到书面请求后拒绝提起诉讼或者自收到请求之日起十五日内未提起诉讼的，前款规定的提出书面请求的农村集体经济组织成员可以为农村集体经济组织的利益，以自己的名义向人民法院提起诉讼。

第六十一条　农村集体经济组织章程或者农村集体经济组织成员大会、成员代表大会所作的决定违反本法或者其他法律法规规定的，由乡镇人民政府、街道办事处或者县级人民政府农业农村主管部门责令限期改正。

第六十二条　地方人民政府及其有关部门非法干预农村集体经济组织经营管理和财产管理活动或者未依法履行相应监管职责的，由上级人民政府责令限期改正；情节严重的，依法追究相关责任人员的法律责任。

第六十三条　农村集体经济组织对行政机关的行政行为不服的，可以依法申请行政复议或者提起行政诉讼。

第八章　附　　则

第六十四条　未设立农村集体经济组织的，村民委员会、村民小组可以依法代行农村集体经济组织的职能。

村民委员会、村民小组依法代行农村集体经济组织职能的，讨论决定有关集体财产和成员权益的事项参照适用本法的相关规定。

第六十五条 本法施行前已经按照国家规定登记的农村集体经济组织及其名称，本法施行后在法人登记证书有效期限内继续有效。

第六十六条 本法施行前农村集体经济组织开展农村集体产权制度改革时已经被确认的成员，本法施行后不需要重新确认。

第六十七条 本法自 2025 年 5 月 1 日起施行。

图书在版编目（CIP）数据

中国法院2025年度案例. 土地纠纷 ： 含环境资源纠纷 / 国家法官学院，最高人民法院司法案例研究院编. 北京 ： 中国法治出版社，2025. 4. -- ISBN 978-7-5216-5059-4

Ⅰ. D920. 5

中国国家版本馆CIP数据核字第2025A7Z105号

策划编辑：李小草　韩璐玮　白天园

责任编辑：白天园

封面设计：李　宁

中国法院2025年度案例．土地纠纷：含环境资源纠纷

ZHONGGUO FAYUAN 2025 NIANDU ANLI. TUDI JIUFEN：HAN HUANJING ZIYUAN JIUFEN

编者/国家法官学院，最高人民法院司法案例研究院

经销/新华书店

印刷/三河市紫恒印装有限公司

开本/730毫米×1030毫米　16开

印张/19.5　字数/228千

版次/2025年4月第1版

2025年4月第1次印刷

中国法治出版社出版

书号ISBN 978-7-5216-5059-4

定价：68.00元

北京市西城区西便门西里甲16号西便门办公区

邮政编码：100053

传真：010-63141600

网址：http：//www.zgfzs.com

编辑部电话：010-63141792

市场营销部电话：010-63141612

印务部电话：010-63141606

（如有印装质量问题，请与本社印务部联系。）